대례복 차림의 동농 김가진

●● 비원 애련정. 동농이 주련을 썼다

비원 관람정. 동농이 주련을 썼다

●● 동농의 집터 표지판. 서울시 종로구 체부동에 설치되어 있다

독립문. 동농이 현판을 썼다

●● 안동 봉정사 전경. 동농이 현판을 썼다

●● 백운장 옛터의 암각문

勅命
正三品資憲大夫金嘉鎭
命宮內府特進官敍勅
任官一等者
光武二年十二月三十一日

궁내부 특진관 교지

勅命
正二品正憲大夫
金嘉鎭任中樞院
議長敍勅任官一
等者
光武四年十月十日

勅命
正二品正憲大夫議政府
贊政金嘉鎭任農商工部
大臣敍勅任官一等者
光武八年三月八日

勅命
正三品正憲大夫農
商工部大臣金嘉鎭
陞從一品崇政大夫
者
光武八年四月二十五日

國恤時長生殿提調加資事奉
勅

●● 숭정대부 교지

勅命
從一品崇政大夫秘
苑長金嘉鎭任法部
大臣敍勅任官一等
者
光武八年九月十五日

勅命
從一品崇政大夫法部大
臣勳三等金嘉鎭兼任
特命全權公使者
光武八年十月十一日

●● 법부대신 겸임 특명전권공사 교지

勅命
忠淸南道觀察
使金嘉鎭兼任
忠淸南道裁判
所判事者

光武十年五月十六日

法部大臣臨時署理議政府參政勳一等朴齊純 宣

上曰四年徃在異國善爲回還否
嘉鎭曰 王靈攸曁無事利涉
上曰聞日本大臣見遞云今果羞代否
嘉鎭曰該國內務大臣山縣有朋無爲總
理大臣外務次官靑木周藏農商務次
官嚴村通俊並陞爲大臣
上曰爲民會云矣果然否
嘉鎭曰果有是議而以今年冬間設立議
院云矣

大同團宣言

我等은 歷史의 權威를 仗하야 我國家의 獨立國임과 我民族의 自由民임을 天下萬國에 宣言하며 且證言하노라 檀域青邱는 非人之殖民地며 檀孫羲族은 非人之奴隸種일새니라 運當鞏固이오 治久生亂일새 外有鯨呑之强隣하고 內有痛國之奸賊이라 五千年神聖歷史와 二千年禮義民族과 五百年皇祖宗族이 一朝運盡하야 朝市邱墟 之痛이 絶今死活之氓이니 皇天이 不弔하고 國民이 無福하야 皇帝聲明에 連遭廢遷 하고 士民擧義에 親受殲族之禍하니 溢世抗義하야 法殘虐遇 故使一家四族 不聯生 以維盜跖之義하야 孔夫忠義之魂이 清戒抗殘하고 居往蕪來나 天理之好運이며 支死求生하고 彷屈恩 起民道之至情을 所世界改造民族自決之諭를 高揭天下하고 我國獨立我族自由之聲을 張 하노라 於是乎 三月一日에 宣言하야 建設政府하니 頑彼日本이 不顧時勢之推 移하야 使徒狼之豪性하야 大韓壓抑에서 白手徒衆을 銃砲하고 城邑村落을 燒하니 此가 人類良心에 堪할바 吾族의 丹忠熱血로 來且此非正理的壓迫에 威俗을 何가 漸悔通하야 無하야 吾族은 不辭乞三月以 益히 正義道路에 勇往進行할지며 吾族은 最後一人最大의 誠意와 最大의 努力으로 我戰을 不辭코 이 公約에 依하야 最後一人까지 最大의 誠意와 最大의 努力으로 我戰을 不辭코 玆에 宣 言하노라。

大韓民國元年十一月　日

金朋鎮　金塈　楊楨　李　政　金喬說　田相武
李　鉶　　崔鈴九　趙炯九　金益夏　鄭喬敎　李種泰　金世益
白初月　羅昌憲　韓基東　申道安　李信愛　權逸岩　朴貞善
鄭義南　李直鉉　金炳起　李兼容　李冕孔　申泰鍊
魯弘鼎　李東修　金宏鎭
申瑩澈　吳世德　鄭奎植　康光錄

白雲莊記

白雲莊記

中樞院副議長東農金公築別業於白嶽山下青楓溪之白雲洞~距城闉市朝僅數弓而迥非離世絶俗之境西繚曲幽閒頗有盤旋之趣始於癸卯春及夏秋

落之不佞嘗從公往游之硼路逶迤樹木葱蒨不覺中有人家至則窈窕靚溪潔不容唾石之巧於取態果樹之工於蔭蔚卉草之媚於承睞亭臺之優於據勝不可名狀入其門負巖壁而為之堂凉館奧室足以栖息環堂而傻房迴廊庖湢廥備樓其東曰可怡遠眺漢南諸山池其下曰玉岳養數頭龜鼈階邊育賓水紺碧淸冽日茶井用以煎茶味絶佳總以命之曰白雲庄蓋取洞之名而寓之志也每公退公之餘未嘗

●● 백운장기

상해 교민단 초청 강연문

오늘우리民團講演盛會에여러분學識家와政治家와雄辯家가다모흔쌀合이라으실터인데이늙은이가賤劣한棄物의체발을求호신이光榮은極호오나辭令이맛치못호야있치병어히더러唱歌호와심갓슴니다 그러나멋마되쌀슴각긴호귀슴니다 우리나라가檀聖祖建國以來에堂~호獨立國으로서中間에支那

●● 상해 교민단 초청 강연문

東農

金嘉鎭傳

東農 金嘉鎭傳 동농 김가진전

초판 1쇄 인쇄 | 2009년 6월 30일
초판 1쇄 발행 | 2009년 7월 10일

글쓴이 | 김위현
펴낸이 | 김학민
펴낸곳 | 학민사

등록번호 | 제10-142호
등록일자 | 1978년 3월 22일

주소 | 서울시 마포구 대흥동 150-1번지 (우편번호 121-809)
전화 | 02-716-2759, 702-3317
팩시밀리 | 02-703-1495

홈페이지 | http://www.hakminsa.co.kr
이메일 | hakminsa@hakminsa.co.kr

ISBN 978-89-7193-191-2 (03990), Printed in Korea

ⓒ 김위현, 2009

- 잘못 만들어진 책은 구입하신 서점에서 바꿔드립니다.
- 저자와 출판사의 허락없이 내용의 일부를 인용하거나 발췌하는 것을 금합니다.
- 책값은 표지 뒷면에 있습니다.

東農 金嘉鎭傳

동농 김가진전 글─김위현

학민사

| 책 머 리 에 | 東農 金嘉鎭傳

　　필자가 **동농에 대하여** 알게 된 것은 오래 되었지만, 그저 조선 말년에 고관을 지낸 분으로만 여기고 있었다. 또 동농에 대해서는 사람마다 다르게 기술하고 있었다. 어떤 이는 관료 경력을 중시하여 문과 급제 후 공조판서와 농상공부대신을 지낸 사람으로 기록하였고, 또 어떤 이는 사회계몽운동과 독립운동에 중심을 두었고, 어떤 이는 대한협회 회장과 임시정부 요인으로만 기술하였다. 혹은 서예가·시인으로 기록하기도 하였다. 동농에 대해 하나같이 종합적이 아닌 부분적인 기술만 하였으므로 사람들마다 각각 다른 기억들을 갖고 있다는 것을 알게 되었다.

　　동농의 생애를 시기로써 구분한다면, 출생에서 30대까지는 성장과 수학기, 32세부터 63세까지는 사환기(仕宦期), 64세부터 77세까지는 사회활동 및 독립운동기라 하겠다. 그는 이미 16세 때 경·사·자·집에 통달한 사람이라 칭찬이 자자하였다. 특히 시문에 능하여 소과를 보지 않고 대과에 직부(直赴)될 정도였다. 틈틈이 배운 일어, 중국어, 영어는 외교관으로서의 자질을 한층 높여주어, 종사관으로 시작하여 특명전권공사까지 10여년을 봉직하면서 많은 성과를 이룩하였다. 동농의 업적을 시기별로 정리해 보면 다음과 같다.

동농은 1883년 인천항감리서 서기관으로 있으면서 조계설항에 따른 개항·통상규정을 정하였다. 이는 우리 역사상 처음 있는 일이었다. 1885년 내무부 주사로 있으면서 전보총사를 설치하고 전선을 가설, 우리나라에서는 처음으로 여러 나라와 통신을 하게 하였다. 1886년에 종목국 설치를 건의하여 마장리와 청파에 사육장을 두고 외국에서 수입한 말·소·양·돼지 등을 기르게 하였다.

　1887년에는 일본국에 참찬관으로 파견되었는데, 정사가 국서만 전달하고 귀국하자 서리판리대신으로 사무를 처리하였다. 그 후 판리대신으로 승진하여 동경에 공사관을 마련하고 태극기와 절모를 공사관 앞에 세움으로써 규모와 위의를 갖추었다. 그리고는 "임금의 명을 오손시키지 않고, 국체를 손상시키지 않겠다"는 신념으로 각국 공사와 일본국을 상대로 자주외교를 펼치었다.

　1890년 여주목사로 있을 때는 도결(都結)을 혁파하고 원세법을 적용하여 백성들을 구한 공로로 백성들이 송덕비를 세웠다. 1894년 6월 군국기무처 의원으로 정치개혁에 참여, 무려 16일간이나 경희루에 머물면서 시의에 맞는 개혁법안을 기초하였다. 1895년에는 농상공부의 별설로 우체국을 개설함으로써 통신이 점차 우체국을 통하여 이루어지도록 하였다.

1897년 황해도관찰사로써 도내 적폐를 일소하고 공립소학교를 창설, 의연금으로 학교를 운영케 하였다. 1899년 사립 양잠회사를 설립하고 양잠기사를 양성하는 전습소를 겸설, 경향 각지에서 잠업에 종사할 수천 명을 길러 내었다. 1904년 법무대신 겸 형법교정소 총재로써 고금동서 법률을 참작, 형법삼편을 엮어 내는데 큰 공을 세웠다.

1906년 충청남도관찰사로써 관내 교육실태를 살펴 본 결과 다른 도에 비하여 뒤떨어져 있으므로 각군 군수가 학교를 설립, 향교의 수곡과 연조금으로 운영케 하였다. 1907년 교육구국의 뜻을 품고 기호흥학회에 적극 참여하여 기호학교를 설립하고 유지경영에 혼신의 힘을 기울였다.

동농은 1908년 대한협회 회장으로 사립학교 설립운동을 펼쳐 각지에 많은 학교가 설립되게 하였고, 교과서도 많이 편찬하였다. 한일합방이라는 최악의 사태에 한 동안 칩거하였다. 1919년 3.1운동 이후 조선민족대동단 총재직에 취임하여 대일항전의 선봉을 맡아 각 부서들을 지휘하였다. 1919년 10월 74세의 노구로 망명, 대한민국임시정부에 고문으로 참여, 물심양면으로 독립운동에 기여하였다.

동농은 근래에 들어와 젊은 학자들에 의하여 재조명 되고 있다. 2002년 조선민족대동단기념사업회에서 「동농 김 가진과 한국 민족운동」이라는 학술회의를 열어 동농의 개화 운동, 계몽운동, 조선민족대동단을 심도 있게 다루었다. 2003 년 대동단기념사업회에서 조선민족대동단 의거 84주년 기념 「조선민족대동단의 역사적 재조명」이란 학술회의를 개최하 였다. 두 학술회의에서는 동농이 항시 조선민족대동단 활동 의 중심에 서 있음을 밝히는 연구들이 발표되었다. 그밖에 신 문, 잡지 등에도 동농에 대한 단편적인 글들이 발표되었으나, 아쉽게도 동농의 전 생애에 대한 기술은 없었다.

이 책은 동농의 전 생애를 포괄, 기록할 목적으로 계획되 었다. 이 책은 동농의 삶과 활동에 대한 분석과 평가보다는 그 저 존재한 사실 그대로를 연대순으로 기술하는 형식을 취하였 다. 일반적인 사실들은 자료가 부족하고 단순하여 동농 당시 의 관습에 맞게 부연, 추론하여 기술하기도 하였다. 이런 점에 서 이 책은 동농의 전기로서는 일정한 한계를 갖기도 한다. 물 론 추후 더 정확하고 세세한 자료가 발굴되면 보완할 것이다.

이 책을 계획하고 사료를 찾아보다가 좀 더 많은 사실을 알게 되었다. 『조선왕조실록』에서는 광무개혁 때 동농이 올린 상소문을 여럿 찾을 수 있었다. 또 동농의 후손들이 간직하고 있는 자료들도 접하게 되었다. 이 가장문서를 보면서 두어 가지 면에서 경탄하였다. 첫째는 어떻게 동농이 자신의 시초(詩抄), 공부(共賦), 이력서, 잡저(雜著)를 남길 수 있었나 하는 것이었고, 둘째는 동농이 상해로 망명하면서 집안이 완전 파탄났는데도 자료들을 간직하여 온 후손들의 정성에 놀랐다.

    이 책이 나오기까지는 여러분의 절대적인 도움이 컸다. 사료의 제공, 구술, 증언해 주신 동농의 손자이며 대한민국임시정부기념사업회 김자동 회장, 바쁜 가운데도 교열을 맡아준 증손녀 김선현 사장, 자료수집에 도움을 준 김휘동 안동시장과 박동명 안동시박물관장, 촬영에 편의를 봐준 이광섭 덕수궁관리소 서무팀장, 그리고 어려운 사정에도 선뜻 출간의 마무리를 지어주신 학민사 김학민 사장께 감사의 마음을 전한다.

2009년 삼일절에 **김 위 현**

CONTENTS 차례

4 책 머리에

 **행복했던 어린 시절**

13   1. 김교리 집안의 경사
21   2. 가숙(家塾)에서의 글 공부
28   3. 주지 스님도 탄복한 효심
54   4. 청빈 속의 학문성취

 두드려서 연 문

67   1. 실의(失意)의 약관(弱冠) 전야
78   2. 청운의 꿈 – 실력만으론 어려워
83   3. 학문에의 정진, 또 정진
103   4. 두드려서 연 문

 지치지 않는 열정

109   1. 아버지의 별세
114   2. 관계(官界)의 첫 걸음
116   3. 제물포 개항 사무
126   4. 대과급제(大科及第)

자주외교를 위한 탈청반민(脫淸反閔)

- 129 1. 외교관 생활의 시작
- 142 2. 주차일본국 판사대신(辦事大臣) – 반청활동

지방관(地方官)으로

- 149 1. 여주목사(驪州牧使)에서
       안동대도호부사 (安東大都護府使)로
- 164 2. 목민관의 역할을 다하다
- 168 3. 정성을 다한 기우제(祈雨祭)
- 173 4. 지방관직을 마무리하고

갑오경장(甲午更張)

- 179 1. 개혁의 동지들과 시회(詩會)
- 181 2. 동학과 정부의 쇠락
- 187 3. 갑오경장의 주역으로

광무개혁(光武改革)

- 199 1. 박영효 사건에 연루
- 201 2. 청·일의 세력 다툼, 민비 시해사건
- 204 3. 아관파천(俄館播遷)과 대한제국
- 206 4. 자주독립운동에의 참여

208   5. 황해도관찰사
220   6. 광무개혁의 주역으로

 대한제국(大韓帝國)의 마지막 대신

245   1. 겸직으로 능력 발휘
248   2. 백운장(白雲莊) 건축
257   3. 비원장(秘苑長) 시절
259   4. 수연(壽筵)
260   5. 벽력대신(霹靂大臣)
263   6. 충청남도관찰사
270   7. 사립기호학교(私立畿湖學校) 설립
274   8. 마지막 관직 – 규장각 제학

 학회(學會) 활동

279   1. 대한협회(大韓協會)
285   2. 기호흥학회(畿湖興學會)

 나라는 망하고

289   1. 방향타(方向舵) 잃은 망국 유민
290   2. 경술국치(庚戌國恥)
295   3. 두문불출(杜門不出) – 곤고한 세월
297   4. 삼일독립운동

마지막 정열을 불사른 노대신(老大臣)

305   1. 조선민족대동단(朝鮮民族大同團) 총재
324   2. 천라지망(天羅地網)을 뚫고 상하이로 망명
355   3. 77세로 영면(永眠)

367   맺는 말/ 동농은 아직도 진행형인가

373   동농 김가진 연보
391   참고문헌
395   찾아보기

행복했던 어린 시절

1. 김교리 집안의 경사

　백악 서쪽 기슭 순화방(順和坊) 장동(壯洞) 신교(新橋)[1]의 김교리 집안 식구들은 산통으로 고통을 겪는 박씨부인의 신음소리로 밤을 꼬박 지새워야 했다. 사랑방의 김교리도 잠을 못 이루고 조마조마하게 기다리고 있었는데, 결국 자정을 넘긴 진시가 되어서야 아기 울음소리가 들렸고, 산모의 신음소리도 그쳤다. 헌종 12년(1846, 병오) 정월 29일 동농이 세상에 태어난 날이다.

　김교리는 마음 같아선 뛰어가 보고 싶었지만 체면 때문에 가만히 정좌하고 앉아서 기별을 기다리고 있었다. 얼마나 시

1　김정호의 〈수선전도(首善全圖)〉에 의하면 지금의 육상궁(毓祥宮 : 궁정동 七宮) 서남쪽 청풍계(淸風溪) 동쪽.

간이 흘렀을까? 내당에서 소식이 왔다. 행낭어멈이 문을 똑똑 두드렸다.

"나리, 득남(得男)하셨습니다요."

"그래 알았다. 산모는 어떠냐?"

"네, 건강하십니다요."

"그래 참 다행이다. 미역국이나 빨리 끓여 드려라."

이렇게 태연한 척하였지만 김교리의 가슴은 뛰기 시작하였다. 딸은 일찍이 셋이나 얻었지만 가문을 일으키자면 아들이 있어야지, 딸이 아무리 많이 있고, 또 아무리 머리가 좋은들 무슨 소용이 있겠는가? 꼭 10년 전에 첫아들을 얻었지만 외아들로는 불안해 하고 있었던 것이다. 또 한 가지 기대하고 있었던 것은 자신이 태몽을 꾸었던 일이다.

열 달 전, 화사한 봄 햇살이 쏟아지던 날, 홍문관 교리 사무이기는 해도 좀 까다로운 문서를 처리하고 나서 홀가분하기도 했으나 온몸에 피로가 엄습해 왔다. 퇴청 뒤 일찍 잠자리에 들었다. 그날 밤 꿈을 꾸었는데, 아주 청명한 밤하늘에서 문곡성(文曲星)[2]이 뚝 떨어져 품으로 들어왔다. 이후 열 달 내내 이것이 태몽일까, 남자도 태몽을 꿀 수 있는 것일까, 또 아들일까 딸일까 기대 반 걱정 반 하면서 오늘의 결과를 기다렸던 것이다. 우선 아들이니 하나는 되었다. 타고난 사주가

---

2 구성(九星)중 넷째로 녹존성(祿存星) 다음이며 염정성(廉貞星) 위에 있는 별. 문성(文星)이라고도 하는데, 문운(文運)을 맡고 있다.『고려사』강감찬전 참조.

어떨까 궁금증이 남아 행낭아범에게 아기의 생년월일시를 적어주고는 오간수다리께 있는 용하다는 일관 집에 다녀오도록 이르고 등청을 하였다.

그날 따라 뒷산 백악은 더 밝아 보였고, 앞산 인왕산은 더 아름다워 띠를 두른 듯 안개는 온통 상서로운 기운처럼 빛났다. 계속 이런저런 생각이 머릿속을 메웠다. 금년이 병오년, 붉은 말이 겨울을 보내고 봄으로 접어드는 계절에 태어났으니 활기차게 잘 풀려나겠지. 또 큰집(文正公) 자손들이 잘 나가고 있으니, 우리도 걸출한 인물이 날 테지. 침착하게 자세를 가다듬어 행동거지를 조심하려 하였으나 스스로 나오는 웃음을 어찌할 수가 없었다.

평소의 김교리 같지 않는 행동에 대제학 영감이 한마디 하였다.

"김교리, 오늘 무슨 경사가 있었소? 어찌 아침부터 함박웃음이요? 어디 말해 보시오. 좋은 일이면 같이 축하합시다."

김교리는 속으로 '아, 내가 너무 표시를 많이 했나?' 하면서도 어차피 모두 알게 될 것, 차제에 털어놓자 결심했다.

"네, 오늘 아침에 제가 둘째 아들을 얻었습니다. 늦둥이라 신기하기도 하고 반갑기도 하여 표정관리를 잘못한 것 같습니다."

"허허허, 무슨 표정관리요? 집안의 경사가 아니요? 자, 득남주나 얻어먹을 생각이니 어디 거하게 한턱 내시오."

대제학 영감이 축하 겸 농담을 늘어놓고 나가자, 모두들

'축하합니다. 언제 한턱 내겠소?' 하면서 한바탕 웃었다.

김교리는 손에 일이 잡히지 않는다. 이때에는 흔히 20 전 아들, 30 전 재물, 40 전 벼슬이라 하였는데, 자식도, 재물도, 벼슬도 다 늦은 마흔 여섯에 얻은 아들의 사주는 어떨까 궁금하기 짝이 없었다. 퇴청시간이 되자 서둘러 관서를 나섰다.

한편 나리의 분부를 받은 이서방은 예의 그 용하다는 오간수 다리옆 일관 집을 찾았다. 찌그러져 가는 초가삼간이지만 신수만은 훤한 일관이 문을 열고 나와 이서방을 반가이 맞이하였다. 방에 들어가 수인사를 하자 "손님, 미안합니다만 아직 이른 시간이라 제가 미복이니 조금만 기다려 주십시오" 하면서 휑 하니 방을 나갔다.

무료해진 이서방이 방구석 이곳저곳을 살펴보니 이해가 가지 않았다. 용하다고 해서 찾아왔는데, 생활이 이렇게 초라해 보이니 도대체 믿을 수가 있을까? 한참이나 기다렸을까, 의관을 단정히 하고 딴 사람처럼 되어서 나타났다.

"손님, 어떤 일로 찾으셨습니까?"

이서방은 아침에 나리가 써 준 생일 생시를 내놓았다.

"사주를 보러 왔습니다."

"언제 태어났습니까?"

"바로 오늘 아침입니다."

일관은 '오늘 아침이라… 오늘 아침이라…' 몇 번이고 중얼거렸다.

"참, 성질도 급하신 분이군요. 삼칠이나 지내고 알아보아도 될 터인데."

이서방은 속으로 '일관 주제에 봐달라는 사주만 보면 되지, 무슨 말이 저렇게…' 하면서도 "귀한 집 아기씨입니다. 얼른 보아주십시오"라고 채근하였다.

그제야 책상 앞에 앉아 천세력(千歲曆)을 펴 놓고 태세(太歲), 월건(月乾), 일진(日辰), 생시(生時)를 짚어 보더니 정좌하고 천천히 입을 열기 시작하였다.

"아주 귀한 사주입니다. 귀상을 끼고 태어나서 윗전의 신임이 두터울 것이며, 재예가 뛰어나 국가의 중대사가 있을 때마다 중심에 서서 해결할 것이며, 벼슬은 족히 경대부(卿大夫)에 이를 것이며, 장수도 할 것입니다. 참 좋은 사주입니다. 아침 시작부터 좋은 사주를 보니 기분이 좋습니다. 복채나 많이 내고 가십시오. 더 귀해질 겁니다."

이서방은 자기가 더 들떴다. '퇴청하면 나리가 얼마나 기뻐하실까? 심부름 값도 많이 주시겠지' 하는 생각 때문이었다.

이서방은 "옛소. 여기 열 두 냥일세" 하고 엽전을 던지듯 내어 놓고 휭 하니 집으로 돌아 왔다. '나리가 오면 얼마나 기뻐하실까? 심부름 값은?' 나리나 이서방에게 그해 정월 스무아흐렛날은 길게만 느껴졌다.

땅거미가 질 무렵 드디어 나리가 대문 안으로 들어섰다. 기다리던 이서방이 불타나게 뛰어 나왔다. 아침에 등청이 바빠 얼굴도 못보고 간 아들이 보고 싶기도 하고, 또 고생한 아내를 위로도 할 겸 바로 내당으로 들어섰다.

"자, 어디 보자. 우리 아들, 아비가 얼마나 보고 싶었는지 아느냐?" 하면서 안아 보고 힐끗 아내를 돌아보며 "정말 고생이 많았소. 내 밤새 신음소리를 듣고 있었소. 그래 음식은 좀 들었소?"

이 정도로 부자 상견(相見)을 마치고 사랑방으로 나와 이서방을 불렀다. 이서방은 일관이 써준 사주서를 내밀며 일관보다 더 좋은 말을 붙여 설명했다. 김교리도 흡족한 마음으로 '이제야 우리 집안도 희망이 생기겠구나' 하면서 이서방에게 탁배기 값을 넉넉히 내어 주었다.

"나리, 고맙습니다."

조선시대에 전하는 이언(俚言)에 의하면, 서울에 살려면 당대 벼슬을 하여야 하고, 도성에 가까운 경기도에 살려면 2대에 벼슬하는 조상이 있어야 하고, 충청도나 강원 서부에 살려면 3대에 벼슬 사는 조상이 있어야 하고, 삼남지방에는 8대에 벼슬하는 조상이 있어야 양반 행세를 할 수 있다고 하였다. 더구나 대궐 옆의 북부지역이라면 웬만해서는 가계를 유지할 수 없었다. 그러자니 자식들의 재예나 운세에 신경을 쓰지 않을 수 없었던 것이다.

김교리의 집은 대대로 글을 읽어 벼슬하는 집안이었다. 돌아보면 아버지 병익(炳翼 : 1765~1839)은 선공감 부봉사(繕工監副奉事), 할아버지 세근(世根 : 1746~1815)은 부평부사, 증조할아버지 도순(道淳 : 1720~1800)은 영천군수, 고조 할아버지 순행(純行 : 1683~1721)은 보은군수, 6대 할아버지 시보

(時保 : 1658~1734)는 선공감 부정(繕工監副正), 8대 할아버지 수인(壽仁 : 1636~60)은 수원부사, 9대 할아버지 광현(光炫 : 1584~1647)은 이조참판, 10대 할아버지 상용(尙容 : 1551~1637)[3]은 우의정을 지냈다.

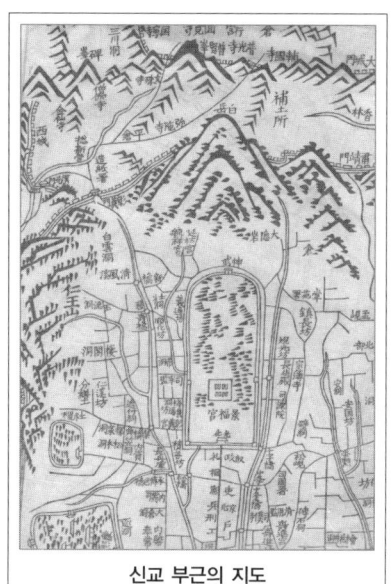

신교 부근의 지도

당시는 시대 사조가 주자학의 영향으로 선비 또는 양반으로 이재를 밝히는 사람을 소인시(小人視)하고 안빈낙도(安貧樂道)하는 사람을 군자시(君子視)하는 사회여서 대개는 빈한을 담담이 받아들였다. 김교리의 가풍도 청백이어서 '청백전가팔백년(淸白傳家八百年)'을 지켜온 터이라 재물보다 학문을 중시하여 왔다.

그러나 순원왕후(純元王后, 1789~1857)[4]의 후광을 업고 승승장구하는 큰집이 부럽기도 하였다. 이 무렵 좌근(左根,

---

3 인조 때 문신. 호는 선원(仙源). 시호는 문충(文忠). 좌의정 상헌(尙憲)의 형. 1632년(인조 10) 우의정이 되었다. 병자호란 때 묘사(廟舍)를 모시고 강화도에 건너갔으나 적병이 쳐들어와 강화성이 함락되자 남문 위에 올라가 화약에 불을 질러 자살하였다. 동생 상헌, 사위 장유(張維)도 모두 문장과 글씨로 이름이 높았다.

4 순조의 비. 영안부원군(永安府院君) 김조순(金祖淳)의 딸. 철종이 즉위하자 대왕대비로써 수렴청정하였으며, 사후 인릉(仁陵)에 묻혀 있다.

1797~1869)[5], 홍근(弘根, 1788~1842)[6] 등이 문과급제하여 요직에 오르고 있었고, 종형 정균(鼎均, 1782~1847)[7]도 문과 장원하여 승진을 거듭할 무렵이어서 재예를 겸비한 자식을 바랬던 것은 당연한 일이었다.

　　삼칠이나 넘어야 한턱을 낼 생각이었는데, 주위에서 자꾸 독촉을 해대니 첫 칠일이 지난 다음 날 홍문관 관리들을 즐겨 찾던 술집으로 청하였다. 설마 했던 대제학[8] 영감까지 모시다보니 제학은 물론이고 아래로 수찬, 박사, 저작 모두 참석하였다. 그 시절 정치 판도로 보아 하옥(荷屋)의 직계 근친이 아니더라도 모두가 잘 보이지 않으면 안될 처지라서 싫든 좋든 참석하여 덕담이 쏟아졌다.

　　직위로나 나이로나 윗 자리인 대제학 영감이 가운데에 좌정하자 축배를 청하고, 덕담을 돌아가며 늘어놓은 뒤 아기 이름 이야기가 나왔다. "오늘 모인 김에 어디 작명이나 해 줍시다" 하고 한 사람이 제의하자 모두 찬성하였다.

　　"그럼, 항렬자가 어떻게 되지요?"

　　"예, 끝 자가 진압할 진(鎭)자입니다."

　　저마다 안을 내놓았으나, 가운데 자를 아름다울 가(嘉)자

5　호는 하옥(荷屋). 김조순의 아들이자 순원왕후의 동생. 1838년 문과 급제해 1852년 영의정이 되었다.
6　호는 춘산(春山). 1829년 문과급제. 벼슬이 좌의정에 이르렀다.
7　호는 서어(鋤漁). 1820년 문과 장원급제. 벼슬은 대사헌에 이르렀다.
8　홍문관(弘文館)과 예문관(藝文館)의 정2품관이었다. 대제학은 본인이 사퇴하지 않는 한 종신직이다.

로 하는 것으로 결정지었다. '아름다운 보기옥'라는 뜻이 된다. 큰아들을 영진(永鎭)이라 하였으므로, 두 아들의 윗 이름자만 따면 안동의 옛 이름인 영가(永嘉)가 되므로 또 다른 의미가 있는 것같아 그 글자로 관명을 삼기로 하고 연회를 끝냈다.

2. 가숙(家塾)에서의 글 공부

나리께서는 46세에 얻은 늦둥이라 퇴청만 하면 가진을 찾았다. 게다가 머리가 영리할 뿐 아니라 얼굴이 귀상이어서 온 집안 식구들이 돌아가면서 돌보아 주었다.

가진은 문자에 대한 인식이 보통 사람들 보다 빨랐다. 세 살이 되었을 때 어른들이 시험 삼아 몇 자 가르쳐 보았는데, 그 글자를 잊지 않고 금방 다른 책에서 찾아내었다. 천자문 맨 앞에 하늘 천(天)자가 있기 때문에 '하늘 천' 하면서 글자를 가르치고, 또 이 글자는 저 하늘이란 뜻이다 하면서 사물과 글자를 동시에 익히게 하였더니 곧 바로 깨우쳐서 주위를 놀라게 하였다.

세월이 흘러 다섯 살(1950 : 경술)이 되었다. 이제는 글공부를 시킬 나이가 되었구나 하고 아랫마을(장동)의 집안에서 경영하는 가숙(家塾 : 옛날 한 가정이나 일가끼리 경영하던 개인이 세운 글방)에 보내기로 하였다. 나리께서 몸소 가진의 손을 잡고 갔다. 요행히 이른 시간이라 학동들이 많이 나오지 않아 훈장과 조용히 인사를 나누었다.

"저의 막내입니다. 너무 어려서 제대로 공부가 될지 모르겠습니다만, 훌륭한 선생님이시라 잘 가르쳐 주시리라 믿습니다. 그럼 이만 부탁드리고 갑니다."

나리가 휑하니 골목길을 빠져 나가고 홀로 남은 가진은 조금도 두려움 없이 의젓하였다. 첫날은 이미 공부하고 있는 아이들과 인사 정도로 끝나고, 대개 그 다음 날부터 시작하는 것이 관례였지만, 가진은 굳이 글을 배우고 가겠다고 우긴다.

훈장님이 "그래, 다섯 살이라지" 하며 온화한 말씨로 묻자, 가진은 공손한 태도로 "예. 그렇습니다" 대답한다.

"어디서 글을 배워 본적이 있느냐?"

"형 뒤켠에서 듣기는 했습니다."

"그럼 오늘은 천자문(千字文)부터 배우도록 하자."

대개 한 줄 넉자를 가르치고 그 재주를 살펴 몇 줄씩 늘이는 것이 일반적인 교육방법이지만, 가진은 범상한 아이가 아니었다. '하늘 천(天), 따 지(地), 검을 현(玄), 누르 황(黃)' 네 자만 가르쳐 주고 "오늘은 처음이니 여기까지다. 내일 올 때에는 이 넉자를 외워야 한다. 알겠느냐?" 하고 제법 엄포를 놓았으나 별 반응도 없이 넙죽 엎드려 절을 올리고는 휑하니 집으로 돌아 가버렸다.

다음 날 가진은 다른 아이들보다 먼저 나타났다. 훈장님이 채 의관을 정제하기도 전이었다.

"조금만 기다려라. 내 곧 의관을 정제하고 나오겠다."

훈장 선생은 정자관을 지긋이 쓰고 나오면서 "그래 약속대로 외워 왔느냐?" 안경 너머로 눈동자를 굴리며 대답을 들으려 하였다. '아무 것도 아닌 걸 가지고 뭐 그리 대단하게 그러실까?' 생각하며 책을 덮고 망설임도 없이 단번에 쭉 외워 버렸다. 그리고는 다시 그 다음을 가르쳐 달라고 하였다.

"자, 오늘은 그 다음 줄 집 우(宇), 집 주(宙), 넓을 홍(洪), 거칠 황(荒)자 여기까지다. 물러나서 읽고 있어라."

"제가 열심히 공부할 테니 한 줄만 더 가르쳐 주십시오. 만약 내일 아침까지 외우지 못하면 한 줄로 줄여도 좋습니다."

보통 아이들은 공부를 덜 하려고 진도를 나가려 하지 않는 것이 일반적인데 더 가르쳐 달라고 하니 도시 어린아이 같지 않았다. 훈장님은 속으로 '어디 네가 얼마나 버틸 것이냐? 다시 한 번 시험해 보자'고 생각했다.

"그래, 두 줄 더 배우면 어떻겠는가? 할 수 있겠느냐?"

"예, 고맙습니다."

"그러면 다시 책을 펴라. '날 일(日), 달 월(月), 찰 영(盈), 기울 측(昃), 별 진(辰), 잘 숙(宿), 벌 열(列), 베풀 장(張).' 자, 이제 되었지. 내일 아침까지 다 외워야 한다."

그 다음 날도 역시 일찍이 와 단번에 외우고는 한 줄 더 가르쳐 주기를 청하였다.

이때(철종 원년)는 소위 장동김씨 전성시대로, 헌종이 후사 없이 승하하자 대왕대비 순원왕후의 명으로 강화에서 농사짓던 전계대원군(全溪大院君) 광(壙)의 아들 원범(元範)을 모셔 와 1850년 인정전(仁政殿)[9]에서 즉위케 하였다. 이때 철종의 나이 19세였는데, 여태까지 농사일만 하다 보니 나라를 다스린다는 것은 엄두도 못 낼 일이어서 대왕대비가 수렴청정[10]하였다. 또 1851년 대왕대비의 인척 김문근(金汶根, 1801~63 : 순원왕후의 三從弟)[11]의 딸을 왕비(哲仁王后)로 삼았다.

　　김문근이 영은부원군(永恩府院君)이 되고, 임금의 장인으로서 왕을 보필하게 되니 소위 전교동(典洞과 校洞) 시대가 열렸던 것이다. 장동에 살던 친척들이 대부분 전교동으로 옮기었지만 일부는 아직 청풍계, 신교, 장의동(壯義洞 : 줄여서 장동이라고 불렸다) 등에 살면서 가숙을 운영하였는데, 훈장도 명성에 걸맞게 실력 있는 선비들을 초빙하였던 것이다.

　　이렇게 이태를 보내면서 천자문을 거의 떼게 되었다. 이는 신동이나 보여줄 수 있는 실력이었던 것이다.

　　1851년(신해) 섣달 스무 이레 날 가진의 부친은 성균관 대사성(大司成)[12]으로 자리를 옮기었다. 홍문관에 재직할 때

9　　창덕궁의 정전(正殿). 태종 4년(1404) 별궁으로 창건되었으나 임진왜란 때 모두 불타 없어진 것을 광해군 3년(1611)에 재건하였다가 순조 3년(1803) 다시 불타자 이듬해 중건된 것이다. 구조, 양식, 단청이 조선 후기를 대표하는 것으로 경복궁 근정전을 본떠 건조하였다.
10　왕대비가 신하를 대할 때 그 앞에 발을 늘이던 데서 생긴 말에서 임금이 어린 나이로 즉위하였을 때 왕대비나 대왕대비가 정치를 대신하던 일을 일컫게 되었다.
11　철종의 장인. 이조판서 수근(洙根)의 아우. 1849년 영은부원군이 되었다. 몸집이 뚱뚱해서 포물부원군(包物府院君)이라 불렸다.
12　성균관의 최고관 정3품직. 유학에 관한 일을 담당하였다. 학생을 교육하는 만큼 겸직은 원칙적으로 금하였으나 대제학이 겸직하는 일이 많았다. 그러나 순조 이후에는 금지되었다.

보다는 덜 바쁘고 긴장도 덜 되는 자리라서 늘그막에 둔 자식 교육에 관심을 갖게 되었다.

하나를 가르치면 둘을 아는 재간을 가진 것을 보고 속으로 '이 애는 무엇인가 성취하겠구나' 생각하면서 틈나는 대로 사물에 대하여 자세히 이야기해 주기도 하고, 또 글씨를 가르치기 시작하였다.

永자 팔법(八法)[13]부터 배우기 시작하였다. 천부적인 재질이 있었는지, 아니면 집안 전통에서 물려받은 것인지 알 수 없으나 진보가 무척 빨랐다. 또한 무척 부지런하여 그 가능성을 일찍부터 보여 주었다. 자신도 열심히 하였지만 가르쳐 주는 아버지가 더 열성이었다.

이렇게 공부에 심취하고 글씨에 빠져들어 있을 무렵 뜻하지 않는 일이 생겼다. 아버지가 안동부사로 임명되었다. 근심이 아닐 수 없었다. 퇴청하는 아버지를 따라 사랑에 들어가 풀이 죽어 앉았다.

"너 오늘 무슨 일이 있었느냐? 기분이 좋아 보이지 않구나?"

"아버지가 안동에 가시면 글씨는 누가 가르쳐 주며, 역사 이야기며 문장 짓는 법을 누구에게 배우나요? 나도 아버지 따라가면 안 되나요?"

---

13   영(永)자에 의하여 모든 글자에 공통하는 여덟 가지 필법(筆法)을 알게 하는 법. 한나라 채옹(蔡邕) 또는 진(晉)나라의 왕희지(王羲之)가 고안하였다함.

어조가 사뭇 진지했다. 헤어진다는 것이 오직 학문 때문인 것 같아 흐뭇한 생각이 들었다.

"꼭 따라 가겠다면 그리하마. 너뿐 아니라 너의 어머니도 같이 데리고 갈 것이니 걱정 말아라."

신이 난 가진은 쏜살같이 내당으로 달려갔다. 어머니를 만나 아버지 이야기를 전하였다. 별 반응이 없을 줄 알았던 어머니가 더 좋아 하는 것을 보고 무척 기뻤다. 수년간 병을 앓아 환히 웃는 모습을 보지 못하고 살아온 터인데 오늘 따라 활짝 웃는 모습을 보고 여간 기분이 좋지 않았다. 그날 밤 늦게까지 어머니 옆에서 이야기를 들었다.

"가진아, 이 어미가 아버지께서 안동으로 데리고 간다고 해서 좋아하는 이유를 아느냐? 나는 원래 안동부 서부면 알막동[內幕里]에서 태어나 어린 시절 그곳에서 자랐단다. 그리고 지금도 그곳에는 동생들이 살고 있단다. 그간 한번이라도 다녀오고 싶었지만 너무나 먼 길이라서 엄두도 못 내었는데 이제 기회가 왔으니 기쁘기 한량이 없구나. 이제 내 병이 완쾌된 것 같구나. 더구나 너도 같이 간다니 기쁨이 배나 더하구나. 그래 며칠 더 기다리자."

어머니의 설명을 듣고 나니 더욱 마음이 들떴다. 그러나 아버지와 동행할 수는 없었다. 나라의 명을 받은 관원이 내행(內行)과 같이 떠날 경우 제 기간 안에 도착할 수 없다. 아침에 대궐에 들어간 대감은 철종에게 부임인사를 드리고 동료들과 오찬을 함께 하고는 오후 되어서야 집에 돌아왔다. 먼저 식솔들을 불러 당부하였다. 내일 새벽 일찍 집을 나설 것이니 가마며 교군 준비를 기별하여 둔사가 없도록 하고, 내당에는 사철 의복과 각종 행구를 준비토록 이르고, 박씨 부인과 가진에게는 먼저 가서 거처를 준비할 터이니 열흘 내에 내려오도록 분부하였다.

    대감은 비교적 편안한 마음으로 한양을 떠났다. 작년 정월에는 집안의 흥근(興根, 1796~1870)[14]이 영의정으로 있었고, 금년 2월에는 좌근이 영의정에 올랐고, 또 위로는 순원왕후가 있지 않은가? 설마 내가 안동에서 환로를 접게 되겠는가? 또 지방관으로 실무경험을 쌓은 일은 없지만, 10여 년 전(현종 8, 1842) 경상좌도암행어사(慶尙左道暗行御史)[15]로 영해, 언양, 인동, 순흥, 흥해, 현풍, 군위, 영양 등지를 돌며 민정을 살펴보았고, 관리들의 비행도 10여 건 적발한 일이 있어서 정무 처리에도 자신이 있었다. 또한 강직한 사또라는 소문 때문에 안동의 이서(吏胥)[16]들이 지레 겁을 먹고 폐단들을 고칠 것이라 생각하였다.

---

14   철종 때의 재상. 호는 유관(遊觀). 1825년 문과 급제. 1851년 영의정에 이르렀다.
15   조선조 때 왕명으로 비밀리에 파견되어 지방관들의 치적과 비위를 살피고 실정을 조사하는 일을 맡아보던 임시관직. 사목(事目) 1권과 마패(馬牌), 유척(鍮尺) 등을 지녔으며, 비리 사실이 큰 관리에 대해서는 즉결처분을 내릴 수 있는 권한을 가졌음.
16   각 관아에 딸린 구실아치를 통틀어 일컬음. 서리(胥吏), 아전(衙前), 연리(掾吏), 하리(下吏)라고도 함.

3. 주지 스님도 탄복한 효심

　　삼월 초순, 봄이 무르익어갈 무렵, 박씨 부인은 서울 집을 떠나자니 청풍계의 바위 하나, 나무 한 그루가 다 유정해 보였다. 서울생활 20여년 만에 아들 없는 집에 들어와 아들을 둘씩이나 낳아 기르며 정신없이 한 세월 보내고, 남편이 사또로 나간 그곳으로 친정 나들이를 한다고 생각하니 절로 웃음이 나왔다. 어느 시인의 시구처럼 '친정집 간다는 새댁 대추나무 쳐다보고도 웃음 짓는다' 라는 표현이 맞을 것이다. 그러나 지병이 도져 상태가 좋지 않았기 때문에 막상 집을 나설 때에는 이 집에 다시 돌아 올 수 있을까, 저 백악이며 인왕산을 다시 볼 수 있을까 눈물이 왈칵 쏟아졌다.

　　햇살이 따사로운 날이었다. 교군들이 문 밖에 와서 기다리고 있었다. 큰아들을 떼어 놓고 가는 것이 마음에 걸렸으나, 이제 장성하였으니 별로 걱정할 일은 아닌 것 같아 어린 가진만 데리고 집을 나섰다. 고향의 부모형제, 그리고 시골집 뒷동산에 아름답게 피던 살구꽃이며 오얏꽃이 한 폭의 그림처럼 늘 뇌리에 남아 있곤 하였는데 오늘 그곳으로 간다고 생각하니 꿈만 같았다. 이런 생각 저런 생각을 하는 사이 벌써 동작이 나루에 도착하였고, 서울을 떠나는 나그네 사이에 끼어 나룻배를 타고 강을 건넜다. 무심한 한강수는 도도히 흐르고, 철만난 뻐꾸기는 제 흥에 겨워 같은 노래를 반복한다.

부지런히 길을 재촉하였지만 마음처럼 빨리 갈 수가 없었다. 또한 성치 않은 몸이라서 자주 쉬어가야 하기에 결국 장호원[17]에서 1박하였다. 그 다음 날은 일찍 서둘렀다. 그러나 그 날의 일정은 만만치 않았다. 넓디넓은 충주를 지나 보리밭들로 접어들면서 행보는 점점 늦어졌다. 보리 내음이 사람의 발길을 잡아 놓더니만 산골로 접어들자 눈을 뿌린 듯 하얀 들꽃들이 더더욱 그러하였다. 수안보[18]를 거쳐 새재를 넘었다. 가파른 길이라 쉬는 시간이 가는 시간보다 많았다. 밤늦게야 겨우 문경에 도착할 수 있었다. 늦은 봄 풍경이 시인묵객에게는 절경인지 몰라도 병을 앓는 박씨 부인과 어린 가진에게는 크게 감흥을 주지 못하였다.

제3일째 문경을 출발한 일행은 구름 속에 반쯤 잠긴 주흘산(主屹山)[19]을 뒤로 하고 고된 걸음을 재촉했다. 그래도 오랜만에 모자가 같이 떠나는 여정이라서 마냥 행복했다. 그리고 오후 늦게면 아버지를 만난다는 생각을 하니 발걸음이 가벼워졌다. 새재를 넘어오는 지방관원 중 제일 지위가 높은 대도호부사의 내행이지만, 소리 없이 지나는 행객처럼 걸음을 했으므로 아무 방해 없이 움직일 수 있어서 좋았다. 예천을 지나 풍산(豊山)[20]에 들어서자 안동부에서 보낸 몇 명의 교군과

---

17 이천시 동남에 있는 한 읍. 이천, 안성, 충주에 이르는 교통의 요충지. 1882년 임오군란 때 민비가 이곳에 숨어 있었음.
18 충주에서 문경으로 가는 길목에 있는 옛 보(堡)인데 온천으로 유명함.
19 경상북도 문경시에 있는 산. 높이 1075m로 소백산맥의 고산의 하나.
20 경북 안동시의 한 읍. 안동과 예천 사이에 있음.

아전 한 사람이 일행을 맞이하였다. 오늘은 거리도 짧았지만 안동 교군들이 와서 훨씬 빨리 관사에 도착할 수 있었다.

김부사도 문 밖까지 나와 기다리고 있었다.

"여러 날 먼 길을 오느라 고생이 많았소. 병중인 몸이라 걱정을 많이 했소. 오늘은 푹 쉬도록 하시오."

먼 길을 오느라 지칠 법도 한데 가진은 모든 게 신기하고 새로운 경험을 하는 것이라 조금도 피곤해 하지 않았다.

"아버지, 동헌[21]이 어디예요? 지금 가서 보면 안돼요?"

"그래, 궁금하더라도 피로할 테니 오늘은 푹 쉬고 내일 돌아보자꾸나. 조금 있으면 네 외삼촌들도 오실 테니 밖에 나가지 말고 저녁 먹고 방에서 기다려라."

저녁식사 후 촛불을 켜고 앉아 있는데 외삼촌 형제가 찾아 왔다. 너무나 오랜만에 만나는지라 박씨 부인 남매들은 손을 붙들고 말없이 한참을 있다가 입을 열었다.

"상훈(相勳)아, 너희들은 어떻게 지냈으며 집안은 어떠냐? 상우(相禹)야, 얼마만의 만남이냐? 천천히 이야기 들어보자꾸나."

잠자코 곁에서 듣고 있던 가진이 끼어 들었다.

"어머니, 이분들이 외삼촌이세요? 인사부터 드려야지요."

---

21   지방관아에서 고을 원(員)이나 감사(監司), 병사(兵使), 수사(水使), 그밖의 수령들이 공사(公事)를 처리하던 대청.

박씨 부인이 얼른 그 말을 받아 "그래, 내가 잠시 너를 잊었구나. 이쪽이 큰 외숙, 저쪽이 작은 외숙이란다. 인사드려라!"

이렇게 하여 처음 보는 외숙들과 상견례를 마치고 "그러면 어머니, 외숙들과 이야기 나누세요. 저는 아버지와 같이 있겠습니다" 하면서 사랑채로 나갔다.

아버지는 대뜸 "너 어머니 모시고 오느라 고생이 많았다. 네 어머니 병환은 어떤 것 같더냐?"

아무래도 본대로 알려 드려야 방책이 나올 것 같아 "가끔씩 가쁜 숨을 몰아쉬면서 어렵게 견디다가 곧 괜찮아지시고 그러더군요. 여행길에는 기분이 몹시 좋은 듯 하시었으나 가끔씩 견디기 어려울 정도로 통증을 느끼고 하셨어요. 여기도 좋은 의원이 있을까요?"

"그래, 내 부임하자마자 의원을 알아보았느니라. 며칠 쉬었다가 의원을 부르도록 하자. 그리고 너는 당장 내일부터 글과 글씨를 나에게 배우도록 하여라. 서울 가숙에서 공부하던 때와 한 치도 차이가 나서는 안 된다. 알겠느냐?"

아버지의 명령이 단호한지라 각오를 하지 않으면 서울로 되올라갈지도 모른다는 생각이 들었다. 다음 날 아침 아버지가 자리에서 일어나는 소리가 들렸다. 아차 싶어 일어나니 아버지는 벌써 의관을 정제하고 앉아 계셨다. 눈을 비비며 아침 문안인사를 드리자 "고단할 터인데 더 자지 그래!" 하면서 "어서 네 어머니께 가서 인사드리고, 밤새 병세가 어떤가 보고 오너라."

　　가진이 내당에 들어가자 어머니는 아무 것도 모르고 주무시고 계셨다. 여느 때 같으면 아무리 몸이 불편하여도 일찍 일어났는데 노독도 있고 어젯밤 외숙들과 오랜만에 많은 이야기를 나누다 보니 피곤하셨나 보다. 방을 나와 아버지께로 갔다.

　　"이제는 「대학」을 배워야 한다. 그럼 시작할까? 자, 어려운 글자를 찾아보아라. 글자는 모두 알겠지? 그럼 읽고 뜻을 새겨야지. 그리고 체본을 받아서 쓰도록 하여라."

　　'大學之道 在明明德 在新民 在止於至新'〔大學〕

　　이렇게 시작하여 몇 번 반복하자 쉽게 외워졌다. "그럼 덮어놓고 글씨 체본을 받아라" 하고는 백지 위에 '永嘉金氏 千秋萬歲'(안동김씨 영원한 번영을)라 써 주었다. 그리고는 함께 관아를 돌아보자고 하였다. 한양의 대궐을 보다가 지방 관아를 보니 건물이 아무 것도 아니었다. 다만 '안동웅부(安東雄府)'라 쓴 현액(懸額)이 눈에 띄었다.

　　"아버지, 저 현액은 누구의 글씨길래 걸어 놓았으며, 어쩌면 저렇게 잘 썼을까요?"

　　"너는 아직 시작한 것도 아닌데 어떻게 남의 글씨를 평가하려 하는가? 저 글씨를 쓰신 분은 공민왕[22]이시다. 공민왕은 고려 말엽의 국왕인데 그림과 글씨에 뛰어난 분이다. 그런데 왜 여기에 이 글씨가 있는가 하면, 원나라 말기 중국에 도적떼가 일어났는데 이들이 머리에 붉은 수건을 매었다 하여 홍건적이라 하였고, 그 군사가 자그마치 10만이나 되었다. 그러나 원나라 군사에게 쫓기어 만주로 침입, 요양을 점령하고, 공민왕 8년(1359) 겨울에 4만 명이 얼음이 언 압록강을 넘어 의주, 정주, 인주, 철주를 함락시키고 서경을 점령했다. 고려군의 반격으로 일단 격퇴하였으나 공민왕 10년(1361)에 다시 10여 만 명이 침입하여 개성을 함락하고 갖은 만행을 다 저질렀다. 이에 공민왕이 남쪽으로 피난하여 그 해 12월에 이곳 복주(福州 : 지금 안동)까지 와서 임시수도로 삼았을 때 손수 쓰신 현액이란다. 오래 머물지는 않았지만 왕비인 노국 대장공주(魯國大長公主, ?~1365)[23]와 관계되는 〈놋다리밟기〉 등 많은 설화도 있단다."

한참 듣고 있던 가진은 "그러면 이곳은 우리와도 관계가 있는 곳이지요?"

"그래, 관계가 매우 깊지. 원래 우리 시조께서는 신라 말년에 이곳의 성주(城主)로 계셨단다. 이때 신라 왕실은 걸출한 왕도 없었고 국력도 쇠미할 대로 쇠미해져 겨우 명맥만 이어 나가는 형편이었다. 경문왕(景文王, 861~75)이 아들 셋을 두었는

---

22 고려 31대 왕. 충숙왕(忠肅王)의 둘째 아들. 원나라 위왕(魏王)의 딸 노국공주(魯國公主)와 결혼. 왕위에 오르자 반원정책을 써서 몽고풍을 폐지하고, 기황후(奇皇后)를 믿고 횡포를 부리던 무리들을 제거하고 몽고의 연호와 관제를 없앴다.
23 공민왕비. 몽고명은 보탑실리공주(寶塔實里公主). 1349년 원나라에서 공민왕과 결혼, 1364년에 난산(難産)으로 죽었다.

데 헌강왕(憲康王, 875~86)을 세웠으나 재위 기간이 불과 11년이었고, 정강왕(定康王, 886~8)을 세웠지만 겨우 1년 만에 승하하였다. 할 수 없이 딸 진성여왕(眞聖女王, 887~97)[24]을 세웠더니 10년 통치기간 동안 나라를 완전히 망쳐 구제불능으로 만들어 놓았다. 이번에는 할 수 없이 경문왕의 서자였던 효공왕(孝恭王)[25]을 세워 위를 잇게 하였다. 효공왕은 온갖 노력을 다해 보았지만 이미 기울어진 왕실의 쇠운을 일어 세우기란 역부족이었다. 911년 재위 15년 만에 승하하니 왕위에 오를 만한 아들이 없어 왕통은 박씨인 신덕왕(神德王 : 912~17)[26]에게 넘어갔다. 우리 시조는 효공왕의 아들인 선(宣)자 평(平)자[27] 할아버지다. 불과 10세에 부왕이 돌아가셨고 왕위마저 빼앗긴 채 궁밖 생활을 하시다가 그래도 재예가 인정되어 26세에 고창(古昌 : 지금의 안동) 성주가 되셨다.

그뒤 후백제 견훤의 세력이 가장 커서 신라의 수도 경주를 유린, 신라왕을 죽이고 이 안동성까지 쳐들어 왔다가 우리 시조와 향민이 합심하여 고려 왕건 군을 도와 견훤 군 8천여 명을

---

24 신라 51대 왕. 헌강왕, 정강왕의 여동생. 음행을 일삼고 뇌물을 받는 등 기강이 해이해져서 지방에는 조세가 걷히지 않았고 병제(兵制)가 피폐하여 북원(北原)의 도적 양길(梁吉)의 부하 궁예(弓裔)가 침범하고 견훤(甄萱)이 모반하여 백제를 세워 다시 삼국이 맞서게 되었다.
25 신라 52대 왕. 재위 897~912. 휘는 요(嶢). 헌강왕의 서자. 어머니는 의명태후 김씨. 삼국이 각축을 벌일 때라 영토를 날로 잃어 갔다. 왕실의 부흥을 꾀하였으나 뜻대로 되지 않자 주색에 빠져 정사를 돌보지 않았다.
26 신라 53대 왕. 성은 박씨. 효공왕이 후사를 이을 아들이 없자 백성들의 추대를 받아 왕위에 올랐다.
27 901년 흥덕궁(興德宮)에서 태어났다. 11세 때 아버지 효공왕이 돌아가고, 어려서 보위에 오르지 못하고 26세 때 고창성주로 나갔다.

죽이고 격퇴시키자 많은 군현이 고려에 귀부하게 되었다. 우리 시조는 그 공으로 고려로부터 대광(大匡)이란 벼슬을 받았다가 뒤에 삼한벽상공신(三韓壁上功臣) 삼중대광(三重大匡) 태사(太師) 아부(亞父)의 공신호[28]의 벼슬을 받았다.

그래서 우리는 조상 대대로 이 안동에 살다가 조선 초기에 현재 우리 집이 있는 청풍계와 장동 일대에 살게 되었으며, 우리 마을에서 문충공(文忠公 右議政) 할아버지와 문정공 (文正公 左議政) 할아버지 등 여러 형제분이 태어나시고, 또 높은 학력을 갖춘 분이 많이 태어나셨다.

그리고 현재는 순원대왕대비와 효현왕후(孝顯王后, 1828~43),[29] 그리고 지금의 왕후인 철인왕후(哲仁王后, 1837~78)[30]도 모두 문정공 할아버지 자손이며, 지난해 영의정 흥근 할아버지와 금년 2월에 영의정이 되신 좌근 할아버지도 모두 우리 집안 어른들이다.

그리고 여기서 멀지 않은 소산(素山)[31]이라는 곳은 우리 선조들이 지은 종가집이 있고, 청음 할아버지께서 청나라에 항복을 반대하시고 그 집에 내려와 계시면서 손자 셋을 가르쳤

---

28 고려의 정1품 관직. 아부(亞父)는 아버지 다음으로 존경하는 사람이란 뜻으로 흔히 임금이 공신을 존경하여 부르던 말.
29 헌종(憲宗)의 비. 영흥부원군(永興府院君) 조근(祖根)의 딸. 1837년에 왕비에 책봉되고 1841년 가례를 올려 왕후가 되었으나 2년 만에 16세로 서세하였다.
30 철종의 비. 영은부원군 문근(汶根)의 딸 1851년 왕비에 책봉되어 가례를 행하고 고종 즉위 후 대비에 진호(進號)되었다.
31 경상북도 안동시 풍산읍에 있는 안동김씨 집성촌이며 세거지이다. 원래는 금산촌(金山村)이었는데 병자호란 때 청음선생이 서울서 내려와 거주하면서 김(金)성에 금산(金山)은 너무 현란하다 하여 소산으로 바꾸었다고 한다.

다. 맏분(壽增, 1624~1701)[32]은 재주는 있으시되 참판만 지내고 춘천(春川) 곡운(谷雲)에 들어가 은둔자락하며 여생을 마치셨고, 둘째 분(壽興, 1626~90: 退憂堂)[33]과 셋째 분(壽恒, 1629~89: 文谷)[34]은 문과 급제하여 벼슬이 영의정에 이르렀다. 특히 문곡 할아버지는 진사, 문과, 정시를 모두 장원하셨다. 여기서도 열심히만 한다면 무엇이나 다 될 수 있다. 다만 재주만 믿고 게을리 하면 이루어지지 않는다. 더구나 글씨 연습이 중요하다. 우리 일족은 모두가 명필 소리를 들어왔다. 너도 얼마든지 가능성이 있으니 하루도 게을리 해서는 안된다. 내가 한가한 지방관으로 나와 있으니 너에게는 더 없는 좋은 기회가 아니겠는가?"

이렇게 부자간에 가정사며 나라와 이 고장의 역사 이야기를 나누는 중요한 시간을 가졌던 것이다. 그러나 인간사란 늘 평탄하지만은 않았다. 중병을 앓고 있는 어머니가 걱정이었다. 서울 집을 떠나올 때만 하여도 곧 치유될 것이라는 희망을

---

32 호는 곡운(谷雲). 청음 김상헌의 맏손자. 생원시에 합격하고 성천(成川)부사로 있다가 동생 수항(壽恒)과 송시열(宋時烈)이 유배됨을 보고 춘천 곡운에 들어가 숨어 살았다. 다시 불리어 나와 한성좌윤, 공조참판 등의 벼슬을 받았으나 거절하고 깊은 산속에 들어가 숨어 살았다.
33 김상헌의 둘째 손자. 영의정 수항의 형. 사마시에 1위로 급제하고 1655년 문과에 급제, 이듬해 동생과 같이 중시(重試)에 합격. 여러 벼슬을 거쳐 1674년과 1680년 양차에 거쳐 영의정이 되었다. 1689년, 기사환국 때 장기(長鬐)로 정배되어 그곳에서 서세하였다.
34 김상헌의 셋째 손자. 영의정 수흥의 동생. 18세 때 사마시에 1위로 합격하고 23세 때 알성(謁聖)문과에 장원하고 28세 때 중시에 급제하여 1680년 영의정이 되었으나, 1689년 진도에 정배되어 그곳에서 사사되었다.

품고 발걸음이 가벼웠건만 날이 갈수록 왕진 오는 의원 수는 늘어도 쾌유는 절망적이었다. 아침시간에는 글을 배우고 글씨 쓰고 하느라 정신없이 보내고, 저녁에는 외삼촌들과 함께 어머니 간호를 하였다.

이렇게 시간을 보내며 여름에 접어들 무렵, 여느 때와 같이 아침 글공부를 끝내자 아버지가 "얘야, 오늘은 나를 따라 종택이 있는 소산이나 다녀오도록 하자"고 운을 떼었다. 매일 답답한 생활을 하던 터라 속으로는 좋았으나 내색은 못하고 "예, 그리 하겠습니다" 하고 시간을 기다렸다. 오늘은 사적인 행차라서 소수만 배행하였다.

작현(鵲峴 : 송현에서 풍산으로 가는 길목에 있는 작은 고개)을 지나 얼마쯤 가자 풍산읍(豊山邑)이 나왔다. 이때 사또의 순방을 전해 들은 소산 마을 종인(宗人)들이 나와서 인사를 드리고 안내하였다. 조금 가다보니 정산(井山 : 소산 마을의 진산)에서 풍산들 쪽으로 내려 뻗은 언덕배기에 늙은 소나무 숲에 가려진 고색창연한 누정이 솟아 있었다. 아름다운 정자구나. 종인들에게 물었다.

"저 정자는 이름이 무엇이며 누구 소유입니까?"

종인들이 설명하였다.

"정자 이름은 삼귀정(三龜亭)[35]입니다. 진(鎭)자이시니

---

35   정면 3칸 측면 2칸이며, 모두 우물마루로 깔아 개방한 초익공양식의 오량가구(五樑架構)이다.

삼귀정

깐 15대 할아버지 되시는 장령공(휘 永銖, 1446~1502)[36]이 88세 되는 어머니 예천권씨(醴泉權氏)[37]를 즐겁게 해드리기 위하여 1496년에 세운 정자지요. 삼귀(三龜)는 십장생의 하나인 거북이를 말하는데, 정자 옆에 검은 세 개의 돌이 거북같다 하여 삼귀로 이름한 것입니다."

마을에 들어가자 여러 종인들이 나와 반가이 맞이하였다. 마을 입구에 있는 청원루(淸遠樓)[38]부터 찾았다. 이번에는 김사또가 어린 아들에게 설명하였다.

"이 집은 너의 14대 할아버지 서윤공(平壤庶尹)께서 여생

---

36 자는 적옹(積翁), 사헌부 장령(掌令, 정4품)을 지냈다.
37 한성판관 김계권(金係權)의 부인. 88세로 1409년 겨울에 서세하였다. 아버지는 예문관 대제학을 지낸 권맹손(權孟孫)이다.
38 안동시 풍산읍 소산리 87번지에 소재한 경북무형문화재 제119호이다. 서윤공(庶尹公, 휘 瑤, 1570~1652)이 여생을 보내기 위해 지은 집으로 세간에서 말하는 장동김씨 종가댁이다.

을 보내기 위해 지은 집이다. 청음 할아버지께서 청나라에 항복을 반대하고 이곳에 오셔서 기거하신 적이 있단다. 그때 저 누각을 중건하고, 청나라를 멀리한다는 뜻으로 누각 이름을 청원루라 하고 몸소 현액을 만들어 거신 거란다. 앞에서 이야기한 것 같이 그때 곡운, 퇴우당, 문곡 3형제분이 이 루 밑에서 할아버지께 글과 글씨를 익히셨단다. 자, 그러면 큰집으로 가보자꾸나."

가진은 그저 신기한 듯 고개만 끄덕였다. 일행은 다시 양소당(養素堂)[39]을 찾았다. 이번에는 소산 종인들이 나서서 소개하였다.

"양소당은 성종 때 사헌부 장령(司憲府掌令)을 지내신 영수 선조께서 사시던 집으로 우리 종가집입니다. 외당(外堂)으로 드시지요."

이 집은 조선시대 전형적인 안동지방의 양반가 구조이다. 목조 와가(瓦家)로 팔작지붕을 덮었으며, 형태는 □자형이었다. 내당의 정침(正寢)은 중앙에 대청을 두고 3개의 고주(高柱)를 높이 올렸으며, 외당은 오른쪽에 사랑채를 돌출시켜 배치하였다. 사랑채의 왼쪽에는 2칸의 방을 두고 오른쪽은 전체를 마루로 꾸며 제례시 제청으로 활용토록 하였다.

이런 저런 이야기를 나누는 사이에 가진은 또래들과 벌

---

39 안동시 풍산읍 소산리 218번지에 소재하는 경북민속자료 제25호이다. 1779년 김양근(金養根)이 지었고 현액은 김학순(金學淳 : 당시 안동부사, 이조판서)이 썼다. 장령 김영수의 종택(宗宅)이다.

써 마을 전체를 돌고 왔다. 이윽고 늦은 점심상이 들어왔다. 향기 나는 가주(家酒)며 맛깔 나는 전, 간고등어, 풍산무로 만든 식혜 등 성심껏 차린 점심상이 때를 넘긴 시간이라 맛을 더했다.

마을을 나오면서 묵재고택(默齋古宅)[40], 동야고택(東埜古宅)[41], 비안공구택(比安公舊宅)[42] 등을 돌아보고 곧바로 판관공(判官公: 휘 係權) 산소로 가서 참배하고 종인들의 설명을 들었다.

"판관공은 서울에 살다가 돌아갔는데, 그 시대는 묘터가 좋아야 자손이 잘 된다는 풍수설을 믿어 왔으므로 터를 정하기가 매우 어려웠다. 판관공은 아들이 다섯인데, 맏이는 세조 때 국사(國師)인 등곡대사(燈谷大師)[43], 둘째는 사헌부 감찰

---

40 안동시 풍산읍 소산리 221번지에 소재하는 경북민속자료 제85호이다. 비안공(比安公) 구택 별채 건물로 1516년에 지었는데, 200여년 전에 용양위부호군(龍驤衛副護軍) 이행(履行)이 분가하여 살았던 집이라 한다.
41 안동시 풍산읍 소산리 212번지에 소재하는 경북문화재자료 제193호이다. 이 집은 성균진사(成均進士) 김중안(金重安)이 지었고 동야(東埜) 김양근(金養根, 1734~99)이 이 집에서 태어났다. 동야고택이라 한 것은 양근이 영조 때 증광문과(增廣文科)에 급제한 뒤 어전의 면시(面試)에서 답안에 공자가어(孔子家語)의「노인동야필사(魯人東埜畢事)」를 인용하였던 바 영조께서 "동야선달은 어디 있나"하시면서 시권(試券)을 외우라 명한 것을 기념하고자 호를 동야라 하였다.
42 돈소당(敦素堂)을 말한다. 이 건물은 경북문화재자료 제211호로 지정되었으며, 풍산읍 소산리 224-3번지에 있다. 세종 때 비안현감을 지낸 김삼근(金三近, 1419~65)의 옛 집이다. 세조의 왕사(王師) 학조(學祖: 燈谷)와 사헌부 감찰(監察) 김영전(金永銓, 1439~1522)도 이 집에서 태어났다. '비안공구택(比安公舊宅)' 이란 현액은 일중(一中) 김충현(金忠顯)이 썼다.
43 법명은 학조(學祖). 세조 때 여러 고승들과 함께 불경을 국어로 번역하여 간행한 바 있고 해인사를 중수하였다. 연산군 때 신비(愼妃)의 명을 받아 대장경 3부를 간행하고 스스로 발문을 썼다. 또 남명집(南明集)을 언해(諺解)하기도 하였다.

(監察) 영전(永銓), 셋째는 진사 영균(永勻), 넷째는 부사 영추(永錘), 다섯째는 사헌부 장령(掌令) 영수(永銖)로 모두 관직에 있어 장사 지낼 사정이 어려웠던 것은 아니었다. 다만 명당 자리를 찾으려니 어려웠다.

출가는 하였지만 차례로 봐서도 맏이이고, 풍수지리에도 능통한 등곡대사가 있으니 아래 4형제는 형님의 처분만 기다리고 있고, 등곡대사는 자기대로 고민이 있었다. 장사 날짜를 미루기만 하는 것은 관직에 있는 몸이라 어려움이 많았다. 그러던 어느 날 등곡대사가 입궐하여 세조 임금을 알현하였다. 세조는 등곡대사의 옷차림을 보고 놀란 표정을 지었다.

"대사는 아직도 상복 차림이니 어찌 된 일이오?"

"아뢰옵기 황공하옵니다만 아직 장지를 못찾고 있나이다."

"대사같이 감여(堪輿 : 풍수지리)에 능한 사람이 선친의 장지를 못 구하다니…"

"예, 한 곳이 있긴 하온데 퍽 어려운 처지이옵니다."

"어려운 처지라니 그게 무슨 말이오? 기탄없이 말해보오."

"그곳에 국가의 긴급을 알리는 역참이 있는지라…"

"내가 명을 내려 역참을 옮길 터이니 그 자리에 모시도록 하시오."

이렇게 하여 얻어 낸 자리가 바로 창평부수형(蒼萍浮水形 : 푸른 마름이 물에 떠 있는 형국)이라는 명당이다.

김사또야 자주 들어 왔던 이야기라 별 감이 없었지만, 가진은 귀담아 들었다. 사람이 죽으면 명당에 모셔야 부모는 물론 자손까지도 잘되는구나, 만약 어머님이 여기서 돌아가시면 어쩌지! 이 궁리 저 궁리 하면서 어른들을 쫓아다녔다. 시간관계로 판관공 산소 뒷등에 있는 예천권씨 할머니, 판광공 산소 오른쪽 등에 있는 장령공, 그리고 그 뒤편에 있는 강릉김씨 할머니 산소만 참배했다. 시간은 벌써 해가 슬픗하게 넘어가는 판이어서 발걸음을 재촉하였다.

　　하루하루의 일과가 시계 같이 돌고 돌았다. 어머니의 병환이 있으니 멀리 유람을 나설 수도 없고, 또래들과 어울려 천진하게 놀 수도 없는 형편이었다. 그 해 여름 석 달이 다 지나가고 있는 6월 하순, 어머니 병환이 더 심해져 백약이 무효였다. 주위 사람들이 권하기를, 천등산(天燈山)[44] 봉정사(鳳停寺)[45]에 들어가 부처님께 빌어 보는 것도 방법일 것이라 하였다. 박씨 부인이나 외숙들의 뜻도 같았다. 김사또는 별로 내키지 않았으나 주위 사람들의 권고가 그러하니 할 수 없이 그 뜻에 따르기로 하였다.

　　절의 뜻도 타진해 보아야 하기 때문에 사람을 보냈다. 주지 스님은 신자도 아닌 사람을 받아들인다는 것이 내키지는 않았으나, 현직 사또의 부인이라는 데는 더 이상 토를 달 수가

44　안동시 서후면에 있는 높이 575m의 산으로 그 아래에 봉정사가 있다.
45　안동시 서후면 천등산에 있는 절. 672년 의상(義湘)이 창건하였다. 극락보전(極樂寶殿)은 국보 15호이며 대웅전은 보물 55호이다.

없는 처지였다. 일단 절의 승낙은 받았으나 성치 않은 부인을 보내는 사또와 어린 아들의 마음은 편치 않았다. 박씨 부인으로서는 고향에 부임하는 남편을 따라 온다는 자체가 기쁨이었고, 형제며 고향산천을 다시 본다는 것이 꿈인 듯 하였으나 이제 그 기쁨도 잠시. 홀로 떠나는 마음이야 오죽 했으랴만 남편의 공무나 아들의 글공부에 방해가 되어서야 되겠는가 하는 생각을 하고 마음을 다지고 떠나기로 하였다.

어머니를 떠나보낸 가진은 통 글공부가 되지 않았다. 그렇다고 마음대로 달려 갈 수도 없고 하여 우울한 시간을 보내고 있었다. 시간이 지나 겨우 마음이 안정되어 갈 무렵 봉정사에서 급한 전달이 왔다. 아무래도 오래 갈 것 같지 않다는 소식이었다. 급히 동헌으로 달려가 아버지께 말씀드렸다.

"그러면 너는 먼저 봉정사로 가거라. 내가 사람을 불러서 시킬 터이니, 시간이 늦었지만 지금 곧 떠나거라."

"예, 아버지, 곧 가겠습니다."

가진은 봉정사까지 걸어가기로 작정하였다. 어머님의 병환이 위중한데 가마를 타고 간다는 것은 도리가 아니라 생각하고 고생을 자처한 것이다. 늦더위가 기승을 부리는 읍내를 지나 작현을 넘어 검제 쪽으로 방향을 바꿀 때는 이미 해가 슬풋해 질 무렵이었다.

마침 탁발 나갔다 돌아오는 젊은 스님을 만났다.

"스님, 혹 봉정사에 계시지 않습니까?"

"그런데요. 어디 가는 시주입니까?"

"예, 어머님이 봉정사에 요양하러 가셨는데 병환이 위중하다 하여 바삐 갑니다."

"아, 그럼 신관 사또 영감의 자제분이시군요. 길 안내는 소승이 할 터이니 빨리 걷기나 하세요."

스님의 걸음걸이가 무척 빨랐다. 하얀 시냇가 모래밭에 짙은 엽록소의 수양버들이 길게 그림자를 드리우고 있고, 그 안에서 가을 매미가 목청을 놓고 울어 댄다. 오늘은 아무리 좋게 해도 노래가 아니라 울음이다.

길 한편에는 뜨문뜨문 고색창연한 고가들이 나타나고, 오른쪽 낮은 고개를 넘어서자 늙은 소나무에 가려 운치를 돋구는 누각이 나타났다. 더 이상 걷기조차 힘들 정도로 치쳤을 때라 마음이 급해졌다.

"스님, 저기가 봉정사인가요?"

"아니요, 저기는 안동김씨 시조 묘단이라오. 우리 절집은 저 서북쪽에 우뚝 솟은 천등산 기슭에 있지요. 이제 한 식경만 걸으면 도착하게 될 것이오."

'아, 여기에 우리 시조 묘단이 있다니… 평상시 같으면 참배하고 갈 텐데, 밤도 되었고, 어머니 병환이 위중하니 어쩔 수 없겠구나.'

이렇게 속으로 뇌이며 걷다 보니 소나무, 삼나무가 울창하게 어우러진 경내에 들어섰다. 밤도 늦고 마음도 급하고 하여 곧바로 스님의 안내로 노전(爐殿)에 붙여 지은, 시주들이 예불 와 묵는 객사채로 안내되었다. 어머니와 얼마 떨어져 있

시조 묘단

지 않았지만 몇 년 만에 상봉하듯 반가웠다. 야윌대로 야윈 어머니를 보자 "어머니! 어머니!"를 외치며 하염없이 눈물만 흘리며 일어설 줄 몰랐다. 얼마나 시간이 흘렀을까, 그제서야 정신을 차리고 일어나 앉았다.

"애야, 저녁은 어찌 하였느냐? 아버지는…"

"예, 저녁은 먹었구요. 아버지도 곧 오신다고 하셨어요. 어머니는 좀 어떠세요?"

"나는 좀 나아졌다가 다시 더 심해지고 이러기를 반복하였는데, 이제는 기진맥진하여 예불에도 참여를 못한단다. 아무리 생각해도 내가 다시 떨치고 일어나 네가 장원급제하는 것을 못 볼 것 같구나. 어쩐지 오늘 아침 절간 뒷산 까치들이 소란스럽게 짖더니 너를 보게 되었구나. 아침결에는 오늘을 넘기기가 어려울 것 같아 죽기 전에 너를 보려고 사람을 보냈단다. 다리가 몹시 아프겠지, 그만 물러가 쉬어라."

그러나 마음 편히 쉴 형편이 아닌 듯하여, 어머니 곁에서 꼬박 밤을 새웠다. 아침 예불을 알리는 종소리에 정신을 차리고, 대충 세수를 하고는 예불에 참석하여 어머니의 병 낫기를 빌었다. 낮이 되자 어른스럽게 주지 스님을 찾아가 인사를 드리고 어머니의 병환이 치유될 수 있는지 물었다.

"지성이면 감천이라 하였소. 어린 시주께서 이리 정성을 쏟으니 부처님인들 어찌 외면하겠소? 열심히 기도를 드려 보세요. 나무아비타불 관세음보살."

산사의 생활을 단조로웠다. 어머니 병환의 쾌유를 위하여 아침 저녁 예불에 참여하여 진심으로 빌고 빌었고, 낮이면 스님들과 이야기를 나누기도 했다. 읍내에 살고 있는 외갓집 사람들이 찾아와 담소하기도 하였다. 여러 사람들과 만나는 가운데 묘지에 대한 이야기도 나눴다. 어른들은 "요새 어디 명당이 있는가? 수백 년 동안 웬만한 곳은 다 골라 썼으니 말일세." 또 어떤 이는 "물각유주(物各有主 : 사물은 각각 주인이 있다)라 하지 않았던가? 다 주인이 있기 마련이지."

이렇게 이야기하다가 한 분이 "명당이야 저 뒷산 속등이 대터지. 화심혈(花心穴)이라 하던데, 절 땅이 아니면 벌써 누가 써도 썼지 남아 있을 곳이 아니라 하더구만."

가진은 귀가 솔깃했다. '만약에 어머니가 여기서 돌아가신다면, 저기 그 명당에 모신다면 영원한 안식(安息)이 되겠지. 그곳에 가서 살펴보고 와야겠다.' 여기까지 생각이 미치자 발걸음을 그 화심혈이라는 곳으로 옮겼다.

넝쿨을 헤치고 산마루에 올라 사방을 훑어보니 동남쪽 약간 후미진 곳에 들국화 향내가 유독 풍기는 곳이 있었다. 어린 생각에 화심혈이라면 꽃술이 생각났고, 일찍 핀 들국화가 아름답게 피어 꽃 내음이 저리 향기로우니 여기가 바로 그곳이겠구나 하고 돌아왔다.

나았다 도졌다 하던 어머니의 병환이 더 악화되어갔다. 풍산읍에까지 사람을 보내어 의원을 청해 왔으나 진맥을 하고나서는 "너무 늦었습니다" 한마디만 남기고 돌아갔다. 용하다는 약방을 찾아 약도 지어보고, 의원들을 불러도 보았지만 허사였다. 몇날 며칠을 밤낮없이 앓아 잠도 못 주무시던 어머니는 창가가 희부옇게 밝아 오는 새벽에 스러져가는 목소리로 말씀하셨다.

"가진아, 한숨도 자지 못했구나. 이 어미 때문에 네 고생이 이만저만 아니구나. 이 어미는 네가 장원급제하는 것을 보고 싶었다마는 더 이상 견디기 어렵구나. 내가 저 세상에 가더라도 너를 지켜 줄 것이다. 너는 어떤 일이 있더라도 공부 열심히 하여 나라에 중요한 일을 하는 훌륭한 사람이 되거라. 이것이 어미의 마지막 소원이다."

어머니는 채 말씀이 끝나기도 전에 맥이 풀리면서 눈을 감으셨다. 7월 6일이었다. 실낱같은 희망이나마 바랐던 가진은 한 동안 넋을 잃었다. 정신이 돌아 왔을 때에는 어머니는 이미 시상판에 옮겨져 있었고, 아버지도 옆에 계셨다. 서울 본

댁과 외갓집에 부음을 알리기 위해 사람들을 보냈다. 객사에서 돌아 가셨지만 절에 딸린 곳이라 스님도 긴장하였고, 또 처음 있는 일이라서 장례 절차도 그렇고 하여 난감해 하는 모습이었다.

일족이나 외갓집 식구들이 찾아오긴 했어도 걱정만 할 뿐 구체적인 방안이 나오질 않았다. 올만한 가족이 모두 모인 뒤 장례 일체를 논의하기로 하고, 우선 긴급히 수의와 묘지를 걱정하고 있었다. 가진은 번뜩 머리를 스치고 지나가는 것이 있었다. 얼마 전에 어른들이 이야기하던 화심혈이 떠올랐다. 직접 보아서 정말 명당 이야기가 나돌 만하구나 하는 느낌을 받았기에 더욱 그곳을 얻어야겠다는 생각이 들었다. 또 소산에 들렀을 때 판관공 묘소를 학조 할아버지께서 세조대왕으로부터 허락받은 이야기가 떠올랐다. 어떻게 해야 얻을 수 있을까, 골똘히 생각해 보았지만 묘수가 떠오르지 않았다.

지성이면 감천이라 하였으니, 주지 스님에게 청원을 해보자. 혹시 허락하실지 모르지. 주지 스님을 찾아 갔다. 스님은 극락전(極樂殿)[46]에서 예불을 드리고 있었다. 예불이 끝나기를 기다렸으나 그날 따라 왜 그렇게 시간을 끄는지 지루하기 짝이 없었다. 얼마나 시간이 흘렀을까, 예불을 끝내고 나오면

---

46 봉정사 내에 있는 전으로 고려시대에 건립. 기둥은 가운데가 굵고 상하가 좁아져 가는 엔타시스(entasis)이며, 두공(枓拱)은 이포작(二包作)으로 신라의 석조두공(石造枓拱)에서 볼 수 있는 천축(天竺)의 영향을 받은 것이다. 우리나라 현존 최고의 목조건물로 국보 15호이다.

서 스님이 위로를 했다.

"시주가 상을 당하셨다니 참 안되었소. 그러나 망자가 열심히 예불을 드리고 진심으로 부처님께 귀의하셨으니 극락왕생하리다."

가진은 주지 스님을 따라 선방(참선하는 방)까지 가서 꿇어앉아 청을 드렸다.

"스님, 청이 있어 이렇게 뵈러 왔습니다. 제 청을 꼭 들어 주실는지요?"

"그래, 그 청이 무엇인가? 망자의 시신을 다비(茶毘 : 화장)하겠다는 청인가요?"

"스님, 다비가 무엇인지는 모르겠습니다만, 제가 청을 드리고자 하는 것은 저희 어머님을 모실 묘지 몇 평을 달라는 것입니다. 가능하시겠지요?'

"절이란 부처님의 집이고, 신자들의 정신적 도량이 되는 곳입니다. 그러므로 절집 경내에 묘지는 절대 내어드릴 수도 없고, 그러한 예도 없습니다. 시주께서는 다른 곳을 찾아보시지요."

주지 스님의 말씀이 사리에도 맞고, 또 어세도 완강한 것으로 보아 도저히 가능성이 없어 보였다. 그러나 처음부터 가능성이 있다고 생각한 것이 아니었으므로 선방 뜨락 맨땅에 꿇어앉아 단식 청원을 드렸다. 초가을이지만 밤이면 제법 써늘하고 낮이면 따가운 햇살이 여름같은 지라 어른도 견디기 어려운 일을 하고 있었다. 모두가 만류하였으나 소용이 없었다. 삼일 밤낮 계속되었다. 드디어 3일이 다 되어가던 날 쓰러지고 말았다. 상중에 또 상이 나게 생겼으니 우선 구급약인 우황청심원으로 다스리고, 의원이 와서야 겨우 정신을 차릴 수 있었다. 정신을 차리자 또다시 선방 뜨락으로 가서 꿇어 앉았다. 보다 못한 주지 스님이 다른 승려들과 의논하였다.

"부처님의 대자대비가 무엇인가? 중생을 구함이 아니든가? 어린 시주의 정성이 저와 같으니 나는 더 이상 보고만 있을 수 없네. 어린 시주의 효심에 감복해서 필요한 묘지를 내주기로 했다네. 자네들도 의견을 말해 보게나. 내 참고 하겠네. 나무아미타불."

말없이 듣고만 있던 승려들이 이구동성으로 대답하였다.
"주지 스님의 처분에 따르겠습니다."
이것으로 승려들의 동의가 이루어진 셈이다. 주지 스님은 몸소 나아가 가진을 안고 등을 쓰다듬었다.
"나무아미타불. 시주의 효심에 감동하였네. 시주의 청원대로 들어 주겠네. 그러니 어서 객사로 가서 음식부터 들고 몸조리 하시오."

그제야 가진은 "주지 스님, 정말 감사합니다. 이 은혜 몇 생을 두고두고 갚겠습니다"며 넙죽 절을 하고는 상청으로 돌아 왔다.

안동부의 이서들과 유림 등 각처의 조문객이 다녀갔다. 이제 정한 칠일장 장례 날이 다가오고 있었다. 읍내로 사람을 보내 지관을 청하였다. 지관이 어린 상주를 따라 예의 그 화심혈로 갔다. 담배를 한 대 피우고 나서 지관이 하는 말.

"서울 사는 어린 상주가 어떻게 이 자리를 알고 있었으며, 또 절 땅을 어떻게 얻어 낼 수가 있었던고? 참 기이한 일이로다. 이 자리는 당대에 족히 이상(二相 : 삼정승 다음가는 벼슬)이 날 자리요. 상주의 이야기처럼 화심혈에다가 당체도 잘 생겼고, 파득(破得)이며 조산(朝山)이 정말 명당입니다. 하관 시간은 유시(酉時)이며 향(向)은 내가 표시를 해 놓을 터이니 그대로 하시고, 광중은 깊이 하지 말고 계절(階節)은 높이지 마십시오. 그리고 가능한 한 봉분을 높이지 말고, 따라서 주변 토지를 가급적 헐지 마십시오. 내 장례 날 다시 오리다."

돌아가신지 7일이 되는 날, 여장(女葬)이라 많은 조문객은 모이지 않았지만 예법에 따라 질서있게 장례를 진행하였다. 장례 방식에 대해서도 다소 논란이 있었다. 절 측에서는 기왕 절에 오셔서 요양하다 돌아가셨으니 다비를 하는 것이 어떠냐고 넌지시 물어왔다.

그러나 유학을 국시(國是)로 하고 있는 나라의 대관 부인의 장례를 다비로 하였다고 하면 당연히 문제가 될 수 있으므로 정중히 사절할 수밖에 없었다. 또 절에 전적으로 신세를 지고 있으므로 바로 거절하기가 어려워, 집안 전통이 다비장을 한 일이 없으므로 다비를 한다면 집안 어른들에게 일일이 여쭈어 동의를 얻어야 하므로 시간이 허락지 않는다는 대답으로 얼버무리고 말았다.

'신체발부(身體髮膚)는 수지부모(受之父母)이니 불감훼

상(不敢毁傷)이라'(몸과 머리털과 피부는 부모님으로부터 받은 것이니 감히 헐고 상하게 할 수 없다).

부모로부터 받은 내 몸도 아껴야 하거늘 하물며 부모의 신체야 말해 무엇하랴. 무엇을 망설이며, 왜 대답을 미룰 것인가? 옛날 청음 선생께서는 빠진 머리카락도 훼손해서는 안 된다고 일생 곱게 모으셨다는 이야기를 들은 바 있으므로 더더욱 그러하였다.

유시가 되자 지관의 지시에 따라 하관을 하고 상주에게 취토(取土)토록 하였다.

"상주는 흙을 떠서 취토, 취토, 취토 하면서 세 삽의 흙을 관 위에 던지시오!"

지관의 지시에 따라 남편인 사또, 아들 영진, 가진 순으로 명정 글씨가 보이질 않도록 흙을 떠다 덮었다. 가진은 아무 생각도 나질 않았고, 오직 어머니와 영영 이별이라는 생각에 눈물로 범벅이 되어 있었다. 몸과 마음이 지칠 대로 지친 상태라서 애곡마저 낼 수 없을 정도였다. 어느 정도 봉분이 모양을 잡아가자 달구질을 멈추고 평토제를 올리고, 곧 돌아와 반혼제까지 마쳤다. 그리고 상청(喪廳)은 우선 안동부 관사에 두었다가 삼우[47]를 지내고는 서울로 옮기기로 하였다.

3일이 지나면서 삼우까지 마치게 되었다. 어린 가진이 무

---

47 사람이 죽어 장사 지낸 뒤 세 번째(사흘째 되는 날) 지내는 제사. 보통 제사를 지낸 뒤 산소에 가서 가족들이 성묘를 한다.

슨 성인의 말씀을 알고 한 일은 아니었지만, 모두가 공자의 말씀에 부합되는 효행을 한 것이라고 칭찬이 자자하였다. 공자님의 말씀이 무엇인가?

> 효자가 어버이를 섬김에는 거처하실 때에는 극진히 공경하고, 봉양을 할 때에는 극진히 즐겁게 해 드리고, 병이 드시면 걱정을 극진히 하고, 돌아가시면 슬픔을 다하고, 제사를 모시면 엄숙함을 다해야 할 것이다.[48]

이러한 효행도 반드시 예법에 따라야 하는 것으로 성인들도 쉬운 일이 아니다. 그리고 헐뜯기는 잘 해도 칭찬에 인색한 것이 세상 인심이 아니던가. 우졸곡을 마치고 이래저래 신세를 많이 진 주지 스님을 찾았다.

"스님, 그간 도를 닦는 절에 와서 너무 신세를 많이 졌습니다. 게다가 묘지까지 허락해 주셨으니 이 은혜 꼭 갚겠습니다. 스님, 꼭 성불(成佛)하소서."

"어린 시주께서 어른보다 더 예의범절이 깍듯하니 다시 한번 놀랬소. 어머님 서세에 너무 슬퍼 마시오. 어차피 인생은 영원한 것이 아니요. 불가(佛家)에서는 '生也一片浮雲起 死也一片浮雲滅(삶도 한 조각 뜬구름이 일어나는 것과 같고, 죽음 또한 한 조각 뜬 구름이 사라지는 것과 같다)'[49]이라 하였소. 이

---

48 『명심보감』 효행편(孝行篇).
49 신편 다비문(茶毘文)(弘法院, 1968) 삭발문(削髮文).

세상은 모두가 잠깐 쉬었다 가는 역려(逆旅)와 같은 것이니 너무 슬퍼하지 마시오. 애훼(哀毁 : 너무 슬퍼하여 몸을 상케 하는 것)는 불효라 하였소이다."

절문을 나오면서 돌아보고, 또 한 번 돌아보고 하면서 산을 내려왔다. 그리고 자신과 비슷한 나이에 양친을 여의고 고향을 떠나면서 지은 사명대사의 시에 자신의 심정을 실어 읊어보았다.

母親孤墳天燈山   어머님 외로운 무덤 천등산에 남겨두고
遙向雲山獨去身   구름산 바라보며 홀로 가는 내 신세야
回首鳳停秋紅葉   고개 돌려 봉정사 가을 단풍 바라보니
千枝萬葉正腦人   천 가지 만 이파리 사람 더욱 괴롭히네

언제 다시 찾을 것인가? 무작정 자주 찾는 것만이 효도가 아니다. 급제를 하고 관원이 되어서 당당히 찾아와 인사를 올리리라.

4. 청빈 속의 학문 성취

우졸곡(虞卒哭)[50]을 모두 마치자 아버지가 두 형제를 불

---

50 삼우와 졸곡. 졸곡은 삼우가 지난 뒤에 지내는 제사. 사람이 죽은 뒤 석달 만에 오는 첫 정일(丁日)이나 해일(亥日)을 가려서 지냄.

러 앉히고 조용히 말씀하였다.

"우리 집은 너희들이 알다시피 학문을 하여 벼슬로 가업을 이어 왔다. 지금 너희들의 슬픔이야 오죽하랴마는 계속 여기서 이러고 있을 수야 없지 않느냐? 특히 영진이 너는 과거를 봐야 할 나이고, 가진이는 아직 어리기는 하지만 어머니도 없는 이곳에 더 이상 머물 필요가 있겠는가? 너도 역시 형과 같이 서울 집에 가서 가숙에 나가 또래들과 학문을 토론하며 자라는 것이 정상적일 것 같다. 서둘러 서울로 돌아가도록 하여라. 효라는 것도 꼭 한길만 있는 것이 아니다. 여묘삼년(廬墓三年)[51]하는 것도 효이지만, 너희들이 공부를 잘하여 부모 이름을 빛내는 것도 효다. 어차피 우리는 누대를 서울에 살면서 학문하여 관원으로 살아 왔으니, 서울 가서 학업을 닦는 길을 택해야 하지 않겠느냐?"

아버지 말씀이 가장 현명한 처신의 길이라 생각하고, 형제는 이구동성으로 "아버지 분부대로 하겠습니다" 하고 행장을 준비하였다.

다시 서울로 가야 하는 심정은 가볍지만 않았다. 아버지가 조석으로 자상히 가르쳐 주고 보살펴 주었는데 혼자 알아서 해야 할 것이 막막했고, 금방이라도 이름을 부르며 달려 오실 것 같은 어머님을 여읜 마음이 종시 그 어떤 속박에서 풀어 주지 않는 듯한 심정이었다. 다음 날 아버지에게 하직인사를

---

51 상제가 무덤 근처에 여막을 짓고 살면서 묘를 지키기 3년간이나 한다는 것.

드리고 외삼촌댁에도 들려 인사드리고 서울로 향했다.

검제를 지날 때 멀리 서북쪽 천등산을 바라보고 절하면서, '다음에 꼭 과거에 급제하고 대관이 되어서 어머님 산소를 찾겠습니다. 몇 년이 걸리더라도 꼭 합격하겠습니다' 다짐하고 눈물지으며 걸음을 재촉하였다.

곧바로 오른 쪽에 학가산(鶴駕山)[52]이 보였다. 멀리서 보아도 아름다운 산이다. 안동, 예천 등 몇 고을에서 가장 높고 아름다운 산이다. 옛날 김시준(金時儁, 1658~1733) 진사[53]는 학가산을 다음과 같이 읊었다.

구름 걷히자 산봉우리 드러나고
푸른 산 기우단이 아득히 보이네.
산놀이 늦게 돌아온다고 탓하지 말라
석양 빗긴 산빛을 다시 보고자 함이었다네.

예천을 지나 문경에서 1박하고, 아침 일찍 길손들과 같이 새재를 넘었다. 시작은 처음이었으나 산을 넘기는 맨 끝이었다. 평소에 걸어 보지 않았던 탓이라 방법이 없었다. 가다가 지치면 그때 교군을 사기로 하고 걸었지만 이것은 처음부터 무리였다. 겨우겨우 걸어 수안보에서 하룻밤을 묵을 수밖에

---

52 경상북도 안동시와 예천군 사이에 솟아 있는 산으로 동은 안동분지, 서는 예천분지가 위치하여 자연 장벽의 구실을 하고 있다. 높이는 882m.
53 호는 수서옹(水西翁). 성균진사. 「수서문집(水西文集)」이 있다.

없었다. 다음 날은 부득이 교군을 사서 출발하였다. 그 덕으로 장호원까지 쉽게 도착하였고, 다음 날 서울 집에 무사히 닿았다. 어머님의 혼백을 모시고 오는 길이라서 어려움이 한 두 가지가 아니었다.

서울 집에 도착한 후에도 한 동안은 정신을 차리지 못하였다. 노독이 나서 몸져 누워야 할 판이었지만, 삶과 죽음 등에 대하여 나름대로 많은 생각을 하였으나 현실은 그렇게 한가로이 내버려 두지 않았다.

북촌 일대에 살려면 엘리트 관료가 되지 않으면 안 된다. 그래서 모두들 열심히 공부하여 과거에 합격하여야 했고, 관료가 되어야 부귀도 따라 오고 평소에 세웠던 뜻도 펼 수 있다고 생각하였다. 이것은 거의 전국적인 풍조였던 것이다.

그간의 국가 사정을 돌아보자.

1592년 일본의 침입으로 소위 임진왜란[54]이라는 7년간의 난리를 겪으면서 전국은 많은 인명 손상을 입어 생산활동이 위축되었고, 또 황폐해진 논밭을 복구하느라 엄청난 국력을 쏟아 부어야 했다. 백성들 중에는 어려움을 감내키 어려워 도적이 되어 천하를 횡행하기도 하고, 여기저기서 민란이 발생하기도 하였다. 전후 수습이 채 되기도 전에 이번에는 청나

---

54   1592년(선조 25)부터 1598년(선조 31)까지 전후 7년에 걸친 일본의 침략전쟁. 이 전쟁으로 인명손실과 전야의 황폐가 극심하였다.

라가 1636년 불시에 쳐 들어와 서울을 점령하고 인조의 항복을 받고 돌아갔다.

그 뒤 인조 12년, 효종 10년, 현종 15년, 숙종 45년, 경종 4년, 영조 52년, 정조 24년, 순조 34년, 헌종 14년을 거치는 동안 나라는 비교적 안정기에 들어섰다. 숙종 때가 대체로 정치가 제자리를 잡아가던 시기였다. 그래서 고전소설의 맨 앞 문투(文套)는 대부분 숙종대왕 때로 나온다.

> 숙종대왕 즉위 초에 세화연풍하고 국태민안하야 만민이 격양가를 부르더라.[55]

그리고 영정조 시대는 조선의 르네상스라 할 정도로 문운이 크게 일어났다. 이러한 시대의 연장선상에 있었던 철종 초는 문풍이 여전하였다. 「택리지(擇里志)」에는 다음과 같은 구절이 나온다.

> 보잘것없는 부락에도 글 읽는 소리가 들리며, 해어진 옷을 입고 좁은 창을 내고 살더라도 모두 도덕과 성리학을 말하고 있다.

또한 당대의 시대상을 보면, 벼슬하지 못하면 서울에서

---

55 조선시대 고전소설은 영정 이후에 많이 씌어졌는데, 경각본(京刻本)이든 방각본(彷刻本)이든 첫 문투는 비슷하다.

생활하기가 어려워 남산골 빈촌으로 물러나거나, 아니면 낙향하여 다른 계책을 세우지 않으면 안되었다. 또 경기와 충청 일대에서는 3대까지 벼슬 못하면 양반 노릇이 어려웠고, 하도(下道)[56]에서는 8대 무관이면 향반(鄕班 : 시골에서 여러 대를 살면서 벼슬 못한 양반)에도 끼이기가 어려웠다고 한다. 이것은 신분에 관한 문제이고, 가계 유지는 국가 봉록만으로 충분한 생활이 어려웠다. 그래서 이재에 밝은 사람은 경강(京江) 조운선(漕運船 : 물건을 실어 나를 때 쓰는 배)에까지 뒷손을 대고 있었고, 심지어 시전(市廛 : 장거리 가게) 바닥까지도 관여하기 일쑤였다.

동농의 아버지는 대관이었지만 늘 청직(淸職 : 높은 지위에 있으나 별로 하는 일 없는 한적한 관직)에만 있었고, 가전 유훈이 청백(淸白)인지라 대식구가 생활하기에 항상 쪼들리는 형편이었다.

항상 잡곡밥에 김치, 푸성귀, 새우젓이 고작이었다. 늘 주린 상태이지만 참고 견디었다. 어느 날 형에게 물었다.

"형, 공부해서 급제하고 관원이 되면 밥은 실컷 먹겠지?"

"많이 먹으면 정신이 맑지 못하여 공부가 잘 되지 않는단다. 옛날 공자(B.C 551~479)[57]님은 배고픔과 번뇌를 잊고자

---

56   중앙에서 멀리 떨어져 있는 도(道)란 뜻인데, 충청도, 경상도, 전라도를 통틀어 하는 말. 하삼도(下三道)라고도 한다. 또는 삼남(三南)으로 일컫는다.
57   성은 공(孔) 이름은 구(丘), 자는 중니(仲尼). 노나라 추읍에서 태어났다. 56세 때 대사구(大司寇)의 자격으로 재상일까지 관할하였다. 이후 주유의 길에 올랐다. 많은 제자를 길러냈다.

책을 정독하고 사물을 궁리(窮理)하기에 몰두하였다고 한다. 또 안자(顔子)는 '飯疏食飮水하고 曲肱以枕之라도, 樂亦在其中이라 不義而富且貴는 於我如浮雲이라'(나물 먹고 물 마시고 팔을 베고 누웠으니 즐거움 또한 그 가운데 있다. 의가 아닌 것으로 얻은 부귀는 나에게는 뜬구름이다)[58]라 하였지 않느냐? 우리는 그래도 중니(仲尼 : 공자의 字)나 중니의 72도(徒)[59] 보다야 낫지 않느냐?"

형의 설명에 더 이상 물어 볼 것도 없었고, 더 바랄 것도 없는 것 같았다. 며칠에 한 번씩 책거리(책씻이)로 떡을 해오는 경우가 있어서 구복을 채우기도 하였다. 둘은 평상시 형제간에 아끼는 정이 두터워서 남들이 부러워할 정도였다.

또한 형제 화목하심도 유(類)가 드물었다. 예를 들면 형제분이 식사할 때 새우젓 한 접시를 놓고 서로 사양하다가 다 자시지 못하였다고 한다.[60]

이제 글 배우는 단계가 올라가면서 한 가지씩 늘어 갔다. 초아문(初兒文)[61]은 거의 다 뗀 셈이라서 무엇을 배울까 고민

---

58 『논어(論語)』술이편(述而篇).
59 공자의 제자 72인. 공자의 제자는 3천명 가량인데 육예(六禮)에 능한 자가 72명에 달했다고 한다.
60 가정에 관한 기(記) 중 생평술략(生平述略).
61 어린 아이들에게 가르치던 천자문, 동몽선습(童蒙先習), 효경(孝經), 계몽편(啓蒙篇) 등 기초문을 일컫는다.

하지 않을 수 없었다. 게다가 안동에 내려가 간병하고 모상을 당하고 하느라 공백 기간이 길었다. 우선 가숙에 그냥 나가면 되지만, 배우는 글공부 차례가 있는데 어떻게 시작할까 고민하다가 이것도 훈장님께 그대로 말씀드리고 지시하는 대로 하기로 생각하였다. 며칠이 지나자 노독이 풀리고 마음도 정리되어 평상으로 돌아왔다. 언제나 그랬던 것처럼 아침 일찍 가숙으로 가서 선생님을 찾아뵈었다.

"모친상을 당했다지? 그래, 슬픔이 얼마나 크겠는가? 벌써 공부하러 왔으니 기특도 하다. 그간 공부의 진도는 얼마나 나갔는가?"

"간병도 하고 장상을 치르느라 새로 배운 것도 없고, 배웠던 것도 잊은 상태입니다."

"벌써 초가을이라지만 날씨는 아직도 여름 같으니 당음(唐音 : 당나라 때 잘 지은 시를 뽑아 엮은 책)이나 읽으면서 고시(古詩 : 대개 후한 이전의 시)나 지어 보도록 하자꾸나."

    馬上逢寒食하니 途中送暮春이라
    可憐江浦滿하니 不見洛橋人이라

이런 식으로 목청을 돋우어 읽고 뜻을 새겨 주면, 다시 한 번 복창하는 식으로 몇 번이고 되풀이하였다. 무제(無題)나 고풍(古風-古詩 : 한문시의 한 체)을 짓기 위하여 연주시(聯珠詩 : 칠언절구로 된 당시를 추려 모은 시집)도 읽고, 중국이나 우리나라의 선인(先人)들이 쓴 명구(名句)나 여사(麗詞)를 새겨 읽고, 처음에는 모작(模作)을 하다가 차츰 익숙해지면 독자적인 글이 되는 것이다. 이를테면

麥子枯腸春雨乳 花姑落魄晚風 」
(보리 싹 주린 창자를 봄비가 젖을 먹이고, 꽃할미 떨어지는 혼백을 늦은 봄바람이 상여 메어 가더라)
秋風嶺上春花在 直指寺前曲路何
(추풍령 꼭대기에 봄꽃이 있고, 직지사 앞에는 굽은 길이 어찌 있는가)

하는 식의 명구들을 외우기도 하고, 또는 「문림편패(文林編貝)」(시·문장을 모은 책)처럼 중국 명사들의 수작(秀作)을 뽑아 모은 글을 배우거나, 아니면 문장의 성격에 따라 그 전범(典範)이 달랐다. 예컨대 당시(唐詩), 송사(宋詞), 원곡(元曲)이기 때문에 무엇을 배울 건가에 따라 각기 다른 글을 배웠다.

당시 가숙이라는 학당(學堂)이 많았는데, 교육 내용은 비슷하지만 경영이 좀 다를 뿐이다 학당은 고려시대에 발달하여 조선시대에 들어와서 전성기를 맞게 되었다. 이는 사설교육기관으로서 교육을 맡은 훈장, 생도의 대표 통솔자인 접장(接長), 그리고 생도로 이루어졌다.

교육내용은 「천자문」, 「계몽편」, 「동몽선습」, 「효경」, 「명심보감」, 「십팔사략」, 「소학」 등[62] 초아문을 가르치면서 합자

(合字)도 연습시키고, 고풍도 연습시킨다. 물론 이를 위해 기초 문장을 익히도록 교육시킨다.

    다음으로는 사서(四書)[63]를 교육시키고, 병행하여 오·칠언절구(五七言絶句)와 오·칠언률시(五七言律詩)[64]를 연습하게 되는데, 그 연습이란 운(韻)과 글자의 평칙(平仄), 부(賦), 사(詞) 등을 배우는 것이다. 뿐만 아니라 일반문도 곁들여 배우게 되며, 관혼상제[65]에 관한 각종 축(祝)이며 제문 등 예절이나 일상에 필요한 문장까지 훈련하게 된다. 일반적으로 겨울은 경서와 역사서를 배우고, 여름은 두시(杜詩)[66], 동

---

62 · 천자문 : 양나라 주흥사(周興嗣)가 엮은 책. 우주 삼라만상의 크고 작은 모든 것을 사언고시(四言古詩) 250구(句) 1천자로 쓴 것인데 한 자의 중복도 없다. 일찍이 우리나라에 전래되어 한문 학습의 입문서로 써 왔다.
     · 계몽편 : 어린 아이들을 깨우치게 하기 위하여 엮은 책.
     · 동몽선습 : 중종 때 박세무(朴世茂)가 지은 책. 서당에서 천자문을 끝낸 아이들의 교과서 오륜(五倫)의 요의(要義)를 간편하게 서술하고, 중국과 한국의 역대세계를 수록한 것으로 외우기 쉽고 덕행(德行)의 함양에 도움이 되도록 하였다.
     · 효경 : 공자와 그의 제자 증자(曾子)가 효도에 대하여 논한 것을 증자의 문인들이 기록한 책.
     · 명심보감 : 책 이름 그대로 마음을 밝혀주는 거울이다. 곧 우리들의 수양서란 뜻이다. 통일된 체계와 철학으로 엮어진 책은 아니지만 생활의 지침, 처세의 금언, 행동의 좌우명, 인간의 지혜가 될 수 있는 옛 성현의 말씀들을 모아놓은 수신서이다.
     · 십팔사략 : 중국의 18사(史)를 요약해서 초학자(初學者)가 쓰도록 엮은 책. 원나라 증선지(曾先之)가 지었다.
     · 소학 : 송나라 유자징(劉子澄)이 주희(朱熹)의 가르침을 받아 지은 아동용 교훈서. 일상생활의 범절을 비롯하여 격언, 충신, 효자의 사적 등을 모은 것임.
63 중국 고전인 칠서(七書) 중의 네 가지 책. 논어(論語), 맹자(孟子), 중용(中庸), 대학(大學)을 일컬음. 주자가 하나의 학문적인 체계 하에서 찬정(撰定)한 유가의 필수서.
64 오언·칠언·팔구(八句)로 된 율시(律詩).
65 사례(四禮), 곧 관례(冠禮), 혼례, 상례(喪禮), 제례를 말함.
66 당나라 때의 시인. 자는 자미(子美), 호는 소릉(少陵). 현종의 환영을 받았으나 안사(安史)의 난으로 빈곤하게 지냈음. 서사시에 뛰어나고 시격(詩格)이 엄정하였음. 두시는 그의 시를 말한다.

파시(東坡詩)⁶⁷⁾, 매요신시(梅堯臣詩)⁶⁸⁾ 등을 읽으며 실력을 쌓는다. 그리고 사서가 모두 끝나면 문장 연습을 위한 공부로 「고문진보(古文眞寶)」⁶⁹⁾ 등을 읽힌다.

배움의 차례도 있었지만 글을 읽히는 목적도 성인의 법도는 서경(書經)에, 안위(安危)를 살피는 능력은 주역에, 사세(事勢)의 득실에 관할 기지는 시경(詩經)에, 시비를 판별하는 능력은 춘추(春秋)에, 천하를 절제할 지혜는 예기(禮記)⁷⁰⁾에 있다고 생각하여 경전을 중히 여기고 가르쳤다.

습자(習字)도 경서(經書) 교육과 병행하여 연습시켰다. 예서(隸書-八分), 해서(楷書), 전서(篆書), 초서(草書)⁷¹⁾ 등을 골

67　동파는 소식(蘇軾)의 호이다. 자는 자첨(子瞻). 아버지 순(洵)과 아우 철(轍)과 더불어 삼소(三蘇)라 불리며, 당송팔대가의 한 사람이다. 동파시는 동파의 시문을 말한다.
68　매요신의 시. 송시의 새로운 형식을 개척하여 두보 이후 최대 시인으로 꼽힌다.
69　전국 시대 말기부터 송나라에 이르기까지의 시문을 모은 책. 송나라 말기의 황견(黃堅)이 엮음. 전집(前集)은 시(詩), 후집(後集)은 문(文)을 모아 실었음.
70　· 서경 : 삼경(三經) 또는 오경(五經)의 하나. 요순시대부터 주나라에 이르기까지의 정치사, 정교(政敎)를 적은 중국에서 가장 오래 된 경전. 공자가 수집하여 편찬한 것이라 함.
　　· 주역 : 오경의 하나로 고대 중국의 철학서. 음양 이원(二元)을 가지고 천지간의 만상(萬象)을 설명하는 것임
　　· 시경 : 오경의 하나. 춘추시대의 민요를 중심으로 한 중국 최고의 시집. 여러 나라의 민요를 모은 풍(風), 조정의 음악인 아(雅), 종묘제사 때의 음악인 송(頌)의 세 부분으로 나누었음.
　　· 춘추 : 주대 노나라의 연대기를 바탕으로 하여 공자가 엮었다고 전해지는 오경의 하나. 은공(隱公)으로부터 애공(哀公)에 이르기까지 242년간(722~481 B.C)의 역사임.
　　· 예기 : 오경의 하나. 예(禮)의 이론과 실제를 기술한 책. 한 무제 때 하간 헌왕(河間獻王)이 공자와 그의 제자 및 그 이후의 여러 학자들이 지은 131편의 고서를 수집, 정리하였고, 선제(宣帝) 때 유향(劉向)이 보충하여 214편으로 하였음.
71　· 예서 : 한자 글자체의 하나. 노예라도 이해하기 쉬운 글씨체라는 뜻으로 진나라 시황제 때 정막(程邈)이 전서(篆書)의 번잡함을 생략하여 만들었음.

고루 가르친다. 기초수련이 모두 끝난 뒤에 개인의 취향에 따라 동기창(董其昌)[72]이나 미불(米芾)[73]같은 대가들의 서체를 본받는 경우도 있고, 자신의 새로운 체를 남기기도 한다.

1854년(철종 5) 아버지가 안동부사직에서 중앙관직으로 옮겨 오면서 다시 아버지에게 과외수업을 받았다. 일상적인 경서나 사장(詞章 : 문장과 시가) 외에 일상생활과 사례(四禮)에 관한 수업을 받았다. 아버지는 1857년(철종 8) 의주부윤으로 잠시 서울을 떠났을 뿐 줄곧 중앙관직에 있었으므로 아버지의 훈도도 많았다.

가진은 16세(1861, 철종 12) 때 주위 인물들로부터 경(經), 사(史), 자(子), 집(集)에 통달했다는 평가를 받을 정도로 성취가 빨랐다. 그때부터 시회(詩會 : 詩壇 · 詩社)[74]에 나가서 적극적으로 활동하기 시작하였다.

· 해서 : 예서에서 온 것으로 똑똑히 정자(正字)로 쓴 글씨. 진나라의 왕차중(王次仲)이 만든 것이라 함.
· 전서 : 한자를 전자체(篆字體)로 쓴 글씨.
· 초서 : 전서와 예서를 간략하게 한 것으로 흔히 행서(行書)를 더 풀어 점획을 줄여 흘려 쓴 글씨.
72 명나라 때의 문인 · 화가. 행서 · 초서에 능하였으며 동원(董源)과 거연(居然)에게 그림을 배워 남화(南畵)의 완성에 공이 많음.
73 북송 때의 화가 · 서가. 선(線)을 사용하지 않고 먹의 번짐과 농담(濃淡)만으로 그리는 미법산수(米法山水)를 창시하였음. 글씨는 초서와 행서에 능하였으며, 송나라 4대가의 한 사람으로 꼽힌다.
74 시를 짓거나 시에 대한 발표, 강의, 감상, 토론 및 연구를 위한 모임. 시인이나 시 애호인들로 구성됨.

두드려서 연 문

1. 실의(失意)의 약관(弱冠) 전야

　　동농이 가숙의 어느 선생 문하에서 수학하였는지는 확실하게 전해진 바 없다. 그러나 당시 북촌(北村: 서울 안에서 북쪽으로 치우쳐 있는 동네를 통틀어 일컫는 말)에 사는 양반가 자제들의 학문 경향으로 볼 때 북학계의 실학사상에 바탕을 둔 과거 위주의 교육이었을 것이다.

　　영조 때 청나라의 문물제도를 본받아 낙후된 우리 사회를 개량하고자 하는 주장들이 나왔다. 특히 현종 이후 학자 간에 자기 반성과 견문이 확대됨에 따라 새로운 학풍을 주장하게 되었다. 영조 때에는 청나라의 과학기술이 소개되기 시작하여, 청나라에 사신이나 수행원으로 갔던 사람들이 그들의 진보한 기술, 생활양식, 교통과 무역의 실용성을 본받아야 한다는 주장이 일어났다. 이같은 논의를 북학(北學)[1]이라 한다.

대표적인 인물로는 박제가(朴齊家, 1750~1815, 호 楚亭, 저서「北學議」)[2], 박지원(朴趾源, 1737~1805, 호 燕岩, 저서 「熱河日記」)[3], 이덕무(李德懋, 1741~93, 호 雅亭, 저서「靑莊 館全書」)[4], 홍대용(洪大容, 1731~83, 호 湛軒, 저서「湛軒 集」)[5], 류득공(柳得恭, 1748~?, 호 冷齋, 저서「冷齋集」)[6] 등이 있으며, 이들은 위정척사론(衛正斥邪論)[7]을 내세운 도학(道 學) 위주의 공리교육보다 실학에 바탕을 둔 교육을 주장하였 던 것이다.

뒷날 동농의 행보로 보아 북학의 영향 하에서 공부한 것 이 틀림없다. 어쨌든 십 오륙 세가 되면서 경서는 물론이고, 전집(前集)이며 후집(後集)[8]까지 모두 섭렵하고 당송팔대가

---

1 영·정시대 청나라의 진보된 문물제도 및 생활양식을 본받아 우리나라의 후진성을 개량하자는 주장을 내세운 학풍.
2 정조 때의 문장가·실학자. 우리나라 시문사대가(詩文四大家)의 한 사람. 실학파의 중진으로 청나라에 여러 차례 드나들면서 문물을 받아들이기에 힘썼다. 초서에도 뛰어났다.
3 정조 때의 문학가·실학자. 1780년 진하사(進賀使) 박명원(朴明源)의 수행원으로 청나라를 다녀와서 『열하일기(熱河日記)』를 저술하였음. 유려한 문장과 진보적 사상으로 이름을 떨치고 북학파의 영수의 지위를 누렸다.
4 정조 때의 학자·문신. 박학다재하고 경사(經史)에서 기문이서(奇文異書)에 이르기까지 통달하였으며, 글씨와 그림에도 능했었다. 근세 사대가(四大家)의 한 사람으로 문명(文名)을 떨치었다.
5 영조 때의 실학자. 천문·율력 등에 뛰어났으며, 혼천의(渾天儀)를 만들고 지구의 자전설을 논하였다.
6 조선 후기의 문신·학자. 북학파의 학자, 한학 사가(四家)의 한 사람.
7 바른 학문을 지키고 사학을 물리쳐야 한다는 논리. 즉 주자학을 보위하고 서학(西學)을 물리쳐야 한다는 논리.
8 『고문진보』를 말함. 전집은 시(詩), 후집은 문(文)으로 되어 있는데, 여기서는 그 전집, 후집을 말함.

(唐宋八大家)⁹⁾의 문장까지 보고 또 보았다. 그래서 더 이상 학당 근처를 기웃거릴 필요가 없어졌다. 이제 과거에 급제하여 관계로 나가는 일밖에 남아 있지 않았다. 여태까지 집안 식구들이나 주변에서 재주가 비범하니 열심히 하면 무엇이나 다 할 수 있을 것이라 격려하여 보기 드물 만큼 학식과 문장에 뛰어난 인재가 되었다. 더구나 시문에 월등한 재치와 활달한 글씨체가 더욱 돋보였다.

동농 자신도 이 정도의 학문이면 쉽게 과거에 급제하리라 생각하고 있었다. 이런 생각은 그간 공식 비공식 석상에서 시 짓기를 겨루어 본 결과에서 얻은 자신감이지 막연한 자만은 아니었다.

1862년(철종 13년) 동농이 17세가 되던 해 봄(3월 25일) 아버지가 정경(正卿 : 정2품 이상의 벼슬아치를 일컫던 말)의 반열에 오르고, 그해 4월 16일에는 공조판서로 임명되었다. 그해 초여름 어느 날 밤 조금 일찍 퇴청한 아버지와 진지한 대화를 나누었다.

"아버님, 정경으로 승차하신 거 축하드립니다. 곧 정1품 보국숭록대부(輔國崇祿大夫)까지 승차하셔야조."

"그래 고맙다. 요즘 공부는 어떠냐?"

"예, 어느 정도 준비는 완료되었습니다."

---

9 당나라, 송나라 시대의 여덟 명의 저명한 문장가. 당나라의 한유(韓愈), 유종원(柳宗元), 송나라의 구양수(歐陽修), 왕안석(王安石), 증공(曾鞏), 소순(蘇洵), 소식(蘇軾), 소철(蘇轍)을 말한다.

"급할 것 없다. 천천히 준비를 하는 것이 더 나을지도 모르지. 공부는 끝이 없는 것이다. 그리고 남보다 탁월하게 뛰어난다면야 어떠한 난관이 있어도 다 뛰어 넘을 수 있게 마련이지."

이런저런 이야기 속에 아버지의 속내가 비치기도 하였지만, 동농은 전혀 눈치 채지 못하고 넘어갔다. 그러나 아버지 말씀에는 무엇인가 말 못할 사연이 있는 듯하였다. 도대체 무엇일까? 궁금증은 있었지만 이내 잊고 말았다.

1863년(철종 14) 봄, 지난 해 아버지가 62세의 고령에 정경이 되고, 또 공조판서로 임명되고 하여 경사가 겹치는가 하였더니 금년에 들어오자 시름시름 앓다가 아주 몸져 누우셨다. 작년에는 하객이 득실거리더니 금년 초부터는 문병객이 드나들었다.

동농은 속으로 '호사다마라 하더니 늦게 승차하고 또 판서로 임명되시고 바로 몸져 누우셨으니, 아주 세상을 뜨는 것 아니신가' 염려했다. 만사 제쳐 놓고 지성으로 시탕(侍湯 : 약을 써서 어버이 병환을 시중함)을 올렸다. 어머님상 때도 지성을 다한 결과 봉정사 스님도 감동하였는데, 이제 내가 지극 정성을 다하면 하늘이 감동하겠지 하며 매일 아버지 곁을 지키면서 병세를 관찰하고, 몸소 의원을 찾아다녔다. 형(영진, 1836~96)[10]이 6년 전에 무과에 합격하여 초급 군관으로 나가

---

10 1858년 무과급제. 벼슬이 자헌대부(資憲大夫), 평안병사(平安兵使)에 이르렀다.

있었으므로 동농이 시측하지 않을 수도 없는 처지였다.

정성껏 아버지를 돌본 결과 병은 치유되고, 그 해 8월 9일 자리를 옮겨 형조판서로 임명되었다. 아버지 승차 후 많은 사람들이 축하차 찾아오면 그저 차나 한 잔 마시고 돌아갈 정도인데, 그해 가을 어느 날 좀 늦게 찾아 온 재종숙 능균(能均) 아저씨가 가지 않고 주무시며 무슨 이야긴지 사랑에서 아버지와 진지하게 나누고 있었다. 집안 어른끼리 오랜만에 만났으니 하실 말씀도 많으려니 생각하고 별 관심 없이 넘기었다. 그리고 며칠이 지났을까, 가을바람이 스산하게 불던 날 출타하였다 돌아오니 형님(영진)이 와 있었다. 오랜만이어서 반갑게 다가가 손을 덥석 잡았다.

"형, 어찌 지냈소. 소식도 없이 갑자기 나타난 것이 이상하네."

"나 훈련원으로 자리를 옮겼다. 그래서 아버님과 가족들에게 말씀드리려 왔단다."

"참 잘 되었네. 안 그래도 병환중에 아버지가 형을 많이 걱정하셨어."

"그래, 근래 아버님 건강은 어떠셔?"

"회복되신 후 상태가 전보다 더 좋으신 거 같아요. 물론 지금도 드시는 탕제는 있어도 어디까지나 만약을 위해 잡수시는 약이지, 치료를 위한 것은 아니니까요."

이런저런 이야기를 나누고 있는데 아버지가 퇴청하셨다. 집안을 휘 둘러보고는 영진에게 하시는 말씀.

"안 그래도 근일 너를 부를까 하였는데, 오늘 마침 잘 왔다. 천천히 저녁이나 먹고 이야기하자구나."

이래서 삼부자가 사랑에서 저녁식사를 같이 들게 되었다. 언제나 그렇듯 정경이 되고 판서에 오른 뒤에도 살림살이는 달라진 것이 없었고, 밥상도 소박하기 그지없었다. 저녁상을 물리고 아버지가 무겁게 입을 열었다.

"내 오늘 모인 김에 너희들에게 알려 줄 것이 있다. 영진이, 너는 우연찮게도 네 갈 길을 잘 가고 있다. 그리고 가진이, 너는 작년부터 과거를 보겠다고 하였는데, 오늘이사 말한다마는 너는 과거를 보지 못한다. 내게는 너희 형제밖에 혈육이 없다마는 불행히도 너희들 생모는 정실(正室)이 아니다. 지금 너희가 어머니로 모시고 있는 분은 너희들 생모가 아니지 않느냐? 그래서 가진이 너에게 과거를 미루라 하였는데, 그런 문제점 때문에 미루라 하였다. 국법이 그러하니 어쩔 도리가 없구나. 그리고 또 너희들로서는 가계를 이어 갈 수 없는 것이 법이다. 그래서 얼마 전에 우리 집에서 자고 간 내 재종제의 둘째 아이 화진(華鎭)을 곧 양자로 들이기로 하였다. 이것이 나라의 법인가 하면 사회규범이고 가도(家道)이니 어쩌겠냐? 너희가 감수해야 할 수밖에 없다."

사랑에서 물러 나온 두 형제는 밤을 꼬박 새우면서 신세한탄도 하고 대책도 논의하였다. 결론은 '주어진 조건에서 최선을 다하다 보면 문이 열릴 것이다. 실력을 쌓고 기회를 기다리면 언젠가는 내 할 일이 나타날 것이다'라고 생각하였다. 그런 결심을 하기까지는 많은 번민과 원망이 교차되었다. 또 집안을 원망하기도 하였다.

차라리 일찍 알려주고 공부하라고 격려하지 않았더라면 실망하지 않았을 것이라고 생각하였다. 평소 아버지가 문과급제하라고 격려하면서 글과 글씨를 가르쳐 주신 것도 원망스러웠다. 아버지가 판서에 오르면서 제법 우쭐한 생각도 하였는데, 나에게는 득이 될 것이 없구나. 돌아가신 자상하고 인자하던 어머니도 원망의 대상이 되었다. 그러나 모든 것을 체념하고 실의의 세월을 보내지 않으면 안 되었다.

조선시대의 서얼(庶孼)은 양반 신분에 속하나 문중에서 천한 대우를 받았으며, 상속권도 없었다. 조선시대에는 대부분 혈통이나 결혼으로 인한 인척관계로 출세가 정해졌는데, 서얼에 한해 문과 응시자격을 주지 않았고, 다만 무과는 허용하였다. 그러나 실직(實職)이 아닌 벼슬을 주었다. 이것은 귀천의식과 유학의 적서(嫡庶)에 대한 명분론에서 나온 것으로, 고려나 당·명에서도 없었던 제도이다.

선조 때에 그 수도 많고 사회적으로 큰 문제가 되어 차별을 잠시 완화, 음관(蔭官)[11]으로 지방의 수령 등에 임명하기도 하였으나 영조 때 다시 서얼에 대한 차별과 관직의 제한을 엄격히

---

11 공신 또는 현직 당상관(堂上官)의 자손을 과거에 의하지 않고 관리로 채용하던 일. 문음(門蔭)으로 채용되어 음사(蔭仕)하는 관원을 음관(蔭官), 또는 남행관(南行官)이라 부른다.

하였다. 이와 같은 내용을 『경국대전(經國大典)』[12]의 금고(禁錮) 및 한품서용(限品敍用)조와 『속대전(續大典)』의 허통금지(許通禁止)조에 규정하여 차별을 법규화하였던 것이다.

이 악법은 고종 9년(1882)까지 계속 유지되어 오다가 고종 31년(1894) 갑오경장(甲午更張)[13] 때 완전히 폐지되었다.

서얼은 차별에도 불구하고 재예가 뛰어난 자가 많아 비교적 낮은 직책이지만 중요한 일을 맡아 왔었다. 예컨대 승문원(承文院)의 이문학관(吏文學官)[14]이나 정조 때의 규장각 검서관(檢書官)[15] 등을 독점하다시피 하였다. 또 이들은 사대문서(事大文書)의 제술(製述)이나 『일성록(日省錄)』[16]의 기록 등을 맡기도 하였다. 또 신분적 제약으로 정계 진출은 어려웠으나 문학이나 문필 방면에서는 많은 업적을 남기었다. 어숙권(魚叔權)[17]의 『고사촬요(故事撮要)』, 이긍익(李肯翊, 1736

---

12 조선 정치의 기준이 된 법전. 국정 전 분야에 걸친 교지(教旨), 조례(條例)를 모은 법전으로는 태조 말년에 제정된 『경제육전(經濟六典)』이 있었으나 그 후 정치기구의 정비, 발전에 따라 부족한 점이 생겨 태종 때 『속육전(續六典)』이 나왔다. 이후 여러 방면에의 개혁으로 다시 법전을 만들지 않으면 안 되어서 여러 차례의 교정을 거쳐 1485년에 이 법전이 완성되었다.
13 1894년(고종 31) 개화당이 집권한 후 재래의 문물제도를 진보적인 서양의 법식을 본받아 고친 일. 갑오개혁(甲午改革)이라고도 한다.
14 승문원에 이문습독관 20인, 이문학관 3인을 두었다. 이문학관은 모두 음관으로 임명하였다. 중국과 교환하던 특수한 관용공문인 자문(咨文), 서계(書契), 관자(關子), 보장(報狀), 제사(題辭) 등에 사용하는 이문을 가르치는 관직이다.
15 서자 출신의 학자를 대우하기 위하여 규장각에 두었던 관직. 관원은 4명으로 오품계(五品階)에 해당하는 관직을 주었다. 이들은 각신(閣臣)을 도와 서적의 교정과 서사(書寫)를 담당하였다.
16 정조부터 조선 말기까지 역대 임금의 언동을 기록한 책이다.
17 조선 중기의 학자. 호는 야족당(也足堂). 좌의정 세겸(世謙)의 서손. 벼슬은 학관에 그쳤으나 글을 잘하고 지식이 해박하였다.

~1806)¹⁸⁾의 『연려실기술(燃藜室記述)』, 한치윤(韓致奫, 1765~1814)¹⁹⁾의 『해동역사(海東繹史)』가 있다.

대개 자기 신분을 알게 되면 주사(酒肆 : 술집)와 청루(靑樓 : 기생집)로 나돌며 방탕한 생활을 하게 마련인데, 동농은 그럴 돈도 없었고, 또 성격상 더 높은 곳을 향한 도전정신만이 그를 실력자로 길러갔다.

글은 배울 만큼 배웠으니 실력 연마 겸 벗을 사귀는 일이 필요하였다. 처지가 비슷한 벗을 만나서 시회(詩會)를 갖는 것이 가장 큰 기쁨이었다. 시회활동을 통하여 자신의 선비적, 문학적, 학자적 자질과 능력을 마음껏 발휘할 수 있는 무대이기도 하고, 또한 신분차별에 따른 답답한 심정을 위로받는 카타르시스의 장소이기도 하였다. 또 한편으로는 교우관계를 통해 환로 진출이 모색되는 곳이기도 하고, 변해가는 세상 물정에 대한 정보를 얻을 수 있는 창구이기도 하였다.

이렇게 모든 것을 잊고 시회(또는 詩社)에 적극 참여하여 진정한 자기 실력을 저울질해 보려 하던 때 또 하나의 사건이 일어났다. 인왕산과 백악의 단풍이 제법 물들기 시작하던 어느 화창한 가을날. 그 날도 시회에 참석하였다가 저녁 무렵 아무 생각 없이 집으로 돌아 왔다. 대문에 들어서자 어머니(貞夫人 達城徐氏)가 내당으로 불렀다.

---

18 호는 연려실(燃藜室). 아버지 이광사(李匡師)에게 학문을 배워 문필이 당대에 으뜸이었다. 실학을 제창하고 또 고증학자로 근세사 연구의 선구자였다.
19 조선 순조 때의 학자. 1789년 진사에 합격. 대과를 단념하고 학문에만 전념하였다.

"얘야, 오늘 양자로 들인다는 화진이 점심께 왔다. 어찌 하겠느냐? 법도가 그러하니 아무쪼록 잘 대해 주어라. 너보다 아홉 살이나 어리니 모든 것이 낯설어서 적응하기까지 한 동안 관심을 가져야 할 것이다."

'네' 하고 돌아섰지만 왠지 못마땅하다. 이미 아버지께서 말씀하신 일이지만 막상 실행에 옮겨져 사람까지 데리고 왔으니 실감이 났다. 참 어렵다고 생각하였다. 법도가 무엇이며, 인륜은 무엇인가? 둘이나 되는 친 혈육은 제쳐 놓고 또 양자를 들인다는 것은 이치상 맞지 않는 일이다. 이후에 어느 위치에 앉게 되면 이런 모순을 바로잡아야겠다고 다짐하였다.

그날 이후 동농이 가야 할 길은 오직 하나. 고식적이고 시대에 뒤떨어진 유학보다 새로운 서구 학문을 통하여 우리 사회의 모순을 바꾸어 보는 것도 한 방편일 것이다. 그리고 청나라는 어떤 식으로 변하고 있으며, 일본은 서양문물 수용을 어떤 식으로 하고 있는가? 또 통해서 얻는 정보보다 직접 얻는 정보가 더 신선할 것이니, 언어를 배워 그들과의 대화를 통하여 정보를 얻는 것이 상책일 것이라 생각하였다.

그래서 시사 활동을 열심히 하는 한편 일본어 교습을 받았다. 우선 역관들을 통하여 배웠다. 같은 한자문화권에 속하는 문자여서 쉽게 배울 수 있었다. 그리고는 한성에 주재하고 있는 일본인들과 자주 접촉하면서 회화(會話) 연습을 한 결과 자연스럽게 대화할 수 있는 수준에까지 이르렀다.

이번에는 또 다른 욕심이 났다. 기왕이면 청어(淸語)도 배워보겠다는 용기가 생겼다. 한자와 거리가 있는 일본어도 쉽게 배웠는데 청어야 더 쉽지 않겠는가 하는 생각에서였다. 사성(四聲)[20]이 있어서 그리 쉽지는 않았다. 그러나 고문을 잘하니 도리어 고급스런 회화를 구사할 수 있었다. 당시 세계의 문명국은 역시 영어를 쓰는 나라, 곧 영국, 미국 등이었다. 서양문물을 받아들이기에 급급한 것이 당시의 동양국가들이었다.

중국은 명나라 만력황제 때 서양문물의 오묘함을 인정하고 수용하려 하였다. 그러나 그들이 전도코자 하는 그리스도교가 혹여 국가의 통치이념을 무너뜨리지 않을까 염려되어 교사(敎士)들을 국외로 추방하였다가 또 필요에 의하여 입국하게 하는 등 정책을 일관성있게 펴지 못하여 서양문물 수용에 실패한 것이다.

그러나 식자(識者)들은 서양문물 수용이 불가피함을 알고 있었다. 마테오 리찌(Matteo Ricci, 1552~1610)[21]나 아담 샬(Adam Shall, 1561~1666)[22] 같은 해박한 교사들이 와서 명·청 신진 계층을 사로잡았다. 그런데 조선은 세계정세에 어두웠다. 정주학 외의 학문이 들어오면 무슨 난리라도 날 것처

---

20 한자 소리의 높낮이와 장단, 강약에 따라 나눈 운(韻)의 네 가지 유형으로써 평(平), 상(上), 거(去), 입성(入聲)을 통틀어 이르는 말.
21 이태리 야소교회(耶蘇敎會) 전도사. 명대 만력년간(萬曆年間, 1573~1620)에 광둥에 왔다가 후에 베이징으로 가서 전도하였다. 천문, 지리, 의학 등을 가르쳐서 서양문화 이입(移入)의 원조가 되었다. 중국명으로 리마두(利瑪竇)이다.
22 독일 선교사. 명나라 말년에 중국에 와서 천주교를 전하였음. 과학과 역법(曆法)에 정통하여 한림(翰林)에 들어가서 역법을 수정하고 대포를 제조하였음. 청대(淸代)에는 흠천감(欽天監)의 감정(監正)을 지냈다.

럼 검열이 엄하여서 들어 올 수가 없었다. 심지어 같은 계통인 양명학도 금지대상이었으니 서학(西學 : 서양학문, 기독교)에 대한 금지조치는 뻔한 일이었다.

　　미개의 나라로 업신여겼던 일본도 서양문물을 수입, 신기술로 무기를 만들어 임진왜란을 일으켰고, 그 7년전쟁을 통하여 조선의 문화를 배워갔다. 또한 도구가와 이에야스 집정 시기 서양의 이양선(異樣船 : 외국 배)과 접촉하면서 종교와 무역을 분리, 당시 북구의 실력자 네덜란드를 통하여 서구문물을 적극 받아들였다. 그리고는 이 두 문화를 접목시켜 정신(朱子學과 退溪學)과 물질(蘭學) 두 방면에서 장족의 발전을 꾀할 수 있는 기회를 얻었던 것이다.

　　이러한 국제정세 속에서 진정한 지식인이 되기 위해서는 영어도 배우지 않으면 안 되었다. 그래서 선교사들과 접촉을 가지며 영어를 배우기 시작하였다. 한 가지가 통하면 만사가 모두 통한다 하였던가? 얼마 되지 않아 의사소통이 어느 정도 가능해졌다.

　　그리하여 당시 전 연령층을 통해서 동농만큼 여러 나라 언어를 구사할 수 있는 사람은 없었다.

2. 청운의 꿈 - 실력만으론 어려워

　　1866년(고종 3)은 이른바 병인양요(丙寅洋擾)가 일어난 해이다. 그해 정월 천주교 탄압령을 내려 9명의 프랑스인 신부와 신자 8천명을 살해하였다. 이 소식이 텐진 주둔 프랑스 극동함대사령관 로즈(Roze) 제독에게 보고되었다. 그리고 로즈는 북경 주재 프랑스 대리공사 벨로네(Bellonet)에게 보고하였다. 그는 이 보고를 받자 조선정벌을 언명하였다.

청나라를 통해 이 소식을 접한 대원군은 천주교 탄압의 강도를 높이고 변경 수비를 더욱 강화하였다. 그 소식이 현실화되어 그해 9월 프랑스 해군 로오즈 제독이 함대 3척을 이끌고 인천 앞바다를 거쳐서 양화진(楊花津)[23], 서강에까지 이르렀다. 이렇게 되자 도성은 공포와 혼란에 빠지게 되었다 조정에서는 8도에 명령을 내려 의군(義軍 : 의병)을 불러 모으게 되었다.

이 방(榜)을 본 동농은 주저없이 응모한다. 조대비[24]가 일시 섭정을 하던 때였다. 조대비가 친히 의용군을 검열하는데, 많은 군중 속에서 두 눈이 형형(炯炯)하고 신체가 건장한 청년 동농을 발견하고 특별히 불러 소종래(所從來)를 친히 물으면서 관심을 가지게 되었다. 이로 말미암아 등용의 기연(機緣)이 생기게 되었다.

조대비는 동농에게 여러 가지를 문의한 후 그 총혜(聰慧)

---

23 조선조 삼진(三津)의 하나. 지금 서울 마포구 당인리(唐人里) 근처. 1866년 프랑스 군함이 이곳까지 왔었다.
24 조선 제23대 순조의 세자인 익종(翼宗)의 비. 조만영(趙萬永)의 딸. 1819년 세자빈으로 책봉, 1834년에 왕대비가 되었고, 1899년 익황후(翼皇后)로 추존되었다.

에 감탄, 파격적으로 윤허하여 당면한 모든 문제를 품신(稟申)할 기회를 얻었다. 그리하여 부당한 차별, 정치의 쌓인 폐단을 늠상하는 동시에 기회를 얻은 것을 기화로 부단히 노력하고 분투하였다. 그러나 당시의 엄밀한 문벌주의(자기 일가 친척들만 높은 지위에 등용하여 자기 문중이 권세를 잡으려는 종파적 경향)의 고질을 타파하기에는 매우 곤란한 점이 많았다.

아버지가 고종 원년(1864)에 의정부 우참찬(의정부의 정2품관)에 오르고, 그 다음 해 봄 다시 예조판서로 자리를 옮겼다. 아버지가 승진하거나 수평이동을 해도 동농에게는 달라진 것은 아무 것도 없었다. 아버지는 이재에도 밝지 못하고, 또 사교술이 뛰어난 것도 아니어서 자식들에게 넘길 재산도 없었고, 취업 자리 하나 구하지 못하는 그런 위인이었다. 말하자면 좋은 아버지도 좋은 남편도 못되는 사람이었다. 그래서 그리 많지 않은 가족들의 고생은 말이 아니었다.

병인양요[25] 또는 병인란(丙寅亂)은 고종 3년(1866) 프랑스 함대가 인천과 서울 근교까지 쳐들어온 사건이다. 철종(哲宗) 때 와서 천주교 탄압방침이 완화되자 베르누(Berneux)[26],

---

25 고종 때 대원군이 천주교도 학살과 탄압으로 1866년 프랑스 함대가 강화도를 침입한 사건. 함장 로즈(Roze)가 7척의 함대로 상륙했다가 조선군의 반격으로 40일 만에 물러났다.
26 프랑스 천주교 신부. 파리 외방전교회(外方傳敎會) 주교로 1838년 도쿄로 건너가 전교하고 1856년 제4대 조선교구장으로 조선에 입국, 전교에 진력하던 중 1866년 대원군의 천주교 박해로 새남터에서 순교하였다. 이로 말미암아 병인양요가 일어나게 되었다.

리델(Ridel, 1830~84)[27] 등 프랑스 신부가 많이 들어 와서 포교에 힘썼으므로, 철종 12년(1861) 교도 수 1만 8천명이, 고종 2년(1865)에는 2만 3천명으로 늘어났다.

대원군은 초기에는 천주교를 탄압하지 않았으나 1866년(고종 3)부터 탄압령을 내리고 엄청난 수의 교도들을 처형하였다. 그때 프랑스인 신부들도 처형되었다. 앞서 기술한 바와 같이 프랑스 극동함대가 서울 근처까지 쳐들어오자 도성은 혼란에 빠지게 되고, 조정에서는 어영중군(禦營中軍) 이용희(李容熙)[28]에게 한강을 지키도록 명하였다. 프랑스 함대도 3척의 소함대로 도성을 공격할 수 없음을 깨닫고 부근의 지형만 정찰하고 그냥 물러났다.

조선정부는 더욱 군비를 갖추고 한강 일대의 경비를 엄하게 하였다. 그 해 10월 프랑스 극동함대 로즈 제독은 일곱 척의 군함을 이끌고 다시 물치도(勿淄島) 근처에 나타나 14일에는 갑곶(甲串)[29]에 상륙하고, 16일에는 강화부를 점령하여 군

---

27 프랑스 선교사. 파리 외방전교회 소속으로 1861년 조선에 들어와 전도하다가 1866년 천주교 박해 때 텐진으로 도피, 프랑스 함대 사령관 로즈에게 이 사실을 보고하여 로즈가 함대를 동원하여 병인양요가 일어났다.
28 호는 기원(淇園). 1866년 프랑스 함대가 침입했을 때 어영중군이 되어 수하군과 훈국마보군(訓局馬步軍)을 거느리고 경인연안(京仁沿岸) 경비를 담당하였다. 강화도에서 우리 군과 프랑스 군이 교전한 다음 날 선봉장이 되어 천총(千摠) 양헌수(梁憲洙) 등에게 명하여 손돌목을 건너 정족산성 부근에 잠복하게 하였다. 프랑스군을 맞이하여 공격을 가하여 프랑스군이 사상자를 내고 강화를 떠나게 하였다. 어영대장, 병조판서를 지냈다.
29 강화군 강화면 염하 서쪽 연안에 있는 마을. 군사의 갑옷만 벗어 쌓아도 건널 수 있다고 하여 갑곶이라는 말이 생겼음.

기(軍器)와 식량, 서적 등을 약탈하였다. 조정에서는 이경하(李景夏, 1811~91)[30], 이기조(李基祖)[31], 이용희, 이원희(李元熙)[32] 등을 뽑아 서울은 물론 양화진, 통진(通津), 광성진(廣城鎭)[33], 부평, 제물포[34] 등지와 문수산(文殊山)[35]과 정족산(鼎足山)[36] 두 산성에 배치했다.

문수산성을 지키고 있던 한성근(韓聖根)[37]은 26일 120여 명의 프랑스군과 용감히 싸워 프랑스군 20여 명의 사상자를 내는 전과를 거두었다. 이들은 황황히 도주하였다. 프랑스군은 교동부(喬桐府)[38]의 경기수영(京畿水營)을 포격하고 달아

---

30 조대비의 인척으로 훈련대장, 어영대장, 형조판서 등을 지냈음. 관계는 보국숭록대부(輔國崇祿大夫)까지 올랐다.
31 1866년 병인양요 때 별군관(別軍官)으로 광성진에 진치고 한성근, 양헌수와 함께 강화성을 방어하였으나 프랑스군의 공격으로 함락되고 말았다. 1871년 신미양요 때에는 부평부사(富平府使)로 조정의 훈령을 받아 현지에서 미국 함대측과 교섭, 군사·외교면으로 크게 활약하였다.
32 1866년 병인양요 때 프랑스의 로즈 제독이 다시 군함 7척에 군인을 가득 싣고 물치도 앞바다에 침입함에 총융중군(摠戎中軍)으로 양화진에 나아가 진을 치고 통진, 부평 등의 연안을 순찰하다가 다시 소모사(召募使)가 되어 경기지방의 장정을 모집하는데 노력하였다. 훈련대장을 거쳐 병조판서에 이르렀다.
33 강화해협에 면한 포대. 병인·신미양요 때의 격전지.
34 인천 해안에 있던 옛 지명. 조선시대에는 이곳에 수군만호(水軍萬戶)를 두었다. 1883년 개항장이 되면서 대인천항의 근거지가 되었다.
35 강화도 동쪽 대안에 있는 산성. 1866년 병인양요 때 프랑스 해병이 문수산성을 정찰하다가 초관(哨官) 한성근 등과 충돌하여 프랑스군의 패배로 끝났다.
36 강화도 남부에 있는 옛 산성. 1660년 마니산에 있던 사고(史庫)를 이곳으로 옮겨서 실록을 비장하였던 곳으로, 사고는 현재 없다. 이 산성은 초지진(草芝鎭)에 가까워 1866년 병인양요 때 프랑스군이 침입하여 사고장본(史庫藏本)을 탈취해 갔다. 이 장본은 현재 프랑스 파리에 있다.
37 1866년 병인양요 때 순무영(巡撫營)의 초관으로 문수산성을 지키다가 상륙한 프랑스군을 물리쳤다. 후에 통진부사, 첨지중추부사, 병조참판 등을 지냈다.
38 강화군 소재 지명. 1395년에 만호를 두어 지현사(知縣事)를 겸하게 하였다가 곧 현감으로 고치었으며, 1629년 부(府)로 승격하고 수사가 겸하게 되었다.

났다. 또 강화부를 점령한 일대는 11월 9일 정족산성을 공략코자 하였으나 천총 양헌수가 거느린 500여 포수들의 매복에 걸려 30여 명의 사상자를 내고 도주하였다. 프랑스군은 더 이상의 교전은 불가능하다고 생각하여 관아를 불사르고 갑곶진(甲串鎭)으로 퇴각하였다. 그해 11월 18일 함대를 모두 철수하여 중국으로 떠났다.

대원군은 이 승리 후 쇄국양이(鎖國攘夷 : 외국과 관계를 끊고 외국인을 물리친다는 뜻) 정책을 더욱 강화하고 천주교 탄압도 박차를 가하게 되었다.

아버지가 의정부 좌참찬으로 승차하였지만 동농의 취업에는 도움이 되지 않았다. 여기저기 조금이라도 줄이 닿는데 도움을 청해 보았지만 모두가 미루기만 할뿐 허사였다. 그러나 좌절이란 없었다. 더 더욱 전진을 위한 실력양성에 정진할 뿐이었다.

3. 학문에의 정진, 또 정진

고종 7년(1870) 봄, 뜻이 맞고 신분과 학문 정도가 비슷한 북촌 양반 자제들의 모임인 북사(北社) 외에 또 다른 시계(詩契)의 결성이 있었다.

『제금첩(題襟帖)』 첫 장에 〈서원아집(西園雅集)〉이란 그림이 나온다. 인왕산 동쪽 기슭 청풍계 어느 곳을 묘사한 듯한 그림으로, 산세가 수려하고 계곡이 그윽한 곳에 학창의를 입은 선비 15~6명이 모여 앉아 글을 짓는 듯한 모양세를 그려 놓았다. 이 수묵문인화(水墨文人畵)는 하산(霞山)이라는 호를 쓰는 사람이 1870년(고종 7) 중춘(仲春) 모임의 한 장면을 그려준 듯하다. 이 그림으로 당시 시계의 장면을 상상할 수 있다.

같은 해 남창(南牕) 이경직(李絅稙)이란 분이 시계의 서문 '諸君子皆篤厚好古者也 相求相應刱 爲詩契 是契也 以一月一會會則 一觴一 咏 以文會也'(여러 군자들이 모두 옛것을 좋아하는 자들이니 서로 구하고 서로 호응해서 시계를 창립하게 되었으니, 그것이 이 계라. 한 달에 한번 모여 술 한 잔에 시 한 수를 읊고 글 짓는 것으로 모임을 갖게 된 것이다)을 써서 무엇을 하는 모임인가를 기술하였다.

그리고 7개조의 규약을 적어서 운영을 어떻게 하겠다는 내용을 적시하였다. 즉 회문보인(會文輔仁 : 문인들이 모여 서로 도와서 인덕을 닦는다), 유과상규(有過相規 : 허물이 있으면 서로 바루어 준다), 유난상구(有難相救 : 어려움이 있으면 서로 구해준다)가 모임의 뜻하는 바라 하겠다. 사원들을 왜 24명으로 하였는지는 모르지만, 별 뜻은 없어 보인다. 그들의 면면들을 보면,

   이세범 李世凡 : 계사생(1833), 호는 벽초(碧楚), 자는 몽뢰(夢賚), 완산인(完山人)
   서찬보 徐贊輔 : 을미생(1835), 호는 죽서(竹西), 자는 경양(景

襄), 대구인(大邱人)

원용성 元用星 : 병신생(1836), 호는 소운(小耘), 자는 경칠(景七), 원주인(原州人)

정대영 丁大英 : 정유생(1837), 호는 매하(梅下), 자는 경천(景天), 나주인(羅州人)

서만보 徐晩 輔 : 정유생(1837), 호는 간송(磵松), 자는 성여(成汝), 대구인

박희성 朴羲成 : 무술생(1838), 호는 금초(錦樵), 자는 성여(成如), 죽산인(竹山人)

신명수 申明秀 : 무술생(1838), 호는 동운(東雲), 자는 경회(景晦), 평산인(平山人)

조창호 趙昌鎬 : 신축생(1841), 호는 장남(潭 南), 자는 성백(成伯), 임천인(林川人)

이재위 李在瑋 : 신축생(1841), 호는 해수(海叟), 자는 무옥(武玉), 용인인(龍仁人)

홍순겸 洪淳謙 : 임인생(1842), 호는 가당(可堂), 자는 자형(子亨), 당성인(唐城人)

이조성 李祖成, 혹 祖淵 : 계묘생(1843), 호는 완서(浣西, 혹 翫西), 자는 경집(景集), 연안인

윤봉구 尹奉求 : 계묘생(1843), 호는 동하(東夏), 자는 순일(舜一), 해평인(海平人)

정휘원 鄭徽源 : 갑진생(1844), 호는 파농(葩農), 자는 경노(鏡老), 연일인(延日人)

유치목 俞致穆 : 갑진생(1844), 호는 위당(謂堂), 자는 문경(文敬), 기계인(杞溪人)

심현택 沈賢澤 : 을사생(1845), 호는 청파(靑坡), 자는 시중(詩中), 청송인(靑松人)

남상열 南相說 : 을사생(1845), 호는 청산(晴山), 자는 국경(國卿), 의령인(宜寧人)

이정익 李政翼 : 을사생(1845), 호는 청사(靑士), 자는 순칠(舜七), 연안인(延安人)

김가진 金嘉鎭 : 병오생(1846), 호는 동농(東農), 자는 덕경(德卿), 안동인(安東人)

강귀수 姜龜秀 : 병오생(1846), 호는 연하(蓮下), 자는 우범(禹範), 진주인(晉州人)

유과환 俞果煥 : 병오생(1846), 호는 양관(陽觀), 자는 경복(景復), 기계인

김상철 金商喆 : 병오생(1846), 호는 해초(海樵), 자는 경문(敬文), 경주인(慶州人)

김기룡 金基龍 : 정미생(1847), 호는 해석(海石), 자는 경전(景田), 청풍인(淸風人)

이규의 李奎儀 : 무신생(1848), 호는 동교(桐喬), 자는 범구(範九), 완산인

정광윤 鄭匡潤 : 기유생(1849), 호는 오강(梧岡), 자는 덕윤(德潤), 해주인(海州人)

학문과 신분상의 조화는 몰라도 연령의 차이는 너무 컸다. 가장 많은 이가 이세범으로 1833년생이고, 가장 연소자가 정광윤으로 1849년생이니 16년 차가 난다. 즉 22세에서 38세까지이다. 옛 법도에 '年長二倍則父事之 十年以長則兄事之 五年以長則肩隨之'(나이 두 배나 더 많으면 아버지처럼 섬기고, 십년이 많으면 형님처럼 섬기고, 다섯 살 많으면 어깨를 나란히 한다)라 하였으므로, 만나면 장유유서가 지켜져야 했을 것이니 불편함도 없지 않았을 것이다.

그리고 사회에 출사한 것도 제 각각이다. 동농은 종1품 숭정대부 의정부 찬정(贊政), 이조연은 좌영사(左營使), 박희성은 목천 · 태인현감, 홍순겸은 주부, 강귀수는 참봉을 지낸 것으로 나타나며, 다른 계원들도 아마 낮은 벼슬이었거나 아니면 출사하지 못한 사람들도 많았던 것 같다.

계원들 중에서 동농과 가장 뜻이 맞는 이가 세 살 위인 이조연이었던 것 같다. 이조연과는 20세 되던 해부터 친구가 되었고, 또 북사 24인 시계모임에 같이 나갔으며, 후에 규장각 검서관(檢書官)이 되었을 때에도 두 사람이 같이 근무했었다. 이러한 인연으로 두 사람이 주고 받은 글이 많았을 것으로 추측되나 이조연의 유고는 찾지 못했고, 다만 동농가장문서(東農家藏文書)의 『동농시록(東農詩錄)』에서 이조연과 각별한 관계였던 것이 나타난다.

이조연과 관계되는 시제(詩題)를 살펴 보면 『동농시록』에 「화운증완서(和韻贈浣西)」, 「여완서언회(與浣西言懷)」,

「증완서비서(贈浣西秘書)」, 「술회여완서(述懷與浣西)」, 「이문원동야여조동석학사이완서비서공부(摛文院冬夜與趙東石學士李浣西秘書共賦)」, 「동야여완서언회(冬夜與浣西言懷)」, 「증완서(贈浣西)」가 실려 있고, 또 『동농미정초(東農未定艸)』에 「봉하이조연비서(奉賀李祖淵秘書)」가 있다.

　시의 내용을 보면 두 사람은 서로 격의없이 진솔하게 자기 심정을 주고받은 듯하다.

**하중수봉증완서(河中水奉贈浣西 :
　　　　　　시내 가운데 물을 완서에게 보낸다)**

맑고 맑은 시내 가운데 물
달고 단 언덕 위의 꿀
맑은 물은 오래 동안 마실 수 있으나
단꿀이야 어찌 배부르게 먹을 수 있나
10년을 그대와 사귀었으니
자연히 아교와 옻칠이 되었네
관중과 포숙은 어떠한 사람이었는가
소주(蕭朱)도 나의 짝은 아니라네
다만 오늘 이 사귐이 서글지도 가까이도 말고
오늘 또 내일
백년을 하루같이 하세.

여완서언회(與浣西言懷 : 완서와 나눈 말을 잊지 않고 있음)

자나 깨나 자네를 늘 잊지 못하네.
우리 서로 알아주니 간과 창자 같구나.
………

북사(北社)모임 여러 해에 많은 약속 어기었는데
외로운 등불 깜박이는 이 밤 배나 더 빛나네
온 산의 계수나무 떨기 속 다락에 비친 달빛만 가득한데
훗날까지 서로를 생각하는 맘 오래오래 가지세.

증완서비서(贈浣西秘書 : 완서 비서에게 보낸다)

우리의 우정 되물을 필요 있나
옛날 치단(雞壇)에서 맹세했잖나.
………

술회여완서(述懷與浣西 : 완서와의 여러가지 생각)

내 삶이 슬프고 한스러움을 다스리기 어려웠는데
이곳에서 서로 만나니 눈이 갑자기 밝아오네
………

산호는 본래 푸른 바다에서 나는데
노마(駑馬)는 어찌하여 태항산(太行山) 오르듯 곤고한가

세상만사는 한잔 술만도 못한데
푸른 난간 빗긴 해에 다시 그 정을 그리네.

　　증완서(贈浣西 : 완서에게 보내다)

하늘이 나를 낳고 다시 그대를 낳았지만
우리는 다른 이들과 어울리지 못하게 만들었네.
…………

　위 시문만 보아도 두 사람의 우정의 깊이를 짐작하고 남음직하다. 많은 친구가 있었지만 오직 이조연과는 무엇이라도 다 털어놓을 수 있는 그야말로 지기였던 것이다. 옛말에 사람을 알아보려면 그 친구들을 보라고 했다. 동농의 가장 가까웠던 친구 이조연의 걸어온 길을 더듬어 보면 동농의 모습이 보일 것이다.
　이조연(李祖淵) 또는 조성(祖成). 그는 1843년에 나서 1884년에 세상을 떴으니, 동농보다 3년 먼저 태어나 38년이나 먼저 갔다. 곧 그는 헌종 9년(계묘)에 태어나 고종 21년까지 살았다. 자는 경집(景集)이요, 호는 완서(浣西) 또는 완서(翫西)고, 시호는 충정(忠貞)이며 본관은 연안이다. 용규(用奎)의 외아들로 태어나 실학의 대유 박지원(朴趾源)의 손자이자 개화사상의 비조격인 박규수(朴珪壽, 1807~76)[39]로부터 친히 의발(衣鉢 : 전법의 표시가 되는 물건)을 전수받았다고 하는 것으로 보아 헌재(瓛齋, 박규수의 호인데 桓齋라고도 하였다)의 고족(高足 : 학문과 덕행이 뛰어난 제자)이었던 것이다. 그는 스승 헌재로부터 북학파의 문호개방론과 통상외교론, 신분개혁론 등을 충실히 전수받았을 것이다.

그의 출사 시점이나 경위 등은 분명하지 않다. 1879년 12월 규장각 검서관에서 6품으로 승진하였으나 신분 장벽에 막혀 늘 낭서직(郎署職)[40]에 머물렀다. 1880년 6월, 제2차 수신사 김홍집(金弘集, 1842~96)[41]의 서기 사헌부 감찰로 3개월간 일본 문물을 시찰한 다음, 1881년 7월 수신사 조병호(趙秉鎬, 1847~?)[42]의 종사관[43]으로 4개월간 일본을 돌아보았다.

또 통리기무아문(統理機務衙門 : 개화정책을 위한 특별기구)의 주사로 재직하던 1882년 2월, 어윤중(魚允中, 1848~96)[44]과 함께 조미수호통상조약(朝美修好通商條約)에 필요한 조약문의 사전조율을 위해 문의관(問議官)이란 직책으로

39　1848년 문과에 급제하여 1864년 병조참판, 대제학을 역임하고, 1866년 평안도관찰사로 있을 때 미국 상선 셔먼(Sherman)호가 대동강에 들어와 행패를 부리므로 이를 공격하여 불태웠다. 후에 우의정을 지냈다.
40　중요하지 않은 공무에 종사하는 관리직.
41　호는 도원(道園). 1868년 문과에 급제. 1880년 수신사로 일본을 다녀왔으며, 1882년 한국 전권으로 제물포조약을 체결하였으며, 1894년 영의정으로 갑오경장을 단행하였다. 아관파천 후에 친로파에 참살되었다.
42　1855년 문과 급제. 벼슬이 의정부 찬정에 이르렀다.
43　조선시대 각 군영과 포도청에 소속된 종6품 벼슬. 여기서는 통신사를 따라가던 임시 벼슬로 당하(堂下) 문관으로 등용하였다. 직권은 서장관(書狀官)과 같았다.
44　호는 일재(一齋). 1871년 문과 급제. 서북경략사(西北經略使)로 청·로와의 국경을 정하는데 노력하였다. 1895년 탁지부(度支部) 대신이 되었다. 이때 친로파의 세력이 강하여 왕을 러시아 공사관에 옮기고 총리대신 김홍집을 죽이고 도망하여 고향으로 가던 중 용인에서 잡혀 죽었다.

2개월간 텐진을 다녀오기도 하였다. 이처럼 외국을 자주 다니기도 하고, 직책이 외교 분야이기 때문에 이 방면에 지식을 많이 가졌다. 그래서 명성황후(明成皇后, 1851~95)[45]의 총애를 받았다.

　1882년(고종 19) 6월 9일 임오군란(壬午軍亂)[46]이 일어나자 출세가도에 속도가 붙었다. 군란 중에는 영접관을 거쳐 청군과 군란의 진압문제를 협의하였고, 또 청나라에 잡혀가 바오딩부(保定府)[47]에 유폐 중인 대원군의 송환을 요청하는 사절단의 종사관으로 김홍집과 함께 리홍창(李鴻章, 1823~1901)[48]과 필담을 나누기도 하였다.

　또 임오군란 때 입은 피해보상을 과다하게 요구해 온 일본과 담판하여 배상액을 최소화하는데 공을 세워, 고종의 특별 배려로 이 해 9월 과거(到記科)[49]에 급제하였다. 그는 이

45　고종의 황후. 여성부원군(驪城府院君) 치록(致祿)의 딸. 16세에 고종의 왕비가 되었다. 시아버지 대원군과 권력을 다투다가 대원군을 몰아내고 민씨 일파로 집권했다. 친로 일변도 정책을 쓰다가 일본 자객들에 의하여 자살되었다.
46　1882년 6월 9일 구식군대의 봉기로 일어난 병란. 1880년 군제개혁으로 별기군(別技軍)이라는 신식군대가 설치되면서 구식군인에게 차별대우가 심해지고, 이들에 대한 봉급미가 밀려 불만이 심하였다. 기다린 끝에 1개월의 봉급미가 분배되었으나 쌀의 양이 모자라고 게다가 모래까지 섞어 먹을 수 없게 되자 이에 격분한 구식군대들이 변란을 일으켜 민씨 일파와 외척들의 집을 부수는 한편 13명을 죽였다.
47　중국 허베이성 중부에 있는 상공업 도시. 북경 남쪽 150km 지점에 있음. 농산물 집산지이며 면공업이 성함. 이곳에 지리총독부(直隸總督府)가 있음.
48　청나라 말기의 정치가. 태평천국(太平天國)의 난에 공을 세우고 내각태학사(內閣太學士) 등을 지내고 양무운동(洋務運動)의 중심적 추진자로 군대와 산업의 근대화에 힘썼다. 의화단(義和團) 사건을 평정하였음.
49　조선조 때 성균관 유생들이 출근하여 식당에 출입한 횟수를 적던 부책(簿册). 아침, 저

때부터 갑신정변50)이 발발하기까지 개화정책의 수행부서인 기기국 총판, 혜상공국 총판 등 직을 받아 남다른 친화력과 외교술, 어학 실력을 배경으로 직무를 무난히 수행하였다.

고종의 총애와 우창칭(吳長慶)51), 웬쓰가이(袁世凱, 1860~1916)52) 등 청나라 장군들의 지원을 받아 친군(親軍)을 조련하였다. 그리하여 1882년 9월에는 친군좌영 감독을 맡았고, 1884년 9월에는 좌영사를, 12월에는 영무처(고종의 친위부대) 감독을 맡기도 하였다.

1883년 1월에는 통리교섭통상사무아문53) 참의, 5월에는 기기국 총판을 겸하게 되었고, 그해 7월에는 통리교섭통상사무 협판을 맡아 고종의 군사외교책을 보좌하였다. 그러나 1884년 갑신정변 때 사대당으로 몰려 자살(刺殺)당하였다. 그는 동농과 친하게 지내면서 나이도 위였고 관계 진출이 빨랐

녁 두 끼를 1도(到 : 점)로 하여 50도가 되면 과거를 볼 자격을 얻게 된다. 도기과는 성균관에서 지정한 시간만큼 공부하여 과거에 급제하였다는 뜻이다.
50 1884년 갑신년 12월 4일 일어난 정변. 김옥균 등 개화당의 간부들이 내정을 개혁하려고 일으킨 정치 변란이다. 사대당의 중심인물인 민씨 일파를 살해하고 일본의 힘을 빌어 새 정권을 세웠다가 사흘만에 실패하고 그 주동자들은 일본으로 망명하였다.
51 청나라의 장군. 1882년 민씨 일파의 청탁으로 청나라의 리훙창이 우창칭, 띵루창(丁汝昌), 마젠층(馬建忠) 등을 보내 대원군을 잡아 가고 내정간섭을 할 때 우창칭은 3천 군사를 거느리고 서울의 치안유지를 담당하였다.
52 중화민국 초대 대통령. 1880년 싼뚱성 등주(登州)에서 경군통령(慶軍統領) 우창칭 휘하에서 군대생활. 1882년 임오군란이 일어나자 리훙창의 명으로 경군전적영무처차석(慶軍前敵營務處次席)으로 한성에 와서 대원군을 포로로 하고 군란을 진압하여 일본세력을 견제하는데 성공하였다. 통리조선통상교섭사의(統理朝鮮通商交涉事宜)가 되어 계속 주재하였다. 후에 중화민국 초대 대통령이 되었다.
53 1882년 청나라 제도를 모방하여 설치하였던 총리아문을 개칭한 것으로 외교와 통상사무를 취급하였다.

으며, 국왕과 왕비에게 신임받는 인물이었으므로 음양으로 도움을 많이 주었을 것이다.

그밖에 시계 또는 북사를 통하여 사귄 인물들이 여럿 보이나, 이조연처럼 막역한 친구 같지는 않다. 또 개개인과 모임을 가진 적은 많았지만, 북사 사원들이 함께 모이거나 함께 행사한 것으로 보이는 시제(詩題)나 시는 종종 눈에 띈다. 「북사제군자(北社諸君子)」, 「북사제익(北社諸益)」, 「북인제우(北隣諸友)」, 「북사제우(北社諸友)」, 「북사제반(北社諸伴)」, 「동사제익(同社諸益)」, 「북사제공(北社諸公)」이란 시제들이다. 이로 보아 북사 모임은 오래도록 유지되었던 것 같다. 제우(諸友) 또는 제반(諸伴)이란 이름으로 정기적인 모임이 있었고, 또 친분에 따라 어울려 며칠씩 나들이를 떠나 시로써 우정을 쌓은 예도 많았던 듯하다.

시계의 일원인 금초 박희성과도 비교적 가까운 사이였다. 금초가 1838년생이니 동농보다 여덟 살 위다. 박희성도 동농과 여러 차례의 공적인 모임 외에 사적인 만남도 있었던 듯하다. 박희성이 목천현감(木川縣監)으로 갔을 때 축하시를 지어 보낸 「기목천박사군금초(寄木川朴使君錦樵)」라는 시제가 있으며, 또 박희성의 아버지 회갑에 축하시를 써 보낸 「봉정금초사형경하춘부대인육십일초도(奉呈錦樵詞兄敬賀春府大人六十一初度)」라는 글이 전한다. 그외 「박령금초중부직려차당인운(朴令錦樵中部直廬次唐人韻)」 6수(首)와 「금초직차문연(錦樵直次文宴)」이 전하는 것으로 보아 시계를 통해 알게 된 우정이 쭉 이어져 사환을 한 뒤에까지 변치 않고 있음을 알 수 있다.

가당 홍순겸은 동농보다 4세 위이다. 학문이 상당한 수준에 달했고, 관직도 어느 정도까지 올라갔었다. 그와 관계되는 시제를 보면 주부(主簿), 자산사군(慈山使君), 비서(秘書) 등이 나온다. 적어도 중앙과 지방을 두루 거쳤을 것으로 보이며, 문장도 상당한 수준이었다고 하겠다.

『속한상제금집(續漢上題襟集)』에 실린 글들은 소위 당대 명사라는 취기(醉箕), 천유(天游), 윤종(輪鍾), 동농(東農), 순겸(淳謙)이 시의 대명사라 할 당나라의 중당(中唐), 성당(盛唐), 만당(晩唐)의 대가와 송(宋), 진(陳), 명(明), 청(淸) 시대의 율(律), 절구(絶句), 고풍(古風) 등의 운에다 차운(次韻 : 남이 지은 시의 운자를 따서 시를 지음)한 것을 실은 것인데, 여기에 그도 참여하여 어깨를 나란히 하였다.

『동농시록(東農詩錄)』에는 「홍주부가당직차야화차당인운(洪主簿可堂直次夜話次唐人韻)」 4수, 「가당직차동이초강언회(可堂直次同李樵江言懷)」 2수, 「홍가당직차초하즉사여제익공부(洪可堂直次初夏卽事與諸益共賦)」, 「가당장풍직차차운고달부(可堂長豊直次次韻高達夫)」, 「봉정자산총사군해계씨부시지임(奉呈慈山洪使君偕季氏扶侍之任)」, 「홍가당비서(洪可堂秘書)」, 「중방가당직려계야서화(中訪可堂直廬繼夜敍話)」, 「가당직려봉박천유여윤불쇄공부천유잉우고별(可堂直廬逢朴天游與尹不衰共賦天游仍又告別)」 등의 작품이 남아 있다.

이밖에 간송 서만보, 소운(小耘) 원용성, 연하 강귀수 등과 여러 차례 모여 차운하거나 공부(共賦 : 여럿이 부를 지음)를 짓기도 하였다. 이 소모임은 꼭 북사 따로 시계 따로 모인 것이 아니라 그때그때 사정을 보아서 모임이 있었던 것이다.

북사와 관계된 사람들과의 모임도 많았다. 여러 사람이 모일 때도 있었고, 두 서너 명이 모여서 화운도 하고, 차운도 하고, 같이 부(賦)를 짓기도 하였다. 북사 회원이나 시계원들과 모여 글을 짓거나 지은 축하 증송시들은 대개 1861년(철종 12) 동농이 시회활동을 시작하여 1877년(고종 14) 관직을 얻을 때까지 십 육칠년간 남긴 작품이 주가 된다.

시계원이 아닌 사람 중에서 가장 많이 교류한 이가 박문규(朴文逵, 1805~88)인 것 같다. 그는 1805년(순조 5)에 태어나서 1888년(고종 25)까지 살았다. 자는 제홍(霽鴻), 호는 운소자(雲巢子), 또는 천유자(天游子). 어려서부터 총명하여 글을 읽으면 잊어버리는 일이 없었으며, 장성한 후에는 채전(菜田)을 경영하여 많은 돈을 벌었다. 그러나 큰 장대(莊臺)를 세우고 첩을 두어 친구들과 밤을 새워 술을 마시는 생활을 하다가 수년 만에 재산을 모두 탕진하였다. 48세에 시 공부를 시작, 근체시(近體詩)에 능하여 청나라에까지 문명을 떨치었다. 나이 83세에 왕의 특명으로 병조참판이 내려지고, 이어 가선대부에 이르렀다. 성품이 깨끗하여 허욕이 없었다.

그는 동농과 40여 년 차이가 난다. 그러나 문학적 사귐은 나이를 뛰어 넘었던 듯하다. 가끔 천유는 후학인 동농을 아껴 같이 부를 짓기도 하고, 차운을 하기도 하고, 또 『속한상제금집』처럼 같이 당송원명청대가들의 고풍 5.7절구, 5.7율시 등에 차운을 하기도 하였다. 내용을 보면, 노두(老杜 : 두보를 두목에 비하여 老자를 덧붙여 불렀다)처럼 비천미인(悲天憫人)한 것도 없고, 태백(太白, 701~62, 이백의 字이다)처럼 호방한 것도 아닌, 일상적 생활에 대하여 묘사한 것이 많다.

증박천유노인(贈朴天游老人 : 박천유 노인에게 보내다)

재미있게 남북을 돌아다니는 지팡이 하나
술그릇과 시주머니(詩囊)는 곳곳을 따라 다니네.
…………

작주여천유(酌酒與天游 : 천유와 술을 따르다)

내 평생 헛되이 독서에만 기대었으나
지금은 백수로 놀기만을 좋아하며 한강변을 거니네.
궁(窮)하든 현달하든 백년이 모두 운수가 있어
문장은 풍부하여 다시 짝할 이 없네.
객사의 희미한 등불 밤비까지 내려 시정을 이끌어 내고
돌아가는 길에는 서풍이 돛을 올리네.
세상만사는 모름지기 취함으로 사라지고

태화(太和)는 가득찬 술항아리에서 새로 익는가.

　　회천유(懷天游 : 천유를 생각하며)

　…………
　부용호(芙蓉湖) 위에 가을바람 일고
　저자도(楮子島) 언저리 황혼 빛 비친다.
　운산(雲山)을 바라보니 근심은 사라지고
　끽끽 우는 기러기는 꿈속에도 슬프구나
　…………

　동농이 천유와 관계되어 쓴 시는 모두 10수이다.

　홍예당(洪隸堂)과도 가까웠다. 아마 북사와 관계된 인물인 듯하다. 동농이 시를 지어 보내주기도 하고, 여름철 동농과 같이 관악산 사자사(獅子寺)에 놀이를 가기도 하였으며, 1866년(고종 3) 정월 대보름날 밤에 일옹정(一翁亭)에서 홍예당, 홍우해(洪友海), 김도원(金道園 : 김홍집의 호이다), 심수산(沈遂山), 박천유와 같이 술 마시며 시 짓기를 한 적도 있었다.

　상당히 연장인 듯한 취기(醉箕), 후옹(厚翁) 같은 조정 중신들과도 교류가 잦았던 듯하다. 취기는 가향(家鄕)이 광주 삼봉리(三峰里)인 듯하다. 동농은 친구처럼 지내온 박천유, 홍예당과 같이 취기상서(醉箕尙書)를 모시고 그의 고향인 삼봉리로 가서 같이 부를 짓기도 하고 차운을 하기도 하였다. 이런 흔적들은 동농의 시록에 여기저기 나타난다. 취기는 가끔 삼봉리를 찾아가 머물기도 한 듯하다. 그럴 때면 동농이 친구들과 같이 가서 시도 짓고 세상사도 논하고 한 것으로 보인다. 「삼봉리차운김낭간취기상서(三峰里次韻金琅玕 醉箕尚書)」, 「집칠언장구삼수제취기상서향거(集七言長句三首題醉箕尚書鄕居)」에서 그 면모가 나타난다.

남지일(南至日 : 동지)에 시우 몇 명과 취기를 모시고 같이 부를 지었다는 시제가 나오는데, 그 날이 바로 삼봉리에 간 것일 것이다. 어떤 때에는 취기와 천유와 같이 두소릉(杜小陵, 712~70, 두보의 호이다)의 운을 따라 같이 부를 짓기도 하였다. 또 앞서 이야기한 바와 같이, 취기가 좌상이 되고 천유, 동농, 순겸, 윤종이 어울려 당송원명청의 대시인들의 시를 차운한 것은 여간 시를 잘 짓고 좋아하지 않고는 할 수 없는 일이었다.

후옹상서(厚翁尙書)라는 분이 있었다. 광주로 돌아가는 후옹을 봉송(奉送)하기도 하고, 후옹의 글에 차운을 달기도 하였다. 이 분 역시 나이나 직위가 높아도 시를 좋아하여 젊은 문사들을 가까이 하기를 좋아하였기 때문일 것이다.

이밖에 북사와의 관계는 알 수 없으나 젊고 유능한 인사들과 교류가 많았다. 우선 문장이 뛰어나 젊어서부터 이름이 난 김택영(金澤榮, 1850~1927)과도 사귀었다. 김택영의 자는 우림(于霖), 호는 창강(滄江), 소호당주인(韶護堂主人)이다. 1891년(고종 28)에 진사급제하고 1894년에 편사국(編史局)

주사가 되었다. 1895년에 중추원 서기관 겸 내각기록국 사적과장, 1903년(광무 7) 홍문관 찬집소 문헌비고속찬위원으로 있으면서 정3품 통정대부가 되었고, 1905년 학부편집위원을 겸하였다. 한시에 뛰어났다. 그와의 관계를 알려주는 3편의 시가 있다.

      여김창강야좌화별(與金滄江夜坐話別 :
               김창강과 이별의 말을 나누다)

편심(片心)은 이미 허락하였지만 시를 지어 보내는 것은 처음일세
한편으로 기뻐했던 것도 10년이 넘었고.
....

      여김창강공부(與金滄江共賦 : 김창강과 같이 부를 짓다)

....
그대와 헤어진 지 오래 되어
달과 같이 늘 둥근 얼굴이 아니네.
....

구당(矩堂) 유길준(兪吉濬, 1856~1914)[54)]은 동농보다 10년 아래이다. 그러나 국제사회를 바라보는 관점이나 앞을 내

다보는 개혁의 철학을 같이 할 수 있으리라는 생각에서 서로 글을 받고 보내고 한 것이다.

화증유구당(和贈兪矩堂 : 유구당에 보낸다)

함양에 초서피가 많이 나오지 않아 추위를 이기지 못하고
게으른 새는 외로운 구름에 가려 속관(屬官)이 못 되었네
거친 옥은 광채를 머금고 궤짝 속에 감춰져 있고
바둑의 고수이나 훈수도 못하고 바둑판만 보고 있네
인생이 늙어 감이 천천히 오는 저녁과 같고
세로(世路)는 여러 갈래라 착반(錯盤)에 맡겨져 있고
그대와 함께 맘대로 할 수 있는 것은 이 말밖에 없으니
비바람 속 술 한 통으로 어찌 기쁜 정 나눌고.

이밖에 공부(共賦)를 지을 정도의 인사로는 송동범(宋東凡), 손성재(孫誠齋), 우지몽(禹知夢), 취묵노인(醉默老人), 강백석(姜白石), 손규산(孫圭山), 권경농(權經農), 학하(鶴下), 오위창(吳葦滄 : 吳世昌의 호, 1864~1953)[55], 손경재(孫敬齋), 서

---

54 1881년 신사유람단의 일원으로 일본을 다녀왔으며, 미국 등지에 유학하였고, 1895년 내부대신이 되어 종두법 시행, 단발령 실시 등 개화정책을 과감히 추진했다.
55 3·1운동 때 민족대표 33인중 한 사람. 1886년 박문국(博文局) 주사로 있으면서 한성순보(漢城旬報) 기자를 겸하였다. 1894년에는 농상공부 참의를 역임하였으며, 1902년 개화당 사건으로 일본에 건너가 있다가 5년 후에 돌아왔다. 만세보(萬歲報) 사장, 대한협회 부회장, 대한민보 사장을 역임하였고, 3·1독립선언서에 서명하고 3년간 복역하였다. 전예(篆隷)에 능하였고, 서화·전각 감식에도 조예가 깊었다.

위사(徐渭士), 소운(小耘), 남춘강(南春江), 동쇠(東衰) 등이 있었다.

동농이 시를 지어서 보낸 일도 더러 있었다. 취석(醉石) 홍대아(洪大雅), 동쇠, 백석(白石) 강학사(姜學士), 홍금석(洪琴石 : 洪英植)[56], 박금초(朴錦樵), 송동범, 손규산, 박천유, 이완서(李浣西) 등에게 보낸 것이다.

가끔 누대(樓臺)에 모여 글도 짓고 이야기도 나누고 술도 마시며 교류하기도 하였다. 1866년(병인) 보름날 밤에는 일옹정(一翁亭)에서 홍륜종(洪輪鍾 : 棣堂), 홍순겸(洪淳謙 : 友海), 김홍집, 심정택(沈定澤 : 遂山), 박문규와 함께 모여 술을 마시고 글짓기를 하며 우정을 다진 바 있다. 어느 해 단오인지는 확실치 않으나 군자정(君子亭)에 동석(東石) 학사, 간송(磵松) 비서(秘書), 완서(浣西) 비서, 김춘방(金春舫), 류학사(柳學士)와 함께 우의를 다졌다.

또 문인들이 서재를 꾸미고 문우들을 모아 잔치를 여는 풍속이 있었던 듯한데, 동농도 여러번 이들의 문연에 초대받아 참석하였다. 「홍학사화당서재문연차운두보(洪學士韡堂書齋文宴次韻杜甫)」, 「유학사간취서재문연(兪學士澗翠書齋文宴)」, 「이선생서곡서재문연차운육방옹(李先生書谷書齋文

---

56 금석은 홍영식(洪英植, 1855~84)의 호이다. 영의정 순목(淳穆)의 아들이다. 1879년 문과에 급제하였으며, 이후 일본을 시찰하고 1883년 특사로 미국에 부임하는 등 해외 사정에 밝았다. 김옥균과 함께 독립당을 조직하여 활동하다가 갑신정변 때 실패하고 피살되었다.

宴次韻陸放翁」, 「박도사장운백부직소문연(朴都事丈雲白部 直所文宴)」등의 시제로 보아 이런 류의 초청 연회가 잦았던 것이다.

4. 두드려서 연 문

옛말에 20 전 아들, 30 전 재물, 40 전 출사라 하였다. 나이 30에 아들도 재물도, 심지어 출사도 앞이 꽉 막히듯 낌새조차 보이지 않았다. 가정이 생기고 자녀들이 태어나면서 무척 긴장이 되었다. 북촌에 살자면 무슨 벼슬이든 해야지 그냥 주저앉으면 남산골로 밀려 나든지, 아니면 농사라도 지을 향촌으로 내려가지 않으면 안 되는 것이 현실이었다. 그간 아버지가 판서와 한성판윤으로 계셨기 때문에 호구지책은 되었으나, 아버지도 1875년(고종 12) 4월 28일 75세를 일기로 서세하셨다.

아버지 살아 계실 때는 풍족하진 못해도 그저 남들처럼 살아가도록 도와주었지만, 이제 더 이상 누구에게 손 벌릴 형편이 못되자 당장 호구지책이 어려워졌다. 그 해는 그래도 그냥 넘어갔는데 다음 해가 더 어려웠다. 벌어도 살기 어려운 세상에 온 식구가 하늘만 쳐다보고 있는 형편이니 가장으로서 딱하기 짝이 없었다. 앉아서 죽기만 기다릴 수 없어 친척도 찾아가 보고, 친구도 만나 부탁도 하고, 심지어 부인을 친정에 보내 취직 부탁도 하고 생활비도 얻어 오도록 하여 보았다.

그러나 없는 사람 나라도 구제 못한다고, 그저 임시방편에 지나지 않았다. 곤고한 생활을 참고 견디며 아버지 삼년상을 마쳤다. 그해 겨울에 접어들면서 어렵기가 극에 달할 때에도 옛말에 '천불생무록지인(天不生無祿之人)'이라 하였으니 설마 굶어 죽겠는가 참고 견뎌보자 하였다. 시월 그믐날, 그날도 별일 없이 시내에 나갔다가 저녁 때야 집으로 돌아왔다. 그날 따라 부인이 밝은 얼굴로 맞이하였다.

"여보, 이조에서 기별이 왔는데, 내일 아침 일찍 들어오시래요. 아마도 좋은 소식이 있겠지요?"

"글쎄, 그랬으면 좋겠지요. 거기서 들어오라고 하면야…"

동짓달 초하루 꼭두새벽부터 법석을 떠는 아내의 소리에 일찍 깨어나지 않으면 안 되었다. 이제까지 잠자는 시간이나 기침시간이 자유로웠지만 등청을 하게 되면 부득이 제약을 받지 않을 수 없는 것이다.

사시(巳時) 즈음 선부(選部 : 이조)에 들어가 규장각검서관위효력부위용양위부사용(奎章閣檢書官爲效力副尉龍讓衛副司勇 : 종9품)으로 계차(啓差 : 임금에게 아뢰어 사무를 담당시키게 함)되었다. 우선 근무처가 고도의 학문을 요하는 규장각이라는데 자부심을 갖게 되었고, 게다가 가까웠던 친구 완서(浣西 : 李祖淵)와 같이 근무하게 된 것이 더 없이 기뻤다.

규장각이란 무엇이며, 검서관의 직무는 무엇이었던가?

규장각은 1776년(정조 즉위년) 궐내에 설치하여 역대 국왕의 시문(詩文), 친필의 서화, 고명(誥命)[57], 유교(遺敎 : 유훈), 선보(璿譜)[58] 등을 관리하던 곳이다.

그러나 이것은 표면적인 구실이었다. 실제로는 당시 왕권을 위협하던 외척과 환관들의 음모와 횡포를 누르고 신하 중에 학문이 뛰어난 사람들을 모아 경사(經史)를 토론케 하여 정치의 득실, 백성들의 질고(疾苦) 등을 살피는가 하면, 문교의 진흥과 풍속을 순화시키는 일을 하는데 목적이 있었다.

규장각 직제에 제학(提學, 종1품~2품) 2명, 직제학(直提學, 종2품~정3품 당상관) 2명, 직각(直閣, 정3품~종6품) 1명, 대교(待敎, 정7품~9품) 1명, 검서관(檢書官) 4명을 두었다. 그리고 검서관은 종래 임용되지 못했던 서얼 출신도 등용하여 서적의 교정과 서사(書寫)를 맡겼는데, 원래는 5품에 해당하는 군직(軍職)을 주었다.

검서관은 1779년(정조 4) 문예에 뛰어난 사람을 채용하였는데, 1787년(정조 12) 3월에는 직제학 이상의 문벌과 재예가 뛰어난 사람이 2인씩 추천하여 시험을 보여 채용하였다. 검서관으로 이름을 떨친 이덕무(李德懋), 박제가(朴齊家), 류득공(柳得恭), 서이수(徐理修) 등을 4검서관이라 부르는데, 이들은 실학 보급에 큰 영향을 끼쳤다.

---

57 고명책인(誥命冊印)을 말한다. 중국에서 이웃나라 왕의 즉위를 승인하여 고명(왕위를 승인하는 문서)과 금인(金印)을 보내던 일.
58 조선왕실의 세보(世譜). 새로 왕이 즉위할 때마다 보간(補刊)하여 왔다.

규장각은 조선 후기 문예부흥을 일으킨 중심기관으로 많은 서책을 편찬하였으며, 교서관(校書館)을 외각(外閣)으로 편입시켜 경(經), 사(史) 서적을 인쇄하여 반포케 하였다. 이는 당 태종이 홍문관(弘文館)을 설치, 20만권의 도서를 비치하고 사방의 문사들을 모아 정치의 득실을 토론시켰던 정관(貞觀)의 치(治)[59]를 연상케 하는 특설 부서의 하나였다.

동농의 일생 중 1860년부터 1870년까지 10여 년 간은 알려져 있지 않다. 다만 앞에서 살펴 본 바와 같이 북사, 시계 등의 회원들과 모여 시 짓고 술 마시며 담론을 일삼았던 것으로 비쳐진다. 그러나 가정을 꾸리고 자녀들이 태어나는 데도 확고한 자리를 잡지 못하는 심정이야 오죽했겠는가.

게다가 방계이지만 그리 멀지 않은 하옥(荷屋 : 左根, 영의정) 대감이 권좌에서 밀려나 울분으로 고종 6년에 세상을 뜨고, 그 아들 사영(思穎, 1818~75)[60]마저 고종 12년에 서세하였고, 조정에는 용암(蓉庵)[61], 영어(穎漁, 1825~1909)[62], 영초(穎樵, 1821~79)[63]가 남아 있으나 진보 개혁을 위해 힘을

---

59 정관은 당나라 태종의 연호, 정관의 치는 태종의 치세의 찬사(讚辭)이다. 방현령(房玄齡), 두여회(杜如晦), 위징(魏徵) 등의 명신과 이정(李靖), 이적(李勣) 등의 명장을 등용하여 국토가 통일되고 안정된 정치가 행하여져서 제국이 번영하였다.
60 김병기(金炳冀). 1847년 문과 급제. 철종 때 총융사(摠戎使), 훈련대장, 금영대장을 거쳐 좌찬성(左贊成)에 이르렀다.
61 김병시(金炳始)의 호. 1855년 문과에 급제하고, 1884년 갑신정변 후에 우의정이 되었다. 1895년 친로파 내각에서 의정대신을 지냈다.
62 김병국(金炳國)의 호. 1850년 문과에 급제, 육조판서를 역임하고 영의정에 이르렀다.
63 김병학(金炳學)의 호. 1851년 문과에 급제하고 1865년 영의정이 되었다.

모을 처지는 못되는 인물이었다. 오직 고균(古筠, 1851~93)[64]이 대화의 대상이었으나 추진방법에 판이한 차이를 보였다.

기회는 있는 법이지만 잡힐 듯 잡힐 듯 잡히지 않는 것이 인간사이기도 하다. 앞서 언급한 바도 있지만, 1866년(고종 3) 병인양요가 일어나자 의용군에 참여하였다가 조대비의 눈에 띄어 조대비에게 상소문을 올릴 기회를 얻었는데, 이 때 국난타개를 위한 개혁구상이 담긴 건의를 하였다. 내용 중에는 당시 정치의 적폐와 문벌 장벽으로 인한 유능한 인재 등용에 장애가 됨을 통렬히 비판하고, 그 시정을 상주하였다. 이에 감동된 조대비가 동농을 인견(引見)하여 사람됨이 총명하고 문필이 뛰어난 것을 알게 되었다.

그때는 오직 관계 진출이 유일한 입신양명의 길이었다. 동농이 조대비에게 문벌과 신분차별을 타파하고 인재를 공정히 등용할 것을 주청한 것은 누구나 바라는 바였지만, 기득권을 가진 계층의 독점과 관습타파는 쉬운 일이 아니었다. 결국 많은 시간이 경과한 후 갑오경장 때에 와서야 반영되었다.

동농의 제일 중요한 시기 10년간의 행적은 모호하다. 그러나 병인양요 전후 홍씨 성의 고관인 취기(醉箕)라는 분을 모시고 자주 시회도 참석하고 근교 나들이도 한 듯하다. 젊은

---

64 김옥균(金玉均)의 호. 1872년 문과에 급제하고 옥당승지(玉堂承旨)를 거쳐 호조참판에 이르렀다. 갑신정변을 일으켜 3일만에 실패로 끝나자 일본에 망명하였다가 1894년 상하이 동화양행(東和洋行)에서 자객에게 살해되었다.

이가 이렇게 가까이 모신 것으로 보아 정1품까지 오른 동농의 장인 홍재철(洪在喆)[65]이었을 것이다. 그밖에 후옹(厚翁) 판서도 몇 차례 모신 것으로 나온다.

어쨌든 순천부사 홍재현(洪在鉉)의 비공식 비서를 지낸 다음, 4촌 처남 홍종헌(洪鍾軒)이 영변부사(寧邊府使)로 가자 비장(裨將)[66]이 되고자 친림을 넣었다는 기록이 있을 뿐이다.

---

65 철종 때의 문신. 1825년(순조 25) 과거에 급제하여 무공랑(武功郎)으로 시작, 의금부 판사(義禁府判事), 경기도관찰사, 예조판서에 이르렀으며, 고종 원년(1864) 치사하였다. 「과환록(科宦錄)」이라는 저서를 남겼는데, 이는 조선 후기 인사정책 연구의 좋은 사료이다.
66 감사, 유수, 병사(兵使), 수사(水使) 등 지방장관 및 중국사신을 수행하던 무관으로 지방장관이 임의로 임명하였다.

3 지치지 않는 열정

1. 아버지의 별세

뜻대로 되지 않는 것이 세상사라던가. 친가나 처가의 문벌로 보나, 또 본인의 실력으로 보나 어느 한 가지 나무랄 것 없는 인재이다. 그러나 서른이 넘어서까지 제 구실을 못하고 지내는 형편이라 울화가 치밀기도 하고, 또 가족들 대하기도 부끄러운 존재가 되었으니, 아무리 용기를 내려 하여도 위축될 대로 위축되어 있는 기를 펼 수가 없었다. 그래도 아버님이 고관으로 계시니 무슨 방도가 있겠지 하면서 기다려 온 것이 어언 30년.

봄부터 아버님 병환이 심상치 않아 몇 번이나 형제자매들이 긴급히 모이는 일이 있었다. 75세라면 당시로는 아주 고령에 속하는 나이다. 도무지 차도가 나질 않아 애를 태우고 있었다. 가까운 곳 외출도 자주 할 수 없었고, 멀리 떠나기도 어려웠다.

필운대(弼雲臺)[1] 살구꽃도 지고, 북산(北山) 기슭 복사꽃도 지고, 홍인문(興仁門)[2] 밖 수양버들이 이른 여름을 재촉하던 고종 12년(1875) 4월 스무 여드레 날, 아버지 풍남(楓南) 대감은 아무 말 없이 임종을 맞이하였다. 동농은 급한 나머지 무명지를 깨물어 피를 목으로 흐르게 하여 겨우 소생하게 하였다. 그러나 깨어나신 후 몇 마디 유언을 남기고 홀연히 서세하고 말았다.

이런저런 생각이 주마등처럼 지나갔다. 옛날 안동에서의 단란했던 한 순간이 스쳐가고, 어머니의 서세로 허무를 느꼈던 생각이 불현듯 떠올랐다. 그러나 과거보다 당장 눈 앞에 닥친 아버지를 모실 음택(陰宅)도 잘 찾아야지, 하면서 정신을 차렸다.

막연히 곡만 할 것이 아니라, 옛 선인들의 말씀처럼 '喪則致其哀'(돌아가시면 그 슬픔을 다하고)라 하였으니 마땅히 슬퍼해야 하겠지. 그러나 모든 절차를 예에 맞춰 하는 것도 효가 아닐까 생각하여 우선 형제, 종반이 모여 치상(治喪)에 대한 논의를 하였다. 수의나 관은 오래 전에 준비하여 두었으니 다시 논의할 일이 아니었고, 먼저 해야 할 것이 친인척과 지인

---

1 북악 기슭에서 유상(遊賞)할 만한 곳으로 살구꽃이 유명하였다.(京都雜誌, 洌陽歲時記)
2 흥인지문(興仁之門)으로 동대문의 원 이름이다. 태조 5년에 축성과 함께 시작하여 다음 해에 낙성하였다. 옹성(甕城)이며 현존하는 문은 고종 때 개축한 것이다.

들에게 부고를 보내는 일이었다.

　잠시 곡을 거두고 부고를 보낼 곳을 기록하고, 또 부고문도 초하였다. 우선 시내에 살고 있는 당내(堂內) 지친(至親)부터 연락하여 도착되는대로 의절을 맡길 예정이었다. 저녁 때가 되어가자 퇴청 뒤에 오기도 하고, 볼일을 마치고 오기도 하여 한가지 씩 일을 맡기었다.

　가장 중요하다고 생각되는 것은 유택(幽宅 : 무덤의 다른 말)을 정하는 일이었다. 가까운 친척이 다 모이자 유택을 논의하였다. 우선 석실 쪽을 짚어 보았으나 이미 그럴만한 자리에는 다 들어섰고, 또 설사 자리가 있다 하더라도 종계(宗系)가 아니면 감히 그곳을 쓰겠다고 주장하기 어렵다는 결론이 났다. 여기저기 의견들이 있었으나 모두가 어려운 곳들이었다. 마지막 결론이 난 곳이 선영이 있는 광주 초월면(草月面) 서어리(鋤漁里), 곧 선대(先代) 묘역 안의 어느 곳을 찾아보는 것으로 하였다.

　집안에서 단골로 부려오던 풍수를 찾았으나 다른 집 일로 지방에 출타하고 없었다. 이틀이 지난 뒤에야 미안하다며 나타났다. 풍수를 데리고 가야 할 사람이 마땅치 않았다. 동농이 자진하여 풍수와 같이 갔다. 부지런히 걸었지만 한낮이 족히 지나서야 선영 아래에 도착할 수 있었다. 산 전체를 쭉 돌아보았다. 오른쪽 기슭 나지막한 곳에 파득(坡得)과 당체(堂體)가 괜찮게 보이는 곳이 있었다.

　동농이 "이곳이 어떻겠소?" 하니 풍수가 쇠(나침반)를 놓아 보고서 "이곳이 괜찮을 듯합니다. 이곳으로 정할까요?" 라고 하며 반가워하였다. 그러면서 "옛부터 묘지는 풍수를 모르는 무식쟁이가 잡는다고 하더니만…" 하고 민망해 하면서 놓았던 쇠를 얼른 주워 주머니에 넣었다. 그리고 문서를 꺼내어 상주들의 출생 년을 물었다.

"병신(丙申)생, 병오(丙午)생, 무술(戊戌)생이오."

풍수는 한참 손가락으로 아래 위 육갑(六甲)을 맞추어 보더니 "구일장(九日葬)이라면 일진(日辰)은 계미(癸未)일이네요. 하관은 사시(巳時 : 10시부터 11시까지)이니 좀 빨리 발인을 해야겠습니다. 그리고 묘의 향은 임좌(壬坐 : 임방을 등진 좌향)입니다."

또 산역(山役)을 할 곳에 나무를 베어 말을 치고 줄을 매어 놓으면서 "인부들에게 광중(壙中)의 깊이를 두 자 다섯 치로 하도록 하십시오. 저는 당일 바로 이곳으로 와서 기다리겠습니다" 하고 풍수는 혼자 황황히 자리를 떴다.

동농은 혼자 부지런히 돌아 왔건만, 아주 늦은 시간에야 집에 당도하였다.

문상객은 꾸준히 상청(喪廳)을 찾았다. 이렇게 상기(喪期)를 보내고, 발인 날은 장지가 멀기 때문에 이른 새벽에 발인제를 올리고 상여꾼을 독촉하였다. 가까스로 하관 시간에 맞추어 모시고 겨우 봉분이 올라갈 무렵 서둘러 평토제(平土祭 : 매장한 뒤에 지내는 제사)를 올렸다. 바삐 서둘렀지만 저녁 무렵이 되어서야 집으로 와서 반혼제(返魂祭)[3]를 올릴 수 있었다. 그리고 3일을 연이어 삼우(三虞)까지 지내고 나니 모두가 맥이 탁 풀어졌다.

동농은 가장 오래 상청을 지키었고, 또 극심하게 슬퍼한 나머지 기진맥진하여 수삼일 잠을 잤다. 꿈을 꾸었다. 돌아가신 아버지가 나타났다. 평소와 같은 복장으로, 좀 진지하게 말씀하셨다.

"가진아, 늦었다고 조급하게 여기지 말아라! 대기만성(大器晚成)이라는 말이 있지 않느냐? 좀 더 기다려 보아라. 모든 것은 수(數)가 있느니라."

하시더니 홀연히 사라졌다. 깜짝 놀라 깨어보니 꿈이었고, 며칠을 자고 있었다고 한다. 아버지의 꿈이 너무나 생생하여 다시금 되새겨 보았다. 다 맞는 말씀이다. 평소 아들에 대하여 얼마나 관심을 가졌으면 현몽(現夢)하여 타이르실까? 초상 내내 당내 형제들이나 인척들과 마주치면서 괜한 모멸감을 느꼈다. 그들은 모두 자리를 잡았는데, 나이 서른에 아직 포의(布衣)라니 말이 되지 않는 것 아닌가? 하다못해 남행참외(南行參外)[4]라도 나가야 했을 것 아닌가?

딸린 식구는 늘어나고 사정은 어려웠지만, 그간 처갓집에서 도움 받고 아버지의 도움으로 그리 어렵지 않은 생활이었으나 이제는 다른 형편이 되었다. 이제 세상은 달라지고 있

---

3   곧 반우(返虞)이다. 장사 지낸 후에 신주를 모셔 돌아오는 일.
4   조선시대 관직으로 과거에 합격하지 않고 조상의 공에 의하여 임관된 자로 7품 이하를 지칭한다.

다. 실력만이 출세의 길을 열리게 할 것이다. 광범한 독서와 외국어, 이는 필수 조건이 될 것이다. 주위의 충고를 성실히 받아 들여 동농은 일어, 중국어, 영어까지 배우기 시작하였다. 실학의 영향을 받아 새로운 사조에 관심을 가졌기 때문이기도 하였다.

2. 관계(官界)의 첫 걸음

한편 '문은 두드려야 열릴 것이다'라는 생각으로 적서(嫡庶)를 타파하고 인재를 등용해야 한다는 상소를 올리게 되었다. 이 상소가 주목을 끌게 되어 결국 환로(宦路)에 발을 붙이게 되었다. 앞에서 기술한 바와 같이 1877년(고종 14, 정축)이 저물어 가는 동짓달 초하루, 드디어 기다리고 기다리던 관직을 얻게 되었다.

효력부위(效力副尉) 용양위부사용(龍驤衛副司勇 : 종9품)으로, 규장각 검서관(檢書官)으로 나가게 되었다. 그로부터 5일 후인 동짓달 초닷새에는 3품이 올라 통사랑(通仕郎 : 정8품) 규장각 검서관에 부처(付處)[5]되었다. 여기서 완서(翫西) 이조연(李祖淵)과 2년 4개월을 보내면서 정치개혁과 학문의 폭을 넓히는 계기가 된 듯하다.

---

5   원래의 의미와 다르게 발령이 났다는 뜻이다.

1880년(고종 17, 경진) 동농이 35세가 되던 해 봄(3월 6일), 조봉대부(朝奉大夫) 통례원(通禮院) 인의(引儀 : 통례원의 종6품 관직)를 배수 받았다. 또 그해 7월 29일 승훈랑(承訓郞 : 정6품) 사헌부(司憲府) 감찰(監察)을 배수 받았다.

1881년(고종 18, 신사)에는 다시 자리를 옮기게 되었다. 정월 16일 장악원(掌樂院) 주부(主簿)[6]가 되었고, 한 달이 채 못 되어 다시 통례원 인의가 되었다. 통례원에서 4개월을 근무하고 다시 조지서(造紙署) 별제(別提)로 자리를 옮기었고, 그로부터 4개월 23일만에 다시 장흥고(長興庫) 주부(主簿)로 자리를 옮기었다. 조선조의 인사정책이 그렇지만, 한 자리에 오래 머물지 못하고 사무를 익히고 상황파악을 할 만하면 옮기곤 하였다.

장흥고 주부로는 꽤 오래 있었다. 1년 3개월이 지났는데도 자리가 바뀌지 않고 통리교섭통상사무아문(統理交涉通商事務衙門 : 外衙門) 주사(主事 : 구한국 때 각 관청에 딸렸던 판임관 벼슬) 겸임을 발령 받았다.(1883, 고종 20, 계미)

그해 늦은 봄(4월 19일) 또 한 분의 어머니 정부인(貞夫人) 달성서씨(達城徐氏)상을 당하였다. 이에 상기(喪期)가 끝날 때까지 거동을 삼가며 그간 부족하다고 느꼈던 학문을 보완하고, 글씨를 더 익히며 시간을 보낼 요량으로 준비하였다.

---

6   조선시대 부(府), 원(院), 시(寺), 감(監), 창(倉), 서(署), 고(庫), 부(部)에 두었던 종6품 낭관(郎官) 벼슬이다.

그러나 뜻밖의 일이 일어났다. 그 해 5월 어느 날 복중(服中)임에도 격외(格外)하여 기기국(機器局)[7]의 모든 일을 지휘하는 총판(總辦)[8]으로 임명되었다. 당시 국제정세로 보아 재래식 무기로는 아무런 방어수단도, 공격수단도 될 수 없다는 것을 잘 인지하고 있었으므로, 현장 파악과 새로운 무기 개발에 대한 계획을 세우고, 이왕에 나온 무기도 성능을 개선, 개발할 계획도 세워 나갔다.

3. 제물포 개항 사무

그해 7월 10일 다시 감리인천항통상아문(監理仁川港通商衙門)의 주사로 계차(啓差 : 임금에게 아뢰어 사무를 담당시키게 함)되었다. 감리인천항통상아문을 설치하게 된 배경은 1882년(고종 19) 6월 9일에 일어난 임오군란으로부터 발단이 되었다.

임오군란은 구식군대(舊式軍隊)의 봉기로 일어난 병란이다. 그해 4월 군제개혁(軍制改革)으로 대우가 말이 아니게 나빠진 구(舊) 육영(六營)과 훈련도감(訓練都監) 소속 군졸들 사

---

7   조선시대 병기, 기치(旗幟), 융장(戎仗), 집물(什物) 등을 만드는 일을 맡았던 관서.
8   통신원(通信院)의 장관인 칙임관 벼슬이다. 여기서는 기기국의 책임자임.

이에 불온한 언사가 나돌고, 이러한 불만은 13개월이나 밀렸던 봉급미(俸給米)를 지급하는데 공정치 못한 처사에 화가 난 군졸의 감정이 마침내 폭발하고 만 것이다.

한성부 육영 소속 군졸들은 군기도 문란하고 병기도 낡고 하여 한 마디로 쓸모가 없는 군대라 할 수 있을 정도였다. 조선 정부는 앞서 강화도조약 체결 당시 일본의 근대적 군대의 모습을 보고 우리도 바꾸지 않으면 안 되겠다는 신념을 갖게 되었다. 1881년(고종 18) 4월에 일본의 후원으로 별기군(別技軍)[9]이라는 신식군대를 조직하고, 그 이듬해(1882) 정월에 육영을 개편하여 무위(武衛)[10], 장어(壯禦)[11] 2영을 두기로 하였다.

그 2영의 군관과 군졸은 대우가 좋은 별기군을 미워하고, 특히 훈련도감 소속 군인들이 그 도가 더하여 금방이라도 무슨 일이 터질 것만 같았다. 게다가 국고가 바닥이 나 2영의 군졸들에게 지급하는 봉급미가 13개월씩 밀리는 형편이었다. 이때(1882년 6월 초순) 호남에서 세선(稅船) 몇 척이 서울에 들어오자 우선적으로 무위영(武衛營) 소속 훈련도감 군졸들에게 봉급미를 지급하게 되었다. 그런데 그 분배과정에서 불

---

9 1881년에 설치한 신식군대. 일본 육군 공병소위 호리모도 레이조오(掘本禮造)를 초빙하여 교관으로 삼아 100여 명으로 편성된 별기군을 훈련시켰다. 별기군은 임오군란 때 폐지되었다.
10 1881년 무위소(武衛所)와 훈련원을 통합하여 만든 것으로 주로 궁전 수비를 담당하였다. 무위영은 4영(四營)에서 우수한 병졸을 선발하여 충당하였기 때문에 대우가 좋았다.
11 1882년 총융청(摠戎廳), 금위영(禁衛營), 어영청(御營廳)을 통합하여 만든 것으로 도제조(都提調) 1명, 제조(提調) 2명 등을 두었다.

공평하다는 시비가 생겨나고, 또 선혜청(宣惠廳)[12] 관리들의 농간으로 봉급미 속에 모래가 절반이나 섞였는데, 그나마 양까지 부족하였다.

이에 격분한 군졸들이 평소 표적이 되어 왔던 대관들을 닥치는 대로 살해하고, 일본 공사관인 청수장(淸水莊)을 습격하여 불 지르고, 이 통에 일본인 13명이 살해되었다. 그리고는 돈화문(敦化門 : 창덕궁 남문)을 밀고 들어가 창덕궁 곳곳을 뒤지며 민비를 찾아내려 하였고, 급기야 고종의 은신처까지 몰려가 임금을 협박하는 사상 유례 없는 사건이 벌어진 것이다. 이때 살해된 일본인들에 대한 책임을 들고 나온 것이 제물포조약[13]이다.

제물포조약의 전말은 이러했다. 군란 때 일본 공사관이 난군에 의하여 불에 타고, 일본인 10여 명이 살해되었다. 서울에서 도망쳐, 인천을 거쳐 본국으로 돌아 간 하나부사 요시따다(花房義質, 1842~1917)[14]는 일본 정부의 강경방침으로 군함 4척, 군대 1개 대대를 3척의 수송선에 싣고 와 제물포에 상륙, 조선정부에 대하여 임오군란의 책임을 묻고 배상을 요

12　조선시대 대동미, 포(布), 전(錢)의 출납을 맡아 보던 관아. 각 지방에도 대동미 출납을 위하여 8개의 지청을 두었다. 1894년에 폐지되었다.
13　1882년 임오군란으로 인한 일본측 피해에 대한 배상문제를 다룬 우리나라와 일본 사이의 조약.
14　어려서 한학을 배우다가 후에 양식포술(洋式砲術)을 배웠으며, 유학을 떠나 불영미(佛英美)를 거쳐 1868년 귀국하였다. 1871년 조선에 들어와 한일교역에 종사하다가 1880년에 변리공사(辨理公使)가 되었고, 1882년 임오군란 때 도망쳐 돌아갔다가 나가사키(長崎)에서 군함을 타고 들어와 제물포조약을 맺었다.

구하였다.

　일본은 조선이 무력으로 대항할 것에 대비하여 후쿠오카(福岡)에 병력을 집결시키고는 하나부사에게 사건 처리에 대한 훈령을 내리었다. 그 내용은 ① 조선정부의 공식사과를 요구할 것 ②피해자 가족에 대한 부조료 지급 ③범인의 체포, 처형 및 배후자의 처벌 ④손해배상 ⑤경우에 따라 거제도나 울릉도를 할애 받을 것 ⑥조선이 성의 표시를 하지 않을 경우는 무력으로 인천을 점령할 것 등이었다.

　그러나 중국의 간섭이 있을 것을 짐작하고 조건을 완화하여 회담에 임하였으나 타결이 쉽지 않자, 회담이 결렬된 것으로 생각한 하나부사는 인천으로 물러갔다. 청나라의 마젠충(馬建忠)[15]은 사태가 악화되는 것을 염려하여 하나부사를 자중시키고, 조선정부의 태도를 완화시켜 회담을 다시 진행하도록 중재하였다.

　1882년(고종 19) 7월 15일, 제물포회담이 다시 열리었다. 조선 대표로 전권대신(全權大臣) 이유원(李裕元, 1814~88)[16]과 부관 김홍집이 나갔다. 조선의 입장으로는 불리한 협상이

15　청 덕종(德宗) 때 사람. 외국에 유학하여 영·불어에 능하였고 국제공법(國際公法)에도 밝았다. 1882년 군함 수척에 군인 4,500명을 인솔하고 한국에 들어와 임오군란을 조종한다는 구실로 대원군을 잡아 텐진으로 압송하였고, 본국에 군병을 증파할 것을 요청하여 간접적으로 한국과 일본을 위협하였다. 리훙창의 지시에 의하여 한국 대 각 국 간의 통상장정초안(通商章程抄案)에도 착수했을 뿐 아니라 한·미 인천회담, 한·영 인천회담에도 관여하였다.

16　호는 귤산(橘山), 묵농(墨農). 1841년 문과 급제하여 영의정까지 이르렀다. 1882년 전권대신으로 일본의 변리공사 하나부사 요시따다와 제물포의 가관(假館)에서 만나 선후조약 6관(善後條約 六款), 수호조규 2관(修好條規 二款)을 조인하였다.

었으나 무조건 일본이 내어 놓는 안대로 따라갈 수는 없었다. 영토문제까지 걸려 있었으니 말이다. 처음에는 합의가 어려웠으나 다소 수정을 가하여 7월 17일 본조약 6개 조항과 수호조규속약(修好條規續約) 2개 조항이 조인되었다. 이것이 이른바 제물포조약이다.

수호조규속약 제1의 "부산, 원산, 인천 각 항(港)의 간행이정(間行里程)을 금후 확장하여 사방 각 50리(조선리법)로 하고, 2년 후(이 조약 비준일로 기산하여 1년으로 함)를 기하여 다시 각 100리로 할 사"라는 규정의 후속조치를 취하기 위하여 화급히 인천에 감리인천항통상아문을 설치한 것이다.

그러나 이 일을 담당할 인재를 찾았으나 마땅히 적임자가 없었다. 우선 실무에 능해야 하고, 일인들과 부딪치면서 자세한 조규(條規) 내용을 숙지해야 하므로 일어에 능해야 했다. 결국 적임자는 동농뿐이었다. 복중(服中)인데다 어쩌면 더 중요한 기기국 총판으로 열심히 일하고 있었기에 다소 망설이기도 했으나, 다른 방법이 없어서 이곳의 실무를 전담하는 주사로 발령한 것이다.

제물포는 우리나라에서 처음 개항하는 곳이라서 외인들이 기거할 수 있는 지역 획정과 각종 항만관리규정 등을 정하느라 많은 시간과 정력을 소모하였다. 개항통상이 처음이라는데 의의를 갖고 좀 더 신경을 쓰게 된 것은 당연지사이다. 그러나 한편으로는 서울과 떨어진 곳에 나가 있어서 오히려 복이 되기도 하였다.

어떻든 철저히 준비한 결과, 8월 인천일본조계조약을 무리 없이 해결할 수 있었다. 근년 들어 두드러지게 외국과의 접촉이 잦아지면서 국내외에 많은 일들이 일어나고 있었다. 7월 인천에 부임한 후만 하여도, 10월에는 영국·독일과 수호조규, 통상장정 등을 수정하였고, 12월에는 부평부(富平府)에 기연해방영(畿沿海防營)을 설치하였다. 수없이 드나드는 외국선이 혹여 침범할 수도 있기에 미연의 방비를 위해 설치한 것이다.

다음 해(1884) 3월에는 청나라와 인천구청상지계장정(仁川口淸商地界章程)을 조인하였다. 청나라 상인들과 주민간의 마찰을 염려하여 지계를 만들어 놓을 필요에서 장정을 만든 것이다. 그리고 청나라 상인들에게 내지통상(內地通商)도 허락하였다. 또 그해 윤5월에는 이태리와 한의(韓義)수호조규를 조인하였고, 같은 달 러시아와 한아(韓俄)수호조규를 조인하는가 하면, 8월에는 한성부가 용산을 개항장으로 정하였다.

이렇게 급박하게 돌아가는 시국에도 더 급진적인 개화를 주장하는 이들이 있었다. 이른바 혁신파인 개화당(開化黨)이 이들이다. 이들은 사대파(事大派)인 수구당(守舊黨)이 집권을 계속하는 한 나라의 발전이 없고 열강들 사이에서 살아남을 희망이 없다고 보고, 계속 기회를 엿보고 있었다.

그러던 중 그해 12월 4일, 우정국[17] 개국(開局)을 틈타 거

---

17 1884년 연해(沿海) 각 항구의 왕래 서신과 국내의 우편사무를 취급하기 위하여 설치하였는데, 홍영식(洪英植)을 총판(總辦)에 임명하였다. 우정국 낙성식을 계기로 갑신정변이 일어나 폐지되었다.

고균 김옥균

사하기로 작전을 세웠다. 일본공사 다케조에 싱이찌로오(竹添進一郎)와 밀의 끝에 일본군 주둔 병력을 빌렸다. 개국 날 내외 고관을 초청한 후 이웃집에 불을 질러 혼란이 일어나면 매복한 병사들로 사대당 요인들을 모조리 암살하려 하였다.

그러나 막상 실행에 옮겼을 때에는 차질이 생겼다. 모조리 암살하려던 수구파는 민영익(閔泳翊, 1860~1914)[18]에게만 중상을 입혔을 뿐 실패하고 말았다. 김옥균(金玉均), 박영효(朴泳孝, 1861~1939)[19], 서광범(徐光範, 1859~ ?)[20] 등은 즉시 창덕궁으로 달려가 고종에게

---

18 호는 운미(芸楣). 1877년 문과급제. 여러 벼슬을 거쳐 1883년 미국 전권대신이 되었고, 1898년 찬정(贊政)으로서 보국(輔國)에 올랐다. 1905년 노일전쟁 후 상하이에 건너갔다가 그곳에서 죽었다.

19 철종의 사위. 김옥균 등과 개화당을 조직하고 1882년 수신사로 일본을 다녀왔다. 갑신정변이 일어나 일본에 망명하였다가 일본·미국의 정치를 시찰하고 귀국하여 김홍집 내각의 내부대신이 되었다가 고종폐위 음모로 다시 일본에 망명, 1907년 이완용 내각의 궁내부대신이 되었다. 한일합방 후 일본으로부터 후작을 받고 중추원 고문에 임명되었다.

20 호는 위산(緯山). 1880년 문과급제. 옥당(玉堂) 승지, 참판을 역임하였으며, 김옥균 등과 함께 사대당을 일소하고 신정을 수립하고자 갑신정변에 참가하였다가 실패하고 일본에 망명, 청일전쟁 때 귀국하여 갑오경장 후 법무대신이 되었으나 친로파에 밀려 주미공사로 나갔다가 그곳에서 죽었다.

게 사대당과 청나라 군사들이 변란을 일으켰다고 보고하였다.

　왕을 경우궁(景祐宮)[21]으로 옮겨 모시고 일본 군사들로 하여금 궁을 호위하게 하고는, 입시(入侍)하려 들어오는 윤태준(尹泰駿, 1839~84)[22], 한규직(韓圭稷, ?~ 1884)[23], 이조연, 민영목(閔泳穆, 1826~84)[24], 민태호(閔台鎬, 1834~84)[25], 조영하(趙寧夏, 1845~84)[26] 등 사대당 일파를 죽였다.

　다음 날인 12월 5일, 다시 창덕궁으로 들어 와 독립당은 각국 공사 및 영사에게 신정부의 수립을 통고하고 조각을 하였다. 좌의정에 이재선(李載先)[27], 우의정에 홍영식, 호조참판에 김옥균, 전후양영사(前後兩營使) 겸 한성판윤에 박영효, 좌우양영사(左右兩營使) 겸 서리외무독판(署理外務督辦)에 서광범을 임명하였다.

21　순조의 생모인 수빈박씨(綏嬪朴氏 : 정조의 후궁)의 사당. 1824년 북부 관광방 계동(北部觀光坊桂洞)의 용호영(龍虎營)이 있던 자리에 사당을 세우고 신위를 모셨다. 1896년 계동에서 순화방(順化坊) 옥동(玉洞)으로 옮기었다가 1908년 육상궁(毓祥宮)에 합사하였다.
22　호는 석정(石汀). 1882년 문과급제. 벼슬은 직각(直閣)을 거쳐 참판에 이르렀고, 1884년 좌영감독(左營監督)으로 있다가 화를 입고 죽었다.
23　호는 기옥(基玉). 민비 전성시대에 총융사, 어영대장을 지내고 관제개혁 때 공조판서, 지의금부사(知義禁府事) 등을 역임하였다. 1884년 우정국 낙성연에 참석하였다가 피살되었다.
24　1871년 문과 급제. 이조판서, 판돈녕부사를 지냈고, 갑신정변 때 살해되었다.
25　호는 표정(杓庭). 1870년 문과 급제. 총융사, 어영대장, 무위도통사, 대제학 등을 역임하였다. 왕가의 외척이며 사대당의 우두머리로 위세가 당당하였다. 갑신정변 때 피살되었다.
26　호는 혜인(惠人). 1863년 문과 급제. 벼슬을 두루 거쳐 어영대장, 도통사(都統使), 예조판서에 이르렀다. 갑신정변 때 피살되었다.
27　대원군의 서자. 1881년 안기영(安驥泳) 등이 민비 일파의 제도개혁에 불만을 품고 이재선을 왕으로 추대하려다 실패하여, 이재선은 제주로 귀양갔다가 거기서 사사되었다.

제3일째인 6일에는 제정(諸政)의 혁신을 논의하였다. 우선 대원군의 송환을 요구하고, 문벌을 폐하여 사민평등을 확립하고, 내시부(內侍府), 규장각, 혜상공국(惠商公局) 등 불필요한 관제를 없애는 등등이었다.

그러나 그날 오후, 웬쓰가이가 이끄는 청나라 군사 2천명이 창덕궁과 창경궁[28] 후원 일대에서 호위중인 일본군과 전투를 벌였다. 수적으로 열세인 일본군이 패퇴하고, 고종은 박영효, 김옥균의 만류를 뿌리치고 민비가 있는 북관동묘(北關東廟)[29]로 돌아갔다. 이에 김옥균, 박영효, 서재필은 후퇴하는 일본군을 따라 일본공사관으로 피하였고, 왕을 모시고 있던 홍영식, 박영교(朴泳敎)[30] 및 사관생도들은 청군에 피살당하였다. 이것이 이른바 3일천하로 끝이 난 갑신정변이었다.

동농은 갑신정변을 일으킨 사람들과 가까이 지내던 사이였다. 또한 성향도 같은 개화파의 일원이었으므로, 인천에 나가 있지 않고 중앙 관직에 있었으면 어떤 형태든 참여하지 않을 수 없었을 것이다. 정변의 주역이었던 김옥균과는 일가 아저씨뻘인가 하면, 성향이 같다보니 매우 친근하게 지내던 사

---

28 원래는 수강궁(壽康宮)이라 한다. 여러 차례 변화를 거쳐 1907년 순종의 오락장으로 설치한 박물관, 동물원, 식물원과 함께 창경원이라 개칭하였다가 창경궁으로 복원되었다.
29 무안왕(武安王) 관우를 제사하던 서울의 5묘의 하나. 명나라 신종(神宗)이 사신을 보내 임진왜란 때 관우의 영(靈)이 조선을 크게 도왔으니 묘를 세워 그 공에 보답하라 하므로 선조가 마지못하여 세웠다. 북묘는 1883년 고종이 서울 동소문안 옛 혜화전문학교 자리에 세웠다. 갑신정변 때 독립당의 홍영식, 박영교 등이 고종을 모시고 이곳에 피했다가 청군과 사대당에 잡혀 죽었다.
30 1881년 문과급제. 1884년 아우 박영효와 함께 모의하여 갑신정변을 일으켰으나 실패하고, 북묘에서 청군에 붙잡혀 살해되었다.

이였다. 박영효와도 흉허물 없이 우정을 나누었으며, 서재필 (徐載弼, 1863~1951)[31]과도 각별하게 지냈기에 인천에 있지 않았다면 정변에서 빠지지 못하였을 것이다.

정변은 실패로 돌아갔지만 전반적으로 개혁의 바람이 불기 시작하였다. 조건을 구비한 인재가 부족한 상황에서 등용의 문호도 조금씩 열리기 시작하였다.

인천항감리서 업무가 어느 정도 자리잡게 되자, 1885년(고종 22, 을유) 6월 3일 내무부(內務府) 주사로 전임되었다. 부임 후 각별한 배려로 주야 3차례나 고종을 면대하여 각종 건의를 올리었다. 그중 가장 고종의 관심을 끈 것은 전보총사(電報總司) 설치였다. 그리하여 전보총사가 설치되었고, 또 전보학(電報學)에 최우수 요원을 선발, 그들로 하여금 각국의 전보사무규정을 모아 차례로 전선을 가설하여 드디어 만국과 통신하게 되었다. 우리나라 전신이 가설된 것은 이것이 처음이었다. 이러한 공으로 우정사(郵政司) 총판(總辦)으로 임명되어 교통, 체신사무를 총괄하기도 하였다.

그해 9월, 형조정랑(刑曹正郞)으로 부처(付處)되고 내무부 주사도 겸하여서 뢰주관(賷奏官)으로 차견되었다. 가는 곳

---

31 1884년 구 한국군의 조련사관장(操鍊士官長)이었다. 갑신정변이 실패하자 일본에 망명하였다가 미국에 건너갔다. 미국에 귀화하여 시카고대학에서 의학을 전공, 박사학위를 받았다. 1894년 갑오경장 때 귀국, 독립협회를 조직했다. 구한국정부의 고문으로 있으면서 1896년 국문판 「독립신문」을 창간하고, 이 해 11월 사대의 상징물인 영은문(迎恩門) 자리에 독립문을 건립하였다. 광복 후 80세의 고령으로 귀국하여 미 군정고문으로 있다가 다시 미국으로 건너가 거기서 죽었다.

마다 탁월한 실력과 정열로 많은 성과를 이루어 내자 고종은 주의 깊게 동농을 지켜보고 있었다.

 이렇게 한 해가 저물어 가고 또 한 해가 왔다. 바로 동농이 41세 되던 해 봄, 그렇게 건의하고 바라던 꿈이 이루어졌다.

4. 대과급제(大科及第)

 1886년(고종 23, 병술) 2월 29일, 근정전(勤政殿)[32]에서 일차유생전강(日次儒生殿講)이 행해졌는데, 그때 제술(製述: 시와 문장을 지음)로써 강경(講經)[33]을 대신하게 되었다. 그리하여 진사 조병익(趙秉益)과 함께 직부전시(直赴殿試)[34]토록 하는 영예를 얻어 응제병과(應製丙科)에 급제하였다. 이로써 앞날의 환로(宦路)가 훤히 열리게 되었다. 이것은 그간 신분차별 폐지를 역설해 왔고, 또 자신의 기본실력과 언어능력, 실무능력, 충성심이 가져다 준 것이므로 본인이 두드려서 문을 연 것이라 하겠다.

---

32 경복궁 안에 있는 정전(正殿). 조선 초기부터 국왕의 즉위식이나 기타 공적 대례(大禮)를 거행하던 곳이다. 지금 건물은 임진왜란 때 불탄 것을 고종 4년(1867)에 대원군이 다시 지은 것이다.
33 경서에 통달한 사람을 뽑으려고, 과거 보는 사람이 시관(試官) 앞에서 경서 가운데 지정된 몇 대목을 강송(講誦)함.
34 조선시대 전강(殿講)·절일제(節日製)·황감제(黃柑製)·통독(通讀)·외방별과(外方別科)·권무과(勸武科) 등에 합격한 사람이 곧 복시(覆試)나 전시(殿試)에 응할 자격을 얻는 일.

대과급제한 여운은 한 달도 넘게 갔다. 본인의 기쁨도 기쁨이려니와 주위에서 각종 연회나 축하 모임들이 있었다. 그해 3월도 다 지나가는 스무 아흐렛날, 고종께서 동농의 급제를 축하하려 특별히 음악을 하사하였는가 하면, 그날 홍문관 부수찬 지제교 겸 경연 검토관 춘추관 기사관(弘文館副修撰知製教兼經筵檢討官春秋館記事官)을 제수하였다. 대과급제 후 처음으로 받는 관직으로, 문관이 받는 직으로는 요직중의 요직인지라 기쁜 하루였다.

그해 5월 29일, 내무부 주사 겸 서학교수(西學敎授)[35]로 임명되었다가 제2차 한로밀약(韓露密約)이 문제가 되어 그해 7월 열 이렛날 잠시 유배되는 신세가 되었다. 그러나 불과 8일 만에 특별히 석방되었다. 관직에 머무르는 것도 중요하지만, 변화에 적응하고 개혁을 주도해야 하는 것은 세상사를 훤히 꿰뚫어 보고 있는 동농으로서는 멈출 수 없는 사명감과 같은 것이어서 위태위태한 거동을 하지 않을 수 없었다.

그해 10월 초이튿날, 두어 달의 공백 속에 다시 관직이 제수되었다. 이 해 봄에 받았던 바로 그 자리, 즉 홍문관부수찬 지제교 겸 경연검토관, 춘추관 기사관으로 나아갔다.

10월 초열흘 근정전에서 한림(翰林)[36]을 제수받고 과거

---

35 서울 서부에 있던 사학(四學)의 하나. 그 터는 지금 중구 조선일보사 뒤 오양수산 부지이다.
36 조선시대 예문관(藝文館) 검열(檢閱)을 달리 이르는 말.

시험장의 대독관(對讀官)37)을 맡았다. 그리고 이틀 뒤인 열이튿날 주차청국천진주재종사관(駐箚淸國天津駐在從事官)에 차견(어떤 임무를 주어 보냄)되었다. 이는 중국어에 능통해야만 갈 수 있는 자리이다. 청국의 내외 동정을 살피려면, 그들과 접촉해서 대화하고 행사에 참여하면서 정보를 얻어야 하기 때문이다.

1886년 동농은 종목국 설치를 건의하였다. 건의 내용은 서양법칙으로 종식과 목축 등의 산업을 확장하려는 의도를 가지고, 서울 동쪽 마장리(馬場里)와 남쪽 청파(靑坡)에 종목국(種牧局)을 설치하는 것이었다.

국내외에서 소, 양, 말, 돼지 등의 가축과 각종 나무, 채소와 과일 등을 구입하고, 서양의 각종 기구들을 직접 들여와 경영하는 것이 건의의 골자였다. 이 건의가 받아들여져 종목국이 10여 년간 유지 경영되어 오면서 약간의 성과를 거두기도 하였으나, 시대의 변천에 따라 더 오래 지탱하지 못하고 폐지되고 말았다.

37　조선시대 전시(殿試)에 독권관(讀卷官)을 보좌하기 위하여 임명되던 정3품 이하의 시관.

4 자주외교를 위한 탈청반민(脫淸反閔)

1. 외교관 생활의 시작

다 무너져 가는 청나라이지만 그들은 아직도 조선에 대하여 종주권을 행사하려 하였다. 동농은 텐진 주재 종사관으로 가 있는 동안 많은 것을 듣고 보고 경험하였다. 열강들 앞에 갈팡질팡하는 청 정부의 허약한 모습. 결국 국가경영의 요체는 부국강병임을 몸소 체험한 것이다.

청나라 정부는 자존심은 지키려고 서양의 사신들을 중국식으로 알현하게 하고, 그들이 가져 온 선물을 중국식 문투인 조공으로 기록하여 모든 나라로 하여금 이소사대(以小事大)의 예를 갖추도록 하였다.

그러나 1842년(도광 22) 난징조약(南京條約)[1] 이후 계속하여 종이호랑이로 전락하고 있는 형편이었고, 서양인, 특히 영국인들이 마음대로 활개를 치고 전국을 누비고 다니는 형편이었으나 특별한 대책이 없었다.

　7개월 가까이 천진에 있으면서 이따금 뤼슌(旅順)[2], 베이징(北京), 옌타이(煙臺)[3] 등을 돌아다니며 중국의 정치와 사회에 관심을 갖고 유심히 관찰하였다. 그것은 동농의 생각 때문이기도 하였다. 그는 갑신정변 이후 극성스러워진 청국 주차관 웬쓰가이의 강압적인 내정간섭에 반발한 고종의 밀령에 따라 친로반청(親露反淸) 활동을 펼쳤던 탓에, 청국의 문제점을 살펴보고 앞날에 국가가 취해야 할 방향에 대하여 많은 생각을 하게 되었다.

　그러나 청나라는 전통적 사고방식을 버리지 못하고 기존의 문물제도를 고수하려는 분위기였고, 일부 도회지를 제외하고는 새로운 문물에 대하여 접하지 못하고 있는 실정이었다. 뿐만 아니라 백성들의 생활은 비참하기 짝이 없었다. 소작농은 포조(包租)[4]를 견디지 못하여 도망하거나 파산하는 경우가 비일비재한 형편이었다.

1　아편전쟁의 결과 1842년 난징에서 영국과 청나라 사이에 맺은 조약. 쌍강을 영국에 할양하고, 광동, 싸먼(廈門), 푸조우(福州), 닝포(寧波), 상하이를 개항하고 대영전비(對英戰費) 배상금 등을 합의한 조약이다.
2　중국 랴오링성의 한 도시. 1879년 청조의 군항이었으나 청일전쟁으로 일본이 점령. 후에 러시아가 조차(租借). 노일전쟁 뒤 다시 일본이 해군기지로 쓰다가 1905년 러시아군이 중국에 반환하였다.
3　중국 싼뚱반도 북안에 있는 항구도시. 보하이 해협을 사이에 두고 랴오뚱반도와 대치하고 있다.
4　흉년 풍년과 관계없이 일정량의 소작료를 내야 하는 제도.

동농은 이러한 형편과, 성시(城市)에 살고 있는 관원과 소시민의 현황, 서구 열강의 실력이나 그들의 세계를 어느 정도 파악하였다.

1887년 5월 2일, 주천진 종사관에서 체직되어 돌아 와 쉴 틈도 없이 5월 16일 흠차(欽差) 주차일본공사관(駐箚日本公使館) 참찬관(參贊官)으로 임명되었다. 이후 본국의 관직을 가지면서 겸대(兼帶)하여 판사대신(判事大臣)을 맡아 일본을 드나들거나, 아니면 도쿄에 머물기를 5년간이나 하였다.

고종은 반청 친구미(反淸親歐美) 외교노선을 잘 받들 인물을 물색한 결과 동농으로 낙점하였다. 그리하여 고종은 청나라의 간섭을 배제하고 조선의 자주독립성을 내외에 과시하고자 일본 도쿄에 우리 역사상 최초로 주차일본공사관을 설치하고, 동농을 주차일본공사관 참찬관에 임명하였다.

고종은 민씨 척족들과 소장파 개화 관료들을 중용하여 권력기반을 공고히 하면서, 한편으로는 열강의 세력균형을 통하여 청의 간섭을 견제하고자 대외적으로 사절 파견을 적극 추진하였다. 그 첫 시행으로 도쿄에 공사관을 설치하고, 평소 살펴 본 결과 충신(忠信)하며 애타봉공(愛他奉公)의 정신이 투철한 동농을 보내어 주일공사(駐日公使) 민영준을 보좌하되, 공사가 잠시라도 공서(公署)를 비우거나 휴가차 본국에 돌아 갈 때에는 대신 직무를 수행하라는 밀령을 별도로 내리고 있었다.

처음 설치하는 공관이라 업무상 어려움도 많았을 것이라

생각되지만, 고종의 확실한 훈유를 받고 간 터이라 한결 어깨가 가벼웠다. 고종이 주일공사 민영준과 참찬관 김가진에게 내린 훈유의 개요는 다음과 같았다.

①일본과 분규를 만들지 말고 친목, 호화를 도모하도록 하며, 만약에 분규가 일어나면 타협을 할 것
②본국 사정에 관계되는 사안은 즉시 보고할 것
③견문을 넓히고 두루 신문을 열람하여 일본정부와 인민들의 사정을 소상히 보고할 것
④일본 주재 각국 사절들과 친밀하게 교유하여 각국 사정을 보고할 것

이밖에도 중요 임무가 많았다. 이것은 오늘날 같으면 담당 부서가 있어 자연스럽게 직무가 주어지지만, 그때만 해도 처음 생긴 공관이라 사람에 비해 임무가 너무 많았다. 위 네 가지 임무만 하여도 영어, 일어, 중국어 정도는 해야 감당할 수 있는 사안들이다. 동농은 이러한 조건을 갖춘 당시로서는 최고 인텔리이었던 것이다.

위의 훈유 외에도 갑신정변을 일으켰다가 실패하고 일본에 망명해 있는 김옥균, 박영효 등의 동태를 수시로 파악하여 보고하는 일이 있었다. 서울에서 뜻을 같이 하였으나 인천에 나가 있었던 관계로 정변에 가담하지 않았던 동농으로서는 어려움이 많았다 그러나 군명을 어길 수 없는 일이라 인간적인

고민은 이루 말할 수 없었던 것이다.

그밖에도 일인 도벌꾼들이 울릉도 삼림을 불법 채벌하였기 때문에 이들의 징벌 요구와 목재 환급을 요청하는 일, 근대식 기계와 서적 구입, 유학생들에 대한 편의제공, 일본 경유 외교사절 접대, 사무에 능한 외국인 발굴 추천 등 잡다한 일들이 많았다. 게다가 주일공사 민영준이 국서만 봉정하고 곧바로 귀국하였기 때문에 공사관 운영은 동농의 몫이었다.

동농은 원래 친로반청했던 사람이고, 또 텐진에 7개월 주재하면서 청국의 사정을 보아 온 터라 청국에 비하여 깨끗하고, 예절바르고, 서양문화를 수용하여 근대 과학문명이 발달하였고 하여 일본과 제휴 내지 일본의 개화를 본받을 만하다고 생각하였던 듯하다. 어찌하든 주일 외교활동의 궁극적 목표는 반청 자주독립을 실현하는 것이었다.

1887년(고종 24, 정해) 5월 16일, 주차일본공사관 참찬관 동농은 주일공사 민영준과 같이 도쿄에 도착하였다. 민영준은 국서만 봉정하고 귀국하였고, 동농은 사관(使館)을 도쿄 고지마찌(麴町區)에 정하고, 태극기를 걸고 절모(節旄)[5]를 세워 위의를 갖추었다.

그해 6월 12일 귀국하여 그간의 사관 설치와 도쿄의 일본 관리들의 동정 등의 보고를 겸하여 고종을 알현하고, 7월에는 흠차주차일본국서리관리대신(欽差駐箚日本國署理辦理大臣:

---

5 임금이 사자에게 주는 기(旗). 모우(旄牛)의 꼬리털을 깃대에 달아매었던 데서 생긴 말.

임금이 보내는 사신)으로 명을 받고 일본으로 떠났다. 작년에 처음 일본으로 갈 때에는 황황히 떠났으니 이번에는 여유가 있는 부임 길이라 여러 곳을 돌아보면서 도쿄로 간 듯하다.

시모노세키(下關)[6]에 도착하여 「到下關作 : 시모노세키에 도착하여 시를 짓다」란 제목의 칠언절구(七言絶句) 한 편이 있는데, 그 내용의 대강은 다음과 같다.

늙은이 한 일없이 무료하게 지나다가
천풍(天風 : 하늘 높이 부는 센 바람)이 나를 보내어 영주(瀛州)[7]에 도착했네.
영주는 아득한데 읍중에 신선굴(神仙窟)이 있다하니
문득 신선을 만나고자 구주(九州)를 향하네.

뒤의 다른 시구에 날짜가 적혀 있는 것으로 보아 9월 기망(旣望) 이후인 듯하다.

9월 18일 아키타(秋田)씨의 세이카원(棲霞園)에 들려 시 가지를 내려다보면서 「下關秋田氏所居棲霞園 : 시모노세키 아키타씨 서하원」이란 시를 남겼다.

---

6 일본 야마구찌현(山口縣) 남서단의 도시. 일본 나라 굴지의 어업기지이며 교통·상업의 요충지.
7 삼신산(三神山)의 하나. 동해안에 있으며 신선이 살고 있다고 함.

씻은 듯한 정자 하나 허공에 솟았는데
기이한 나무 아름다운 꽃 낭원(閬苑)과 같네
누가 알까 시가지의 집들은 다닥다닥 잇대어 있는데
오직 서하원만이 반공중에 떠있구나.

9월 19일 다시 시모노세키에 들려「下關漫吟 : 시모노세키에서 생각나는대로 읊다」한 수를 지었다.

지난 해 절모(節旄)를 세우려 올 때 이곳을 지났고
오늘은 좋은 경승지(景勝地)를 찾아 많이도 돌아 다녔네.
대저 인생이란 자기 마음에 맞으면 따르나니
영고성쇠를 물을 필요 있을까?

위 시구로 보아 두 번째 부임지로 가던 길임을 알 수 있다. 9월 20일에는 타이세이관(大成館)에서 하룻밤을 자고 주인에게 칠언절구 한 편을 써 주고 떠났다.

적마관(赤馬關) 앞의 현해심(硯海潯)에
대성 높은 관(館)이 날개 편 듯 서 있네.
주인이 나를 반기어 더 있기를 청하자
한가로이 비이올린 한 곡을 감상했네.

9월 23일은 고쿠라(小倉)를 지났거나 고쿠라에서 일숙

자주외교를 위한 탈청반민(脫淸反閔) 135

(一宿)한 것으로 보인다. 이곳에서 지은 「 … 梅屋旅館 : 매옥여관」이란 시 한 편이 남아 있다.

  소창의 형승은 옛 웅번(雄藩)에 있으니
  물화는 풍부하고 백성들은 많아서 즐거운 일 또한 많구나.
  슬픈 생각 품은 사람은 보이질 않고
  눈 속의 기러기 두 발톱은 흔적이 없네.

10월 1일 벳푸(別府)온천에 도착하였다. 풍광과 수질이 좋기로 이름난 곳이어서 시심도 더 왕성해진 듯하다. 「별부온천(別府溫泉)」라는 시 한 편을 지었다. 벳푸는 지금도 온천으로 유명하다.

  별부온천은 천하에 드문 곳이라
  내가 이곳에 와서 노니다가 돌아가기를 잊었네.
  바다와 산은 아득하고 구름과 파도는 한없이 다가오는데
  무한한 풍광(風光)에 붓 잡아 휘둘렀네.

이튿날(10월 2일)도 벳푸에 있었던 것 같다. 또 시 한 수를 지었다.

  학은 옛 항만 변두리 산꽃에 보이고
  천맹여관(千甍旅館)은 중천(中天)에 솟아 있구나.

농사짓는 이도 베 짜는 이도 없는데 백성들은 모두 부유하니
땅의 틈 사이에 쏟아 오르는 샘이 보상을 해주는구나.

10월 3일에도 벳푸에 머물렀는데, 아마 여관은 옮겨 다닌 듯하다. 이 날 마이오쿠(米屋)여관에 묵으면서 주인에게 시를 한 편 지어 주었다. 시제(詩題)는 「증미옥주인(贈米屋主人 : 미옥여관 주인에게 주다)」이라 하였다.

시가지 동쪽 서쪽에는 생황(笙篁)과 노랫소리 요란스러운데
목욕하고자 오는 관광객은 날로 달로 늘어나네.
내 그대 집 좋은 정원에 머물며
아름다운 뭇 신선의 땅을 소리 높여 읊었네.

위의 시 말미에 세자(細字)로 '벳푸 여관 중에 미옥과 월명자(月名子) 두 여관만 기악(妓樂)을 두지 않고 오직 신사(紳士)들만 받는 것으로 이름이 나 있다'고 적었다.
10월 9일은 사세보(佐世保) 군항에 들렸다.

이 땅엔 좌세보 군항이 웅대하여
스스로 군항을 이루었구나.
천척의 함대가 주둔하고 있어서
고래 같은 파도에도 끄덕 없구나.

위 시 옆에 '삼가 이어(俚語) 일절(一絶)을 오우메이수이 대인(鳴翠大人)의 글에 부응해서 썼다'고 적었다.

10월 10일, 해군 공창(工廠)에 들렸는데, 그 소감을 시로 남기었다.

구름 덮인 산이 항만을 에워싸서 넓어 보이고
고각(鼓角)을 울리니 바다도 큰 물결 일지 않네.
군창(軍廠)의 공인들도 장마를 대비하고
기이한 것을 궁리하고 지극히 묘한 기술을 먼저 완성하기에 힘쓰는 구나.

10월 11일, 오우메이수이(櫻鳴翠) 소장댁 초대연에서 지은 시 2구(句)가 있다. 그날 저녁 6시에 초대를 받아 지었다. 제목은 「櫻鳴翠少將宅措宴作 : 오우메이수이 소장댁 초대연회에서 짓다」인데 첫 구는 다음과 같다.

진(鎭)을 지키는 영중(營中)에 어진 이를 돕고자
멀리서 와 서로 방문하니 기이한 인연이 다했구나.
오늘 밤 천 번 돌린 술에 취하는 것도 사양치 않고
바다와 산에 나는 진미가 비단 돗자리 위에 가득하구나.

두 번째 구절은 다음과 같다.

좌세보의 향내 나는 술은 여행을 아름답게 하고
은근히 나를 맞이하는데 진정한 정이 보인다.
다시 현명한 배려로 우례(優禮)를 베푸니
여행중 우연히 만나 한 집안 식구 같이 되었네.

10월 12일은 오우메이수이가 아들을 얻어 기뻐하는 날이어서 「명취대인 농장지경(鳴翠大人弄璋之慶)」이라는 제목으로 아래와 같이 읊었다.

일생 착한 일을 한 것이 높은 산처럼 쌓여서
하늘이 그대 집에 경사를 많이 주었구나.
어젯밤에 길몽인 웅비(熊羆 : 곰과 큰곰)의 꿈을 꾸었으니
뜰에 가득한 옥매화(玉梅花)가 가지까지 더하였네.

10월 14일은 사세보 근처의 관광지를 간 듯하다. 천연으로 안경을 쓴 것 같은 바위 메가네가(眼鏡巖)를 보고 시를 남기었다. 시제는 「안경암」이다.

억겁을 지나 기이한 바위로 환생하여
천연 쌍안경이 되었나.
어느 때 거인을 만나서
높이 걸려서 멀리멀리 바라볼거나.

또 세이가사(淸巖寺)에 들러 후구이시간온(福石觀音)을 보고 다음과 같은 구절을 남겼다. 시제는 「청암사복석관음」이다.

큰 바위가 성과 같이 둘러 있고
그 가운데 관음사(觀音寺)가 있도다.
도(道)는 중생의 복이니
모두가 관음보살이 주신 것이다.

10월 24일 사세보에서 중구(重九 : 음력 9월 9일)를 맞아 회포를 쓴 사율(四律)이 있다. 시제는 「佐世保重九書懷 : 사세보에 중구를 맞아 회포를 쓰다」이다.

예전 노니던 길 부상(扶桑)[8]은 움직이고
이번에 여기 오니 귀밑 서리만 희어졌네.
만리 떠나 온 사행(使行)은 옛 꿈속을 헤매는데
구주(九州)[9]의 풍물들은 새로운 장(章)에 들어섰네.
누대(樓臺)는 가지런히 늘어서서 선경을 열었는데
선함(船艦)과 대둔(臺屯)은 국방을 위해서일세.
애오라지 누른 국화주 한 동이를 시켜
아름다운 형승과 대작하며 중양에 취해버렸네.

---

8   동해 한 가운데 있다는 큰 신목. 또는 그 신목이 있다는 곳.
9   옛날 우(禹)가 전국을 아홉 개로 나누었다는 행정구획.

일본에 체류하는 동안 시서(詩書)를 통해 시우(詩友)도 만들고, 글씨를 요구하는 이가 있으면 글씨도 써주고 하면서 많은 지식인과 관리 등을 만났던 것이다. 카와쿠보(川久保) 같은 인사는 1887년 처음 도쿄에 사관을 마련할 때 만난 시우(詩友)인데, 그의 나이 81세였다. 또 가마야(釜屋)라는 사람도 눈에 띤다.

청나라는 조선을 속방으로 여기고 있었기 때문에 조선이 일본에 영사관을 두는데 대하여 환영하지 않았다. 동농은 청나라의 태도가 못마땅하였다. 간섭할 것과 아니해야 할 것을 구분 못하고, 또 시대에 뒤떨어져 자기 나라도 제대로 감당하지 못하는 주제라 아무리 좋게 보려고 하여도 좋게 볼 수 없었다. 이런저런 일들로 동농은 확고한 반청 자주독립의 실현이라는 목표 달성을 위해 노력하기로 결심한 것이다.

그러나 더 중요한 것은 임금의 명을 받고 그 명을 욕되지 않게 하는 것(不辱君命), 그리고 국체를 손상시키지 않는 일(無損國體)을 신조로 삼고 있었으므로 항상 청국과는 마음에 들지 않는 일로 부딪치게 되었다.

동농은 거동을 할 때에는 반드시 예(禮)로써 하고, 일을 처리할 때에는 반드시 신(信)으로 하였다. 이는 교육을 받는 동안 몸에 익혀진 것으로 항시 유념하였던 것이다. 또 일본인 중 식자(識者)들은 통신사[10] 내왕 시 조선의 상절(上節) 인사

---

10 조선시대 일본으로 보내던 사신. 고종 13년(1876)에 수신사(修信使)로 고쳤음.

들의 학문이며 글씨에 대하여 익히 알고 있었던 관계로 접근 자체도 신중을 기하였던 것이다.

2. 주차일본국 판사대신(辦事大臣)
   - 반청활동

1887년 정사 민영준이 귀국하고, 혼자 남아 사무 처리를 하던 동농은 일을 핑계로 주일청국공사 리슈창(黎庶昌)을 만나지 않고 버티었다. 이를 문제 삼아 웬쓰가이가 조선정부에 압력을 가해 왔다. 부득이 이듬해 3월 리슈창을 찾아보았다.

1887년(고종 24, 정해) 12월, 주차일본국판사대신(駐箚日本國辦事大臣)으로 폐차(陛差)되면서 한결 활동하기가 쉬워졌다. 일하는 솜씨가 뛰어났기 때문이었던 것이다. 1889년(고종 26) 3월, 웬쓰가이의 강압적인 내정간섭에 반발한 조선정부가 웬쓰가이 퇴진운동을 벌였다. 리흥창의 완강한 반대와 웬쓰가이의 저지공작에도, 동농은 그해 11월 주일 청국공사 리슈창에게 웬쓰가이의 소환을 공식 요청하는 문서를 전달하였다.

한편 일본정부는 일처리와 사상, 그리고 학식이 뛰어난 조선의 외교관과 가까이 해 둘 필요성을 느꼈다. 그리하여 1888년(고종 25, 무자) 일본 명문귀족의 딸을 동농의 소실(小室)로 삼도록 소개한 것이다. 이시가와 시요우(石川鐏: 조선 이름 金

淑倫)가 그녀인데, 그녀는 1889년 12월 14일 이시가와 세이코(石川靜子)를 낳았다.

또 그해에 일본 궁내성 상훈국(賞勳局)으로부터 대일본제국헌법발표기념장(大日本帝國憲法發表

대례복을 입은 동농

記念章 : 勅令 第103號)을 받기도 하였다. 이러한 것은 당시 의국 사절에 대한 관행적인 배려에 불과하지만, 청국의 견제나 방해에도 불구하고 일본은 나름대로 장기적인 포석을 깔고 있었던 것이다.

1890년(고종 27, 경인) 윤2월, 청나라의 경제적 불이익을 염려하여 평양 개항을 반대하는 웬쓰가이에 대항, 인천과 황해도의 철도(鐵島)간 윤선(輪船) 왕래를 위한 조약체결을 시도하기도 하였다. 또 그해 가을에는 고종의 지시로 오스트리아 공사 비겔레벤(B.R.de Biegeleben)과 비밀리에 수교협상을 추진하였다.

청국공사와는 공석에서 맞부딪치기도 하였다. 어느 모임에서 청국공사 왕펑쟈오(王鳳藻)가 "동양의 독립국은 청국과 일본뿐이다"라고 하자 동농은 자리를 박차고 연단으로 나아가 비분강개한 어조로 "조선은 당당한 독립국이다. 오랜 역사와 사직(社稷)을 가지고 있는 독립국이다. 누가 황탄무계(荒誕無稽)하게 우리를 욕하고 타국에 예속되었다고 하는가?"라고 반박하였다.

1890년 10월 경 일본 외무대신 아오키 슈즈(靑木周藏)와의 대화에서도 평소의 지론이 잘 드러나고 있다. 아오키가 청국의 조선국왕 책봉, 속방 칭호, 조선국왕의 중국 사신 출영, 웬쓰가이의 조선 내정간섭 등을 들어서 조선을 반독립국이라고 하자, 동농은 정색을 하고 "조선은 요(堯) 임금 때부터 국가와 임금이 있었다. 설혹 중국에 패하였더라도 이제까지 한 번도 지배받은 적이 없다. 중국과의 사행은 실익은 조선이 챙기고 중국은 명분만 가져간다. 조선국왕은 일언일령(一言一令)을 자주(自主)한다"고 항변하였다.

동농은 일본에 파견된 지 4년 되던 해(1890, 고종 27) 1월 22일 귀국하여 고종을 소현(召見 : 왕명으로 불러 정사에 관한 의견을 들음)하였다. 고종은 일본의회(日本議會)에 관하여 지대한 관심을 보였고, 군사에 관해서도 알고자 하였으며, 오스트리아가 우리와 조약을 맺고자 한데도 관심을 보였다. 이때 일문일답한 기록을 보면 다음과 같다.

"4년이나 이국(異國)에 나가 있었는데 무사히 잘 돌아왔소."

"마마께서 잘 거두어 주셔서 무사히 잘 다녀왔습니다."

"들으니 일본 대신들을 교체한다고 하던데, 지금 과연 차대(差代)하였는가?"

"그 나라 내무대신 야마가타 아리모또(山縣有朋)는 총리대신을 겸하였고, 외무차관 아오키 슈즈(靑木周藏), 농상무차관 간무라 토우진(巖村通俊)이 대신으로 폐차(陛差)되었습니다."

"민회(民會)라고 하는 것이 있는 모양인데, 과연 그러한가?"

"있습니다. 국정을 의논하는 것인데, 금년 겨울에 설립되는데 의원(議院)이라 합니다."

"조선 사신이 들어가는데 저 사람들의 대하는 것이 어떠하였는가?"

"갑신년(1884) 이후 우리나라에 서로 맞지 않는 것이 없습니다. 우리나라 사절을 일본에 둔 이래로도 마찬가지입니다."

고종은 여러 방면에 관심이 있어 많은 질문을 하였다. 고종의 질문을 정리해 보면 그 관심사를 엿볼 수 있다.

— 공관(公館)을 매입하여 정했는가?
— 일본이 모국(某國)과 약조(約條)를 정한다고 하던데

정말 그러한가?
　- 각국 공사가 일본에 와 있는 자가 얼마나 되는가?
　- 오스트리아(澳地利) 서기관이 우리나라에 오고자 한다던데, 무슨 일로 오려고 하는가?"
　- 샴 모국(某國)은?
　- 그들의 옷의 색깔은 어떠한가?
　- 그들의 모양새가 서양인 같다고도 하고 또 아시아인 같다고도 하던데 그런가?
　- 꽃피는 봄, 단풍 드는 가을에 유람객이 모여든다고 하던데, 일황(日皇)도 나와서 어울리던가?
　- 일본이 새로 지은 궁궐은 과연 장려(壯麗)하던가? 몇 곳의 건축양식을 모았다던데 어떻던가?
　- 그렇다면 궁궐은 굉장하겠네.
　- 오사카(大阪)와 도쿄는 얼마나 떨어져 있던가?
　- 일황의 자녀는 몇이나 되던가?
　- 일본 황태자는 금년에 나이 몇 살이던가?
　- 학교에 입학하였던가?
　- 일황이 근래 어느 곳에 유람 갔던가?
　- 그들의 군무(軍務)와 재용(財用)의 규모는 얼마나 되던가?
　- 일본국의 재부(財簿)는 대장성이 관령(管領)하던가?
　- 일황은 몇 번이나 만났는가?
　- 돌아올 때 일황을 만났던가? 별다른 말은 없었던가?

미국 배를 탔던가?
― 미국 함대의 제독은 우리나라에 매우 마음을 쓰고 있으니 고맙구나.
― 미국 전함이 고우하마(洪濱)에 있는 것이 얼마며, 군사는 얼마나 되나?
― 지금 오는 미국 배는 어느 곳으로 간다고 하던가?
― 4흉(凶)들은 지금 어느 곳에 있다더냐?
― 혹 공관(公館)에 와보지 않았느냐?
― 더욱 흉악하구나.
― 그들 처소와 조선관(朝鮮館)과의 거리는?
― 그렇다면 멀리 떨어져 있겠구나.
― 러시아 사람들이 나가사키(長崎 : 나가사키 현 소재지. 도쿠가와 시대의 유일한 무역항)에 군사를 주둔시켰다는데 과연 그런가?
― 이와 같이 강하다면 비록 러시아라 할지라도 당할 수 있을까?
― 서기관 유모(兪某)가 혼자 있는가?
― 자네는 여러 달 다른 사람들과 같이 있지 않았다면서? 그간 병이 있어서?
― 공관에 머물고 있는 수행원이 3,4명이나 있지만 얼마의 기간이 지난 뒤에나 쓸 수 있을 것이다.
― 그곳에 있는 동안 의식(衣食)이 모두 어려운데 의복이 식사보다 더 어렵다?

이처럼 고종의 관심은 밑도 끝도 없이 쏟아졌다. 동농의 국왕과의 만남과 국왕의 호기심을 충족시켜주는 행위가 집권 민씨 일파들에게는 좋게 보이지 않았던 것 같다. 게다가 동농이 민씨들의 부패와 무능에 대하여 못마땅하게 여기고 대단히 비판적인 태도를 가지고 있음이 드러나자 그를 지방으로 내몬 것이다.

지방관(地方官)으로

1. 여주목사(驪州牧使)에서
   안동대도호부사(安東大都護府使)로

다시 일본으로 돌아가 막 집무를 시작하려던 무렵 여주목(驪州牧)으로 부임하라는 명이 도착되었다. 그러나 일본에서의 직무를 완전히 떼어버린 것도 아니었다. 교지(敎旨 : 4품 이상 관리에게 주던 사령장)의 내용이 여주목사 겸 진관병마첨절제사 겸 내무부사참의 겸대판사대신(驪州牧使 兼 鎭管兵馬僉節制使 兼 內務府使參議 兼帶辦事大臣)이다. 여주목사라는 본직 외에 군직(軍職), 중앙직, 외교관직까지 겸대하였으니, 사람은 필요로 하는데 자기들은 좋아하지 않으니 내쫓아야 하겠다는 용심에서였을 것이다.

여주목사로 일단 부임해야 하기에 귀국길에 올랐다. 1890년 2월 3일, 막 대신으로 폐차된 외무차관 아오키 슈즈가

지방관(地方官)으로 149

송별의 글을 보내왔고, 또 그에 대한 회답은 정월 28일로 되어 있다. 이는 음력 양력을 혼용해 썼기 때문일 것이다. 초대장이나 중요한 일을 알릴 때는 꼭 양력 O일, 음력 O일로 썼다. 그리고 그 답서의 항외(項外)에 "다시 말씀드릴 것은 서리(署理 : 다른 사람의 직무를 대리함) 유군(兪君)이 일을 맡은 지 얼마 되지 않아서 일 처리에 어려움이 있을 듯 하오니 두루 보살펴 주기 바랍니다"라는 내용이 적혀 있다.

2월 22일 긴토우 신죠(近藤眞鋤)가 초대하여 모임에 참석하였고, 3월 5일 미국 흠차대신(欽差大臣) 단시모(丹時謨)가 만찬에 초대하여 참석하였다. 또 단시모가 4월 25일(음력 3월 7일) 저녁을 하자는 초대장을 보내왔으나, 그날은 여주 임소(任所)로 출발해야 하기 때문에 대단히 미안하오나 시간이 없어 참석하지 못하겠다는 답서를 보냈다. 그리고 여주 임소로 돌아온 것이다. 이때 주차일본국판사대신이라는 겸직을 수행하기 위하여 일이 있을 때마다 일본을 오갔던 것 같다.

그해 가을 고종의 지시를 받아 주일 오스트리아 공사 비겔레벤(B. R. de Biegeleben)과 비밀리에 수교협상을 추진하기도 하였다. 그러나 민씨들은 동농을 여주에 두는 것도 못 미더워 안동으로 내 몰았다. 짧은 기간 여주목사로 있으면서 승경지도 돌아보고 백성을 위해 세 조정도 하였다. 신륵사(神勒寺 : 여주군 북내면 남한강변에 있는 절) 구룡루(九龍樓)에 들려 시를 짓기도 하였다. 시제는 「신륵사 구룡루 앞의 사람들 운(韻)에 차운(次韻)하다」이다.

용은 스스로 날아 오르고

물은 스스로 흐르고

물가에는 오직 구룡루만이 있네.

참선하는 옛 탑에는 겨울 철새만 날아 내리고

수많은 세월 속 황폐한 비석은 수심만 비추고

고려시대 찬란한 문화 절집에 다 있고,

나옹선사(懶翁禪師)[1]의 의발(衣鉢)은 창주(滄洲)에게 전해졌네.

만약에 동대주(東坮酒)에 오래 취했다고 가르쳐 주었다면

다시는 신선의 뗏목 타고 해상놀이 않으리.

신륵사에 기거하던 인암(忍庵)이란 고승과도 알고 지냈던 것 같다. 그에게 보낸 오언절구(五言絶句)는 다음과 같다. 시제는 「인암상인에게 부친다」이다.

하룻밤 텅 빈 강에 내리는 눈은

멀리 있는 선사(禪師)를 생각나게 하네.

관리생활 청빈하여 드릴게 없어

애오라지 새로운 시나 지어 다시 부치네.

---

1   고려 공민왕 때의 왕사(王師). 초명은 원혜(元惠). 속성(俗姓)은 아씨(牙氏), 호는 나옹, 강월헌(江月軒). 중국 서천(西天)의 지공(指空)을 따라 심법(心法)의 정맥을 이어 받음. 고려 말 선종의 고승으로써 조선조 불교에 크게 영향을 미쳤다.

또 청심루(淸心樓)²⁾에 올라가 여강(驪江) 주위를 바라보며 혼쾌한 시간을 보낸 듯 칠언율시(七言律詩)를 남기었다. 시제는「청심루」이다.

십년 세월 분주히 보내면서 온갖 실마리만 만들었는데
청심루에 올라가서 즐겁게 한바탕 웃었네.
시제(詩題) 찾아 연자탄(燕子灘) 물가에 서서
용문(龍門)에 술 들고 눈 온 뒤의 산을 바라보네.
대로(大老)의 사당(祠堂)은 찬 빛이 비추어 있고
영릉(英陵)³⁾의 송백(松柏)들은 저녁 구름에 가려 있도다.
승지(勝地)는 유배되어 내려 온 사람에 의한 승지이고
속된 관리는 이러한 한가로움을 얻기에 능숙해졌네.

목사라서 명승지만 찾아다닌 것은 아니었다. 부임 불과 1년도 못되는 기간이지만, 목사직 외에 진관병마첨절제사와 참의내무부사, 그리고 주차일본국판사대신까지 4역을 하면서도 여주목민에게 할 일을 다 한 것이었다.

당시 민폐가 많아 원성이 드높던 도결(都結)⁴⁾을 혁파하여 원래의 세법(稅法)으로 돌리고, 또한 각종 민폐를 없애서

---

2 여주군 서남쪽 남한강변의 마대(馬臺) 위에 있는 누정.
3 세종대왕과 비 소헌왕후(昭憲王后)의 능. 광주에 있던 것을 예종 원년(1469)에 여주군 능서면으로 옮기었다.
4 조선 말기에 고을 아전들이 공전(公錢)이나 군포를 사사로이 축내고, 그것을 채워 넣으려고 결세(結稅)를 정액보다 많이 덧거리로 물리던 일.

백성들을 구해 주었다. 여주목민들이 바라던 일을 바로 해결하여 주었으므로 백성들이 고마움을 돌에 새겨 칭송하기에 이르렀다.

1891년(고종 28, 신묘) 3월 22일, 안동대도호부사(安東大都護府使)로 전출되었다. 동농으로서는 여주보다 더 지내기가 좋은 곳이기도 하였다. 동농이 안동으로 가며 남긴 시「부임안동부(赴任安東府)」를 보면 애환이 뒤섞인 심정을 알 수 있다.

> 궁궐에서 임금님께 하직할 때 줄지어 선 관리들을 뒤로 하고
> 채찍 휘둘러서 남으로 내려 와 성주(聖主)님의 근심을 나누었네.
> 타고 갈 가마에 매우(梅雨)가 부슬부슬 좋은 벗이 되어 주었고
> 가마 덮개가 엎치락뒤치락 하며 조령(鳥嶺)[5]을 넘었네.
> 꽃은 날 깨우치려 하고 옛 밭둑에는 꽃향기도 새로운데
> 재주를 부리다 벌 받음은 아버님을 이었네.
> 강산은 예나 다름없으나 인정은 이미 변해졌으니
> 관배(官盃)를 잡고 땅거미 질 무렵 난간에 기대 서 있구나.

---

5 새재라 불린다. 경상북도 문경시와 충청북도 괴산군 사이에 있는 재. 높이 1017m이며, 흔히 문경새재라고 한다.

안동은 조상 때부터 살아오던 터전이고, 아직 소산(素山)에는 서윤공(庶尹公)이 지은 종택(宗宅)이 있다. 계축년(철종 4, 1853) 아버지가 안동부사로 부임해 어머니와 같이 와서 생활하던 곳이고, 또 어머니의 성장지이자 묘소가 있는 곳이기에 감회가 깊었다.

변화무쌍한 서울 생활보다는 이제 조금 뒤를 돌아보기도 하고, 앞날에 대한 구상도 해 볼 수 있게 되었다. 숨 가쁘게 살아온 중년의 나이인지라 휴식도 필요하였기에 오히려 잘 되었다고 생각했다.

업무 파악이 끝나자 어머님 묘소에 참배하고, 어머니 묘지를 허락해 준 봉정사 극락전에 들려 예불하고 다소의 시주도 잊지 않았다. 주지 스님의 각별한 환대에 못 이겨 노전(爐殿)에 들려 차 한 잔을 하고 온다는 것이 늦어져 점심까지 먹게 되었다. 주지 스님이 넌지시 말했다.

"사또께서는 명필이라고 소문이 자자합니다. 가능하다면 현판 하나만 써 주실 수 있겠습니까? 원교(圓嶠 : 李匡師, 1705~77)[6]체든, 미불(米芾, 1051~1107)이나 동기창(董其昌, 1555~1636)[7] 어느 체든 좋습니다."

가만히 듣고 있던 동농은 속으로 '내가 이 절 경내에 어

---

6   조선 후기 명필. 진(眞), 초(草), 전(篆), 예(隸) 각 체에 능하였고, 원교체(圓嶠體)라는 독특한 필체를 이룩한 조선 서법예술의 공로자였음.
7   명나라 때의 화가, 문인. 호는 사백(思白). 행서, 초서에 능하였으며, 남화(南畵) 완성에 공이 많음.

머님을 모실 수 있게 되었는데, 아무 것도 절을 위해 한 것이 없고, 늘 가난하게 살아 온 터이라 재물을 보시한 것도 없으니 이 기회에 절에서 원하는 것을 들어 주는 것도 마음의 빚을 갚는 방법이겠구나' 생각했다.

"스님이 원하시니, 아직 서툽니다만 써 보겠습니다."

사또의 말씀이라 수행 아전들이 먼저 나서서 지필묵을 재촉하였다. 아마 이 절과 관계가 있는 사또가 부임한다는 소식을 듣고, 부임하면 필시 자기 어머니 묘소에 들릴 터이고, 또 절에 들리지 않고 갈 리 없다는 판단에서, 기회가 되면 부탁드릴 요량으로 지필묵을 준비하고 있었던 것이다. 사미(沙彌 : 아직 수행을 쌓지 않는 소년 승려)가 들고 나온 지필묵은 모두 새것이었다.

"주지 스님, 어찌하여 모두 새것만 가져왔소?"

"저희가 사또의 부임 소식을 듣고 기회가 되면 부탁을 드리려 준비했습니다."

"소식 하나 빠르이. 앞으로 정보 문제는 봉정사에 맡겨야 되겠소이다."

주지 스님은 동농의 호탕한 웃음에, 아예 절의 이름을 동농의 글씨로 하여 걸게 하면 더 빛이 날 것 같았다. 동농은 이 절과 관계도 깊었고, 당대의 명필이며 본읍의 사또가 직접 오료(午療 : 점심 요기)까지 들면서 절 이름을 썼다는 소문이 나면, 억불숭유의 시대지만 소인유(小人儒) 정도는 감히 행패를 부리지 못할 것 아닌가 하는 계산도 하였다. 주지 스님은 '天

燈山鳳停寺'라 써서 넌지시 내밀었다.

"우리 절의 일주문(一柱門 : 기둥을 한 줄로 세운 문) 위에 걸려고 합니다."

차를 한 잔 마시고 있는 동안 사미와 수행 아전이 열심히 먹을 갈아, 검은 먹이 푸르스름한 빛을 띨 때에야 동농은 "이제 그만하면 되겠네. 그만 갈게나" 하며 소매를 걷어붙이고 큼직한 붓을 벼룻물에 풀기 시작하였다.

어느 정도 붓이 풀리자 먹물에 붓을 옮겨 먹을 묻히기 시작하였다. 모두들 혹 연습을 하고나서 쓰시려나 하며 숨을 죽이고 들여다보고 있었다. 그런데 사방 지문으로 눌러 놓은 팽팽한 한지(韓紙)에 단숨에 '天燈山鳳停寺' 6자를 써 내려갔다. 담대하고 거침없는 필력으로 쭉 써 내려갔으나 글씨의 강약과 대소가 나무랄 데 없이 편안하고 안정되었다. 그리고는 기명(記名)을 하고는 붓을 놓았다.

"어디 남들이 웃지나 않을지 모르겠소."

주지 스님은 동농의 기분으로 보아 더 부탁을 드려도 되겠다 싶어 "기왕 쓰시는 김에 문루(門樓)에 걸 '德輝樓' 석자만 더 써 주셨으면 고맙겠습니다" 하면서 합장(合掌) 배례하면서 "나무아미타불" 이라 하니,

사또가 웃으며 "나는 아미타불이 아니고, 오늘은 그저 절을 찾아 온 시주(施主 : 중이나 절에 베풀어 주는 사람)로만 대해 주시오. 부탁대로 하겠습니다" 하며 또 단번에 '德輝樓' 세 자를 썼다. 자연스러우면서도 듬직한 현판 글이 씌어졌다.

시조 묘단도 참배하고, 재사인 이상루(履霜樓)에 올라 주변도 돌아보았다. 걸음을 재촉하여 소산에 들려 옛날 아버지와 함께 갔던 청원루(淸遠樓)를 방문하였다. 청음 할아버지도 청나라를 싫어하여 누호(樓號)마저 청원루라 하였는데, 어찌하여 지금 나도 청나라를 싫어할까?

그때나 지금이나 상황이야 마찬가지지만, 우리가 조금만 정신 차려 개화하고 개혁을 하면 얼마든지 자립 자주의 길을 갈 수 있으리라 생각하면서 부청으로 돌아왔다. 오랜만의 느긋한 하루였다. 생각만 하고는 이 일 저 일로 참배하지 못했던 어머니의 묘소를 대과급제하고 대관이 되어서 찾았으니, 일면으로는 감개무량하였고, 일면으로는 자식 된 도리의 만분의 일이라도 했다는 생각에 마음이 편해졌다.

이따금 찾아오는 일가들과 외갓집 친척들과 한가로이 시간을 보내기도 하였다. 그러나 이러한 시간도 잠시일 뿐 또 임무가 떨어졌다. 동농은 일본에서 판사대신으로 일본 관리와 진신(縉紳)들은 물론 주일 외국공사들과도 원만한 관계를 쌓아 모든 사안을 무리 없이 처리하였던 것이다. 그러나 다른 사람으로 바꾸었더니 일 처리가 전과 같지 않아 부득이 전관이 명관이라는 평이 나돌았다. 고종은 일본에 파견할 인물을 찾아보았으나, 이구동성으로 일본 관계는 김가진이 최고라는 것이었다. 안동까지 밀어내 놓고, 겸대시키기가 좀 그렇긴 해도 방법이 없었다.

그리하여 그해 5월 13일자로 판사대신(辦事大臣)을 겸대

(兼帶)하라는 명이 내려졌다. 동농은 국왕에게 고별인사나 고신(告身)도 하지 않고 곧바로 안동에서 일본으로 건너가 공사(公使) 일을 보게 하였다. 이때 청국의 조선속방화정책(朝鮮屬邦化政策)과 맞물린 '영약삼단(另約三端)'의 취소를 주일 청국공사 리징방(李經芳)에게 요구하였다. 한편으로는 오스트리아 공사와 수호조약 체결을 협의하고 9월 21일 귀국, 고종을 소견하고 다시 안동부로 돌아 왔다.

특명주차일본전권대신으로 임명되어 일본을 드나들면서, 도중에 관부에도 들리고 명소도 구경했던 듯하다. 일본에서 귀국하면서 남긴 몇 편의 시가 남아 있다.

다음은 대구부(大邱府) 경상감영에 들려 술대접을 받고 돌아오면서 지은 시다. 시제는 「대구부」이다.

하늘과 땅이 열려 이루어진 옛 산하
태백산이 남으로 뻗어 제1관(關)을 이루었네.
인물은 북동서로에서 모여 들어
나라의 울타리로 72성이 둘러져 있구나.
관아에 아리따운 여인 저자엔 생황과 노랫소리 시끄럽고
관찰사 영중에 고각(鼓角)이 한가로이 걸려 있도다.
문득 안동에 새로 부임한 부사가
석류꽃 피는 계절에 취하여 돌아가는구나.

또 영남의 유명한 누각인 밀양 영남루(嶺南樓 : 밀양강 언덕에 있는 누각)에 올라 사방의 형승을 살펴보고 지은 「영남루(嶺南樓)」라는 시문도 눈에 띈다.

> 높고 낮고 마르고 젖은 곳에 말을 달려 조령(鳥嶺) 밖에 나온 몸이
> 명루(名樓)에서 글 짓는 핑계로 잠시나마 한가한 사람 되었네.
> 서늘한 기운 감도는 어둑한 언덕에는 대나무만 무성하고
> 가을 맞은 방주(芳洲)에는 태반이 마름일새.
> 푸른 물가 난간에는 천년만년 된 달이 걸려 있고
> 홍장(紅粧)한 여인의 노래와 춤은 사시사철 봄이로세.
> 해마다 승지(勝地)를 밟는 곳은 모두가 영주(瀛州)와 봉래(蓬萊)
> 그대에게 주고 또 가려는 곳도 진짜인지 분별해낼 것일세.

영남루가 너무 아름다워서인지, 제목이 똑같이 「영남루(嶺南樓)」인 시 한 편이 더 있다.

> 남쪽으로 내려오면서 형승이 풍족하여
> 또다시 영남루에 올랐네.
> 강군(江郡)이라 천호(千戶)는 구름에 덮여 있고
> 고기잡이 고장이라 달은 배 한 척인 듯하구나.
> 산천은 비단 조각에 그림 그려놓은 듯
> 풍속은 순박하여 시 읊고 노래하는 것을 보는구나.

밤에는 생황과 노래 소리에 취하여

부평초 같은 신세 땅속으로 스며들 듯한 감정을 탄식하누나.

1891년 6월, 흥선대원군(興宣大院君, 1820~98)[8]과 일본에 망명하고 있던 김옥균, 박영효 등이 일본인 오가와 마꼬또(小川實)를 매개로 연대하여 민씨 일족을 몰아내고 정권장악을 기도하였다. 당시 일본에 있던 동농과 안경수(安駉壽, ?~1900)[9], 권재형(權在衡) 등이 인천우체국장 요시다(吉田)로부터 이 소식을 듣고 김옥균, 박영효를 만난 뒤 그들의 모의에 참여하기로 결심한 듯하다.

그 모의 내용은 무엇이었는가? 대원군은 민씨 척족의 정치참여를 못 마땅하게 여기고 있던 터라, 기회만 오면 자기 마음대로 간택하여 왕후 자리에 앉힌 민비까지도 갈아 치울 태세였다. 권력은 이렇게도 무서운 것인가? 대원군은 박영효, 김옥균에게 일본인 지원병 200명을 모집하여 인천으로 쳐들어 올 것을 종용하였다. 조선에서 소요사태가 일어나면 청국이 북양함대(北洋艦隊)를 출동시켜 민씨 척족의 거두(巨頭)들을 체포, 중국으로 압송하고, 청국이 자신과 김옥균, 박영효에

---

8   고종의 생부. 이름은 하응(昰應). 호는 석파(石坡). 고종이 12세에 임금이 되자 섭정(攝政)이 되어 국가의 실권을 장악하여 서원 철폐, 법전 편찬, 경복궁 중건 등을 이루었고, 쇄국정책을 고집하였다.
9   지혜가 많은 모사(謀士). 1894년 동학란 때 민영준과 같이 수습에 진력하였고, 군국기무처를 둔 뒤 정부에 들어가 경무사(警務使)가 되었다. 그 뒤에도 여러 차례 경무사가 되었으며, 1893년 고종의 양위를 꾀하다가 발각되어 일본에 망명하였다가 1900년 귀국하여 사형을 받았다.

게 정사를 일임할 것이라는 계산이었다. 그러나 그해 9월 박영효, 김옥균이 대원군의 제안을 거절함으로써 이 계획은 무산되고 말았다.

1891년 3월 22일, 동농이 안동으로 전출가기 직전의 상황이 세비지 랜도어(Anold H. Savage-Landor, 1865~1924)[10]의 『고요한 아침의 나라 조선』(신복룡·장우영 역, 집문당, 1999, pp.176~78)에 잘 그려져 있다.

> 나는 운 좋게 김가진이라는 조선의 거물 정치인과 잘 알고 지냈는데, 실내에서 항상 말총 두건을 쓰고 있는 그의 모습을 그려 주기도 했다. 그는 박학다식하고 재기가 출중하였으며 내가 만난 수많은 외교관 중에서도 가장 뛰어난 외교관이었다. 아무리 애를 써도 그를 쩔쩔매게 할 수 없었다. 질문에 대답하면서 그보다 더 예리하고 철저하게 준비하여 대응하는 사람을 나는 일찍이 본 적이 없었다. 그는 한때 조선의 사절로 일본 막부(幕府)에 파견되었는데, 매우 짧은 시간에 일본어를 완벽하게 숙달하였다. 그는 중국어에도 아주 능통하였다. 나는 그가 쉽게 영어 단어를 암기하고 있다는 사실을 알았는데, 그는 공부를 시작한지 며칠이 되지 않아 아주 짧은 시간에 영어를 이해하고 읽었을 뿐 아니라 어느 정도 의사소통도 했다.

---

10 이태리 플로렌스 출신. 파리에서 미술 공부를 하고 세계 각지를 여행하였다. 극동 여행은 일본·중국·조선이었는데, 이때의 견문을 적은 것이다.

세비지가 그린 동농 초상화

김가진은 다재다능할 뿐 아니라 대단한 용기와 독립심을 가지고 있었기 때문에 왕의 측근의 대부분 간사하고 모함을 일삼는 관리들은 종종 그와 국왕이 마찰을 일으키도록 유도하였다. 그는 아직도 자신의 머리가 어깨 위에 붙어 있다는 사실이 매우 경이로운 일이라고 익살맞게 이야기했다. 그것은 너무나 당연했고 다른 사람은 엄두도 못 낼 일이었다. 열렬한 개혁가였고 서구문명을 극찬하였다. 그의 가장 큰 희망은 이야기로만 숱하게 들어왔던 영국과 미국을 방문하는 것이었다. 그러나 이상하게도 대화를 나눈 바로 다음 날 아침 그는 사소한 예의에 어긋나는 행동 때문에 왕명으로 먼 지방으로 귀양을 갔다.

동농의 탁월한 외교능력, 뛰어난 외국어 실력, 문제해결 능력, 개혁성향, 서양문명에 대한 동경, 민씨 척족들과의 좋지 않은 감정 등을 엿볼 수 있는 자료이다.

외교관으로 나선 것은 문과에 급제했던 1886년 10월 10일, 주차청국천진주재 종사관으로 차견된 것이 처음이었다.

청나라에서 7개월여 근무하면서 정보수집 실력이나 대인관계에 있어서도 탁월한 능력이 인정되어 텐진주재 종사관에서 체직되자마자(1887년 5월 2일) 곧바로 주차일본공사관 참찬관으로 임명되었다.(1887년 5월 16일)

그때 같이 떠났던 정사(正使)는 국서(國書)만 전하고 돌아오게 되었고, 그는 참찬관으로 서리판리대신(署理辦理大臣) 사무를 보다가 다시 판사대신(辦事大臣)으로 승진되었다. 1890년 정월, 귀국하라는 명을 받고 돌아와 일본의 동태를 보고하였고, 1891년 7월에 부임하였다가 그해 9월 또 귀국하여 복명하였고, 1893년 3월에 체일, 5년간 공사간 신중한 처신을 하였다.

뒷날 동농의 회고에 의하면 출입에는 반드시 예(禮)로 행하였으므로 욕되지 않게 하려 노력하였고, 임금의 명을 봉행하려 할 때에는 믿음으로 행하여서 국체(國體)의 손상이 없게 하였으며, 사람을 사귈 때는 합당한 우의로 돈밀(敦密)하게 하였었다. 이는 지금도 외교관들이 갖추어야 할 덕목(德目)인 것이다.

일본에 체류하면서 서양인들과 접하고, 그들을 통하여 서구문명의 우월성을 인정하면서 일본이 이들의 문화를 어떻게 수용하여 자기 것으로 만들었는가를 주의 깊게 관찰하여 왔다. 특히 정치, 법률, 군제, 사회, 농상공업 등을 관찰하였다가 귀국 후 우리의 개혁과제로 하려 하였다.

1892년(고종 29, 임진)은 오랜만에 부사로서 집무할 수 있었던 것 같다. 그때까지만 하여도 농사가 그야말로 천하지 대본(天下之大本)이 되어, 풍년이 들어야 농업경제에 바탕을 둔 국가도 부국이 되고, 백성들도 함포고복(含哺鼓腹 : 무사태평함을 말함)하는 것이다. 그런데 이 해에는 6월 내내 비가 내리질 않아 하루가 멀다 하고 사또가 뛰어 다니며 기우제(祈雨祭 : 비 내리기를 비는 제사)를 올리러 다녔다.

2. 목민관의 역할을 다하다

동농은 1892년(고종 29, 임진) 2월 26일, 모병에 대한 고시를 붙이었다. 국가에 군제가 있고 군사가 있었지만, 무사로서 기초가 되는 신체조건이나 애국심 등의 부족으로 있으나마나 한 군대였다. 관리들은 부패하고 양병을 외면하는 조정이었으니, 임오년 군란(1882, 고종 19)과 같은 일이 일어난 것이다. 그러나 조정은 이렇다 할 쇄신책을 내어 놓지 못하고 지지천연하다가 분위기를 바꾸어 보겠다는 생각에서 전국적으로 초모(招募)를 한 것이다.

초모문 내용을 보면, 일단 신체조건, 모집하는 이유, 애국충정이 있는 자를 뽑으려 했다. 이 고시문은 전국 각 읍에 똑같은 내용이 게시되었을 수도 있고, 아니면 이런 취지의 공문만 있고 고시문은 각각 달리하였을 수도 있다.

우선 지용과 체력이 남보다 뛰어난 사람으로 선발한다.

모집하는 이유는, "시대는 바야흐로 만국이 자웅을 다투어 약육강식시대로 접어들고 있다. 우리나라는 바다의 한쪽에 치우쳐 있는 나라로써 시국의 가장 뒤쪽에 살고 있으나 역시 각국과 통상조약을 맺고 있기 수십 년이 되었다. 범선(帆船)이나 화륜선이 순식간에 만 리를 달리기 때문에 푸른 눈과 붉은 털을 가진 서양인들이 아침저녁으로 우리와 한 곳에 있게 되어 우리의 보화를 저들이 모두 가져 가려고 우리의 단점을 저들이 모두 엿보고 있다. 또 우리를 속여서 옭아매어 손을 쓸 수 없게 되어 몰래 아픔을 겪고 있다. 그리하여 조정에서는 뛰어난 인재(超倫之材)를 모아 무술을 연마시켜서 국가 위기에 대처하겠다"는 내용이었다.

그리고 마지막에는 관망하지 말고 속히 응모하여 달라는 분부까지 하였다. 얼마가 응모하여 중앙으로 보내졌는지는 알 수 없지만 상당한 지원자가 있었을 것이다.

1892년 2월 12일은 향교에서 문성왕(文成王 : 공자)에게 춘향(春享)을 올리는 날인데, 사또로써 장의를 뽑는 자리에 참여하였다. 그때 풍북면(豊北面) 현애리(玄厓里)에 살고 있는 족제(族弟) 김봉진(金奉鎭)을 호천(呼薦)하여 뽑고, 또 한 사람은 버쟁이[法田]에 살고 있는 진주 강진영(姜進永)을 선임하였다.

그러나 거주지 때문인지 여러 차례 강진영이 업무를 제대로 수행하지 못해 봉진이 혼자 그 임무를 맡아 매월 삭망(朔望)에 혼자 배알하게 되자, 사또가 늘 수고한다고 위로하곤 하였다. 이렇게 혼자 장의의 직무를 수행한 것이 3~4개월 되었다고 한다. 이때만 하여도 향교가 제 구실을 못하고 있다는 것을 짐작할 수 있다.

신교육기관인 서양식 교육시설이 설립되기 시작하여 여태까지의 과거를 위한 한문교육보다 영어, 일어, 중국어 등 과거 역관이나 필수적으로 공부해야 할 학문이 지식층이나 관료사회에도 필요하게 되었다. 이는 곧 사회변천의 한 단면을 반영한 것이라 하겠다.

그러자 지방교육기관인 향교가 제일 먼저 퇴락하기 시작한 것이다. 더구나 학문 연마의 궁극적 목적이라 할 과거마저 1894년 갑오경장으로 폐지되고 말았으니, 안동 향교의 정황은 폐지 전야의 단면을 보여준 것이다.

장의란 원래 성균관 재생 중에 으뜸가는 사람이다. 재(齋)는 성균관 유생이 기숙하는 숙사로 동·서재가 있으며, 재생은 자치활동이 허용되어 그 대표자로 장의를 선출, 재회를 주관케 하였다. 이때 안동 향교에도 재생은 몇 있었던 듯한데, 성균관에서 뽑는 재생 대표와는 다른 역할을 하였다.

우선 선출방법이, 재생이 아니라 지방 거주 반족 중에서 유망자를 부사 주관 하에 뽑았다는 것, 1명이 아니고 2명이었다는 것, 4개월 정도 복무하고 후임이 정해지면 귀향한다는 것, 하는 일이 삭망에 대성전에 공자 위패를 배알하는 일과 부사 출타에 수행기록을 맡거나 조석 문후와 같은 일을 하는 사람으로 전락한 것이다. 다만 부 내에서의 지위는 부사, 주사 다음으로 세 번째였다.

5월 13일, 많은 선비들을 영호루(映湖樓)[11]에 불러 모아 그들과 같이 한바탕 풍류를 즐기었다.

5월 25일, 국가의 명을 받들어 서애(西厓) 유성룡(柳成龍, 1542~1607)의 사당에 제사를 올렸다. 유성룡은 일찍이 퇴계 이황(李滉, 1501~70) 문하에서 학문을 익혀 문명이 있었으며, 1567년(명종 22) 문과에 급제한 뒤 여러 벼슬을 거치면서 많은 업적을 남겼다.

좌의정 재직시 선조가 명장을 천거하라 하자 권율(權慄, 1537~89), 이순신(李舜臣, 1545~98) 등을 추천하여 뒷날 나라의 간성이 되게 하였다. 1592년 임진왜란이 일어났을 때는 왕을 모시고 송도에 이르러 영의정이 되었으나 곧 사퇴하였다. 평양에서는 난리로 소동을 일으킨 난민들을 진정시켰다. 당시 조정에서는 북행을 주장하는 신하들이 많았으나, 홀로 의주파천을 고집하여 후일 명나라 군사의 도움을 받을 수 있는 길을 열었다.

관서도체찰사가 되어 백성들을 진무하고 군량을 준비하다가 이여송(李如松, ?~1598)을 만나 평양 지도를 주어 전투의 편의를 제공하였다. 또 일본 간첩 수십 명을 잡아 죽여 적의 연락을 끊게 하였으며, 훈련도감을 두어 군사훈련을 강화시키기도 하였다. 1604년(선조 37) 호성(扈聖功臣)에 책록되

---

11 안동 시내에 있는 누각.

었다.

이런 공이 있어 나라에서는 불천위(不遷位 : 나라에서 신주를 영원히 사당에 모시도록 하가하는 것)를 허락하고, 기일에 국왕이 제문을 내려 그 공적을 찬양하였다. 이 해의 제사도 방백으로써 지낸 것이다.

5월 26일, 돌아오는 길에 소산(素山) 삼귀정(三龜亭)에 올라갔다가 청원루(淸遠樓)를 돌아보고 양소당(養素堂)에 들려 좌정하였다. 다시 역동(嶧洞)에 가서 판관공(判官公)과 장령공(掌令公) 양위(兩位) 묘소에 성묘하고 부청으로 돌아왔다.

3. 정성을 다한 기우제(祈雨祭)

조선 말기까지만 하여도 산업이라는 것이 농업이 모두였다. 고래로 '농자천하지대본야(農者天下之大本也)'라 하여 농업을 중시하였다. 뿐만 아니라 흉년과 풍년은 모두 하늘이 주재하는 것으로, 흉년이 드는 것은 곧 하늘이 치자(治者)의 부덕을 징벌하는 것이라 믿어 왔다. 그러므로 흉년이 들 징조인 가뭄에 대처하기 위하여 천지신명에게 기우제를 올리고, 군왕 이하 지방 관료까지 근신하였다.

원래 경북 동북 내륙지방은 과우지로 우량이 다른 지역에 비하여 적은 편이다. 동농은 안동대도호부사로 임명되었어도 주일본판사대신을 겸대하고 있어서 일본에 머물렀었다. 귀국하여 본격적으로 부사 직무를 수행하려는 차에 가뭄이 심하여 신경을 쓰지 않을 수 없었다.

오뉴월이 되면 모심기가 끝나야 할 무렵인데도, 날마다 높새바람이 불고 하늘은 구름 한 점 없이 찌는 듯한 더위가 계속되었다. 관속들의 권유도 있고, 또 민심을 수습해야 할 임무도 있고 하여, 전통적으로 내려오던 영험이 있는 산과 강의 기우단에서 기우제를 올리기로 하였다.

기우제는 1892년 6월 15일부터 시작하였는데, 제일 먼저 사직단(社稷壇)을 찾아 갖은 제물과 격식을 갖추어 제사를 올렸다. 정부에서 문범(文範)으로 만들어 준 기우제문이 운도 맞지 않고 뜻도 합당치 않아 동농은 규장전운을 사용하여 다시 축문을 지었다. 그리고 그날부터 술과 고기를 금하고 채식만 하였다. 술과 고기가 상에 올라오면 모두 수행원들에게 물려주고, 동농 자신은 차만 마셨다. 기우제에 정성을 다하려는 의지에서 나온 것이지만, 수행원들은 그 뜻을 눈치 채지 못하였다.

6월 18일, 관왕묘(關王廟)에서 사직단 기우제와 같은 식으로 경건히 목욕재계하고 제사를 올렸다. 그날 기우에 관한 책자를 살펴보다가, 전임 부사였던 선친이 남긴 기록에 기우제의 순서가 있음을 발견하고, 단소를 찾는 순서를 선친(應均)이 행하였던 대로 따라 시행하기로 하였다.

6월 21일, 지금까지 사직단과 관왕묘에 제사를 올렸으나 날씨가 조금도 변화가 없자, 이번에는 안동, 예천 접경에 위치한 학가산(鶴駕山)에서 제사를 올리기로 하였다. 산속에 있는 광흥사(廣興寺) 승려들이 식사도 준비하고 길 안내도 하는 등 수발을 들었다. 험하고 높은 산꼭대기에 제단이 있어 시간에 맞추어 제사를 올리느라 어려움이 많았다.

6월 22일, 학가산이 험하고 높아 오르고 내려오는데 너무 고생이 심하여 다리에는 알통이 생기고 얼굴은 퉁퉁 부어올랐다. 그러나 그냥 물러설 수 없다고 생각하고 다음 예정지인 선농단(先農壇)으로 가 제사를 올리기로 하였다. 제방 길을 따라 곧바로 단소에 도착하였다. 큰 나무가 하늘을 가리고 있어 다른 곳에 비하여 비교적 쉬웠으나 쓸쓸한 높새바람은 그치지 않고 폭염은 마구 내리쪼였다.

6월 24일, 산에 제사를 지낸 뒤에는 반드시 내에 제사를 올려야 하기 때문에 선어연(仙魚淵)에 갈 것이니 준비하라 명을 내렸다. 그간 여러 곳에 제사를 올리느라 지칠 법도 한데 조금도 흐트러진 자세가 아니었다. 오직 정성으로 제사를 올린다면 어찌 신령인들 감동하지 않으랴. 일찌감치 선어연에 도착하여 기다렸다가 밤쑤[栗藪] 아래 새로 설치한 제단에서 시간을 맞추어 제사를 올리고 묘동정사(慕洞精舍)에 들어가 숙박하였다.

6월 26일, 영남산(嶺南山)에 제사를 올렸다. 날씨가 몹시 더워 모두 쓰러질 지경이었다. 망원경으로 사방을 둘러보니 큰 물줄기인 낙동강도 끊어질 듯하고, 넓은 들판은 온통 하얗게 변하여 푸른빛이라곤 찾을 수 없었다. 동농이 "이는 내가 허물이 있어 이런 것이오"라고 하자 수행원들은 "어찌 이런 말씀을 하십니까? 영감님 부임 이래 아무런 일도 없어서 선정을 하신다는 소리가 고을 밖에서도 들립니다. 허물이라니요?" 라고 응대하였다.

6월 27일, 갈라산(葛羅山)으로 기우제를 지내러 떠났다. 동농은 더운 날씨에도 정복을 입고 산말령에 설치된 영소(靈所)에 도착하였다. 날씨는 조금도 변화가 없었다. 정시에 제사를 올리고 나니 밤이 깊어 인가에 내려오기가 어려워졌다. 포장을 두르고 산에서 모두 잤다. 기온이 너무 내려가 모두 괴이한 추위를 견디기 어려워하였다.

6월 29일, 그날 역시 뜨거운 해는 솟아오르고 쓸쓸한 높새바람은 그치지 않았다. 부의 북쪽 40리 지점에 있는 조골산(照骨山)으로 향하였다. 동농은 역시 정복을 입고 떠났다. 가는 길목인 봉정사 오른쪽 화원동(花垣洞)에 모친 묘소가 있는데, 산지기 신위장(辛衛將)이 성묘를 청했으나, 공적으로 기우제에 정성을 쏟고 있는 중인데 사사로이 성묘할 수 없다면서 그냥 지나쳤다.

윤6월 2일, 마지막으로 먼 길을 나섰다. 가장 영험하다는 태백산(太白山)에 가서 기우제를 올리기 위함이다. 150리나 되니 하루에는 도저히 불가능한 거리이다. 도중에 비가 내리다가 그치고, 내렸다는 것이 겨우 한 호미자락만큼 내렸다. 비가 오락가락하자 동농은 더 안절부절하였다. 이번이 마지막 제사가 되어야 한다고 생각했기 때문이다. 제문도 손수 쓰고,

몸가짐도 더 신중히 하였다.

제례를 마치고 창노(唱奴)를 시켜 돼지머리를 영천(靈泉)에 버리게 하였더니 희한하게도 갑자기 구름이 일어나 하늘을 가득 덮었다. 동농이 종자들에게 "관아를 출발할 때 두 곳에 제사지낼 제수를 준비하였으나, 이번 치성에 정성을 다하였으니 하늘의 감응이 있을 것 같으면 어찌 다시 올리기를 기다리겠는가?" 하면서 그 다음날 출발하였다.

도중에 신각을 넘기자 여태까지 채식만 고집하던 분이 고기를 먹었다. 이제 재계의 시간이 지났기 때문이라고 설명하니, 종자들이 모두 놀랐다. 매번 목욕재계하고, 꼭 제사시간을 지키고, 고된 행차도 내색하지 않음을 보고 관료의 모범이라 칭찬이 자자하였다. 게다가 도중에 엄청나게 많은 비가 쏟아지자, 관민 모두가 "명사또가 우리를 살렸다"고 외쳤다.

윤6월 10일, 20여 일간 기우제를 지내기 위해 고생한 종자들과 마을 대표들을 영호루와 낙동강 백사장에 모아 놓고 그 동안의 노고를 치하하는 연회를 베풀었다.

"오늘 이 연회를 연 것은 우리 부민(府民)과 같이 즐기려는 것이니, 음식이 별로 차린 것이 없더라도 주량에 따라 마시기를 바라오."

날이 저물어 갈 무렵, 누각 위에 있는 사람과 백사장에 앉아 있는 사람들에게 참외 한 개 씩을 나누어 주도록 하였다. 마을 대표들은 일제히 "사또님 감사합니다" 라고 외쳤다.

또 특별히 부른 농부들에게는 술 2통씩을 골고루 나누어 주었다. 부로(府老)들이 동농 앞에 나와 절하면서 고마움을 표하였다.

"요행히 현명하신 사또님께서 적극적으로 정성을 들인 덕분에 단비를 내리어 우리 백성이 살아갈 수 있게 하셨으니, 사또님의 하늘같고 바다같은 은택을 말씀드리기 어렵습니다."

"비는 올 때가 되어 내린 것이오. 어찌 나의 치성 때문이겠소?"

이 말씀을 마지막으로 주회(酒會)를 끝내고 먼저 수레에 오르자 장의와 주사가 그 뒤를 따랐다. 비가 충분히 온 뒤라서 낙동강 푸른 물 위에는 물새가 떼 지어 날고 넓은 들녘에는 새싹들이 쑥쑥 돋아났다. 모두들 비가 오질 않았다면 농작물이 이같이 소성(蘇成)하였겠는가 하면서 돌아갔다.

4. 지방관직을 마무리하고

윤6월 12일, 김봉진이 동헌에 들어가니, 동농은 술잔을 들고 장의를 옆에 앉으라며 "내가 먼저 마셨네" 하면서 통인 권규흡(權奎洽)에게 '장의에게 술을 따라 드리라' 하였다.

"사또께서 매번 저에게 후하게 대접하시니, 황공하여 몸 둘 바 없습니다."

"그게 무슨 말인고? 오늘 요행히 잉어회가 생겼는데, 이것을 보고 하늘이 비를 내려 줄 것 같은 생각이 들었는데 내

어찌 혼자 먹을 수 있겠는가?"

친히 젓가락으로 잉어회를 반으로 나누어 다른 그릇에 담아 장의에게 주면서 대작(對酌)하였다. 술이 몇 순배 돌았는지 모를 정도로 많이 마시다가 장의가 다시 동농 앞에 꿇어 앉아 말하였다.

"사또께서는 늘 이 막걸리[濁醪]를 마십니까?"

"나는 본래 소주(燒酒)를 즐겨하지 않으나, 이 몇 달 기우제를 올리는 동안 그 술에 빠져 있었기에 술이 익는 동안 입맛이 변했던 것 같네. 그러나 조금 취하는 것은 그대로라네."

"저는 본래 술을 잘 마시지 못합니다. 술을 마시면 존전(尊前)에도 일어나 앉거나 혹은 얼굴이 빨개질까봐 걱정이 되옵기에 조심합니다."

동농이 웃으면서 "그게 무슨 관계가 있는가?" 하면서 한 잔씩 더 나누어 마시었다.

윤6월 14일, 새로 선임된 장의 홍태유가 왔다. 김장의와 홍장의가 함께 사또인 동농 앞에 와 인사하고 그 후부터 윤6월 24일까지 김, 홍 두 장의가 같이 관아를 드나들었다.

윤6월 23일 밤, 김장의가 혼자 관아에 들어가 사또께 인사드리고 "내일 집으로 돌아갑니다"라고 말씀드렸더니 동농은 장의에게 그간의 노고를 치하하였다.

"이번에 와서 고역을 겪은 것은 말로 다 할 수 없구나. 비록 그러하지만 그대는 향교에 큰 공을 세웠네."

"제가 향교에 무슨 공이 있겠습니까?"

"자고로 향교의 임원은 꼭 이와 같은 고역이 없다고 생각해 왔는데, 이번에 얼마나 많은 고생을 했는가? 어찌 공이 없다고 하겠는가?"

다음 날 헤어지는 자리에서 동농은 김장의에게 "어느 날 오겠느냐?" 물었다.

김장의가 대답을 드렸다.

"제가 집을 비운 기간이 오래 되어 여러 가지 일이 쌓였을 것입니다. 빨리 일을 처리하고 또 이번 기우일기가 완성되면 와서 뵙겠습니다."

동농은 농사 걱정을 하였다.

"오늘 날씨 하나 좋으이. 금년 농사는 외적인 문제는 어떨지?"

김장의가 대답하였다.

"서리 문제만 해결되면 보통은 될 것입니다."

동농은 그 말을 받아 낙관론을 폈다.

"일찍 서리가 내릴까 걱정하지 말라. 내가 조골산에서 빌 때, 비렴(飛簾 : 바람을 맡은 풍신)을 해외로 쫓아 버려서 풍재는 영원히 없앴으며, 태백산에서 고축(告祝)하여 흰 기러기를 변경 밖으로 물러나게 하였으므로 서리는 멀리 갔을 것이다. 비록 다른 사람이 말하지 않더라도 같이 고생한 땅에 대하여 어찌 정리상 논하지 않으리."

"사또께서는 시절에 대하여 훤히 들여다보듯 알고 계십니다. 집으로 돌아가겠습니다."

동농은 두 번 세 번 따라 나와 김장의와 송별하면서 "그 오겠다는 때가 되면 오게나."

김장의는 "예, 예" 하고 대답하면서 부아(府衙)를 나와 향교로 갔다.

김장의는 고향으로 돌아가 얼마 동안 김사또를 모시고 기우제를 지낸 내용을 자세히 적어, 「임진(壬辰) 6월 기우일기(祈雨日記)」라 한 책자를 그해 7월 10일 사또께 바치었다. 사또의 상경일자가 멀지 않았다는 소식 때문에 속성한 것이다. 김장의가 부아에 들어가 사또께 책을 올리었다.

책을 받은 동농은 "춘부장(春府丈 : 남의 아버지의 존칭)의 미신(美愼 : 남의 병의 존칭)은 좀 어떤가?" 하고 김장의 아버지의 안후를 먼저 물었다.

"오래된 병환이라서 차도가 없어 민망합니다. 사또께서는 안녕하셨습니까?"

"공무상 감독하고 고쳐야 할 사안들이 많이 밀려들어 여가가 없었으나 내가 상경한다는 소식을 듣고 자네가 꼭 올 것이라는 생각을 하였네."

"제가 사또님을 모시고 지낸 날이 불과 몇 개월밖에 안되지만, 임기가 다 되어 가는군요. 이제 사또께서 부사직에서 체직(遞職)되시면 어느 곳에서 백성들에게 선정을 베풀 것인가요? 원컨대 사또께서는 백성들이 못생기고 어리석은 자질을 가졌더라도 버리지 마십시오. 이것이 어찌 하나를 돌봐서 셋을 더하게 하는 뜻이 아니겠습니까? 이제 사또의 문전을 떠나는 마당에 감히 잘 짓지 못한 이별의 시 한 편을 올리고자 합니다."

> 천년 가리라 생각했던 일 하루아침에 이별이네
> 모든 것 이 몸에 맡겨 처리케 한 것 다 알고 있었지요.
> 가신 후에도 사또님 존안 떠올리려
> 일기장 펴 놓고 기도할 때를 기억하렵니다.

1892년 한 해 동안은 안동부사로서 임무를 다한 것이다. 그해에도 여전히 특명주차일본전권대신(特命駐箚日本全權大臣)의 직함을 가지고 있었으나, 일본을 다녀오거나 일본과 관계되는 일을 한 행적은 없다. 그리고 딱히 언제 올리었는지 몰라도 특명주차일본전권대신을 면해 달라는 사면소(辭免疏 : 맡아보던 직임을 그만두고 물러나게 해달라는 상소)를 올리었다. 1892년 말이 아니었을까 추측된다.

1893년 3월 30일, 안동부사도 과만(瓜滿 : 벼슬의 임기가 다 됨)이 되고, 겸대하고 있었던 특명주차일본전권대신직도 함께 체직된 듯하다. 그러나 7월 10일의 상경은 특별히 왕명을 받고 한 듯하다.

당시만 하여도 문인은 시인이요, 시인이 관리인 사회여서 이동할 때는 여유가 생기는 대로 풍치지구나 암자, 고적 등을 돌아보고 한 수씩 남기는 것이 유행이었다. 동농도 일본 갈 때, 혹은 돌아올 때 누구 집에 초청받거나 방문하게 되면 시를 남기었다. 부임 때인지 귀로인지는 불확실하지만, 문경을 지날 때 희양산(曦陽山)¹²⁾ 백운암(白雲庵)에서 묵고 한 수를 남기었다. 시제는 「문경 희양산 백운암」이다.

밤에 백운암에 잤는데
흰 구름이 꿈속에서 일어나더라.
아침에 구름과 같이 흩어지니
꿈도 허공에 있었네.

---

12 문경시 가은읍(加恩邑)에 있는 불교 구산(九山)의 하나. 881년 지증국사(智證國師)가 개산(開山)하였다. 이 산에 봉암사(鳳巖寺)가 있다.

갑오경장(甲午更張)

1. 개혁의 동지들과 시회(詩會)

안동에서의 기우제는 만민이 흡족할이만큼 큰비가 내려, 모두들 사또가 정성들인 덕분이라고 칭송하였다. 그도 그럴 것이 평생 노숙을 하거나 끼니 걸러 가며 살지 않았던 사또께서 종자들과 산 위에 꿇어 앉아 자정까지 기다려 제를 올린 것이다. 그것도 하루 이틀이 아니라 자그마치 달포 가까이 노심초사, 아홉 곳이나 찾아다니며 비를 빌었다. 그 결과 만민이 만족할 만큼 큰비가 내렸으니, 사또님에 대한 칭송에 노소가 다르지 않았다.

이러한 인기 속에 그 다음해(1893, 고종 30) 3월 30일 체직되어 서울로 돌아갔다. 이러한 사정을 임금도 모르실 리 없지만, 그러나 두어 달이나 직책 없이 시간을 보내게 되었다. 민씨들의 달갑지 않은 인물에 대한 경계심의 작용이었을

갑오경장(甲午更張) 179

것이다.

　5월 29일, 고종의 주선으로 우부승지겸경연참찬관춘추관 수찬관(右副承旨兼經筵參贊官春秋館修撰官)을 배수(拜受 : 벼슬을 받음) 받았다가 곧바로 승정원 동부승지(承政院同副承旨)로 환배(換拜)되었다. 다시 한 달도 안 되어 승정원 우부승지(右副承旨)로 자리를 옮기었다. 6월 16일, 그 자리마저 지키지 못하고 부호군(副護軍)으로 단부(單付 : 단망으로 벼슬아치를 골라 정하던 일)되었다.

　원래 임명되었던 우부승지, 동부승지, 경연참찬관, 춘추관 수찬관은 왕의 측근에 있는 자리지만 정책의 의결이나 집행과는 거리가 먼 직무였다. 민씨 일파로서는 안심이 되지 않았던 듯하다. 문신에게 부호군직을 내리는 것은 녹봉을 주기 위한 방편인 것이다.

　동농은 별 신경을 쓰지 않은 것 같이 행동하면서, 북사(北社) 회원들과 김택영(金澤榮), 유길준(俞吉濬) 등과 자주 만나 시회를 가졌다. 유길준은 많은 개화파 인사들과 교분을 쌓아 오고 있었던 터라, 두 사람의 시회는 단순한 만남이 아니라 더 높은 차원의 은밀한 정치적 의견교환이 있었으리라는 것은 자명한 사실이다.

　당시 진신(縉紳 : 벼슬아치의 통칭)들에는 반청독립(反淸獨立), 반민개혁(反閔改革)이라는 성향이 팽배해 있었다. 소극적이기는 하지만, 민씨 척족을 물리치고 그 대안이라는 것이 대원군 추대였다. 당시 상황으로는 그 이상의 대안이 없었을 수도 있지만, 고종이 직접 정국을 운용하여 힘있는 조정을 만들자는 주장이 없었다는 것이 아쉬운 대목이다.

이때 조선은 전반적으로 요동치고 있었다. 우선 내적으로 국가의 위기가 닥쳐오고 있어도 관리들의 고식적인 행태가 전연 변하지 않고 있었다. 일부 개혁을 주장하는 젊은이들은 변치 않고는 안 된다는 신념을 갖고 국왕께 건의도 하고 하였지만, 국왕을 제쳐놓고 민비와 대원군의 정권다툼이 한 치의 양보도 없이 평행선을 달리고 있었다.

이러한 와중에 관리인들 제 길을 걸어가겠는가. 삼정의 문란으로 정국은 이미 수습하기 어려운 지경에 달했는데도 이를 바로 잡을 중추적 역할을 담당할 인물이 없었다. 없다기 보다는 권력에 눈이 어두워 인물 본위가 아니라 자기에게 고분고분 말을 잘 듣는 사람을 심으려니 그것이 문제였던 것이다.

2. 동학과 정부의 쇠락

동농이 안동대도호부사로 부임하던 해부터 지방에서 민란이 일어나기도 하고, 만주와 일본 접경지역에서 새로운 사건이 벌어지기 시작하였다. 1891년(고종 28) 4월, 제주도에서 민란이 일어났으며, 그해 5월까지 평안도 지방민이 만주로 도망하는 자가 10여 만에 달했다고 한다. 8월에도 고성에서 민란이 일어났다. 그리고 1892년(고종 29) 3월에는 함흥, 덕원

(德源)에서 민란이 일어났다.

　　민란이 왜 일어났는지 원인을 규명하여 해결하려는 것이 아니라, 일단 진압하면 그것으로 끝난 것이 되어 버리니 긴 안목의 근원적 처방이 못되었다. 그것도 그럴 것이 정치는 부패하고, 탐관오리들의 행패는 날로 극성을 부리는 판국이니, 누구 하나 책임지고 나설 형편이 못되었다.

　　이러한 현실을 타개하지 않으면 안 되겠다는 일부 농민들 사이에, 막연하지만 외국의 침략을 물리치고 정부의 개혁을 요구하는 풍조가 퍼져나가기 시작하였다. 동학이 이런 분위기를 이용하여 급속도로 유행되었다. 동학은 이러한 농민들의 생각을 수용하다보니 자연 종교적 영역을 넘어선, 사회개혁, 외국세력의 배척 등을 내세운 정치세력이 되어 삼남지방에 급속히 번져나갔다.

　　1892년(고종 29) 12월, 제2대 교주 최시형(崔時亨, 1827~98)[1]의 통문(通文)에 의하여 전라도 삼례도회소(參禮都會所)에 수천 명의 교도들이 모여 교조의 신원과 동학의 탄압금지 등을 요구하였다.

　　폭동을 두려워한 감사가 동학교도 탄압금지에 관한 관문(關文 : 상급관청에서 하급관청에 내리는 허가서)을 발포하

1　동학 2대 교주. 호는 해월(海月). 『동경대전(東經大全)』을 간행하여 교리를 확립하였고 교단조직을 강화하는 등 동학의 바탕을 이루었다. 그는 1892년 교도 등을 이끌고 상경하여 교조(敎祖)의 신원(伸寃)을 상소하였고, 이듬해 전봉준(全琫準)의 봉기 후 동학을 수습하다가 1989년 체포되어 교수형을 받았다.

자, 이에 기세가 오른 교도들은 다시 전국에 통문을 돌려 교주의 지휘 하에 정부에 교조 신원을 진정할 것을 결의하였다. 이에 따라 1893년(고종 30) 1월 진정서를 정부에 보내고, 다시 그 해 3월 40여 명의 교도들이 서울에 올라와 신원운동을 전개하였다.

그런데 이 상소문 가운데 외국인 배척의 내용이 들어 있었고, 서울 각처에 살고 있는 외국인 주택, 교회, 영사관 등에는 외국인 철수를 요구하는 삐라가 붙어 있어서 조정은 물론 외국인들에게 상당한 충격을 주었다.

조정은 호조판서 어윤중(魚允中, 1848~96)[2]을 양호선무사(兩湖宣撫使)[3]로 보내어 이들을 무마하는 한편, 장위영(壯衛營) 영병관(領兵官) 홍계훈(洪啓薰, ?~1895)[4]에게 군대를 주어 청주에 진주하게 하고, 또한 웬쓰가이에게 비밀리에 지원을 청하기에 이르렀다.

그해 4월 26일, 충청도 보은에 '척왜양창의(斥倭洋倡義)'라 새긴 깃발을 휘날리며 2만여 전국의 교도가 모였다.

---

2   호는 일재(一齋). 1871년에 문과급제. 승지, 참판을 지내고, 동학농민전쟁 때는 선무사로 파견되었으며, 1895년에는 탁지부대신이 되었다.
3   재해나 병란 때 왕명을 받들어 백성을 위무하는 역할을 담당하였다.
4   민비를 구원한 공으로 등용되어 장위영 영관(領官)에 있을 때 충청도 보은에서 동학교도들이 모여 기세가 험악해지자 청주에 나가 이들을 대비하였다. 1894년 동학농민전쟁이 일어나자 양호초토사(兩湖招討使)가 되어 관군 800명을 거느리고 나가 전주성을 수복하였고, 봉기가 평정된 후 훈련대장에 승진하였다. 을미사변 때 광화문을 수비하다가 난도들에게 피살되었다.

보은 모임은 어윤중의 무마로 일단 해산되었다. 이러한 어려움을 몇 번이나 겪었지만, 정부와 탐관오리들은 더 이상 고칠 수 없는 토색 병에 걸려 버렸다. 고종 조에만 민란이 26차나 일어난 전라도 고부군수로 조병갑(趙秉甲)[5]이 부임하여 더 악랄한 토색과 횡령을 시작한 것이다.

그는 부임하자마자 만석보(萬石洑)의 수세, 황지과세(荒地課稅), 불호불목(不孝不睦)에 관한 죄, 대동미, 건비(建碑) 등 부당한 세금을 받아 착복하였다. 이에 격분한 전봉준을 필두로 한 농민들이 1893년(고종 30) 12월과 1894년(고종 31) 1월, 2차에 걸쳐 군수에게 시정을 건의하였으나 체포 또는 축출당하기에 이르렀다. 이렇게 되자 흥분한 1천여 명의 농민이 전봉준을 필두로 봉기하였다. 그들은 1894년(고종 31) 2월 15일 관아를 습격하여 세미(稅米)를 빈민에게 나누어주고, 만석보를 파괴하고 해산하였다.

사태가 진정되는 기미를 보였으나, 조정에서 파견한 안핵사(按覈 使)[6]이용태(李容泰, 1854~?)[7]가 봉기 농민들을 동학도로 몰아 탄압하자 농민들이 다시 격분하여 일어났다. 4월 하순 '보국안민(輔國安民)'을 부르짖으며 백산(白山)으로 진

---

5   1893년 고부군수로서 군내에 만석보를 축조할 때, 군민을 동원하여 임금도 주지 않고 터무니없이 수세(水稅)를 징수하는 등 대표적인 악질 관리였다. 이러한 학정으로 동학농민전쟁이 일어나게 되었다.
6   지방에 사건이 발생하였을 때 그 일을 조사하기 위하여 파견하던 임시 관직.
7   1885년 문과 급제. 1888년 장흥부사 재직 중 동학농민전쟁이 일어나자 안핵사로 임명되었다. 고부의 민란이 동학교도들에게 책임이 있다 하여 교도들을 체포, 방화, 살해 등을 자행, 재란을 유발시켰다. 후에 내부대신을 지냈다.

격하자, 부근 농민 수천 명이 호응하고 나섰다. 이에 용기를 얻은 이들은 체제를 갖추고 규율도 정하였다.

총대장은 전봉준, 장령에 김개남(金開男), 손화중(孫和中)이었다. 계율로는 첫째 불살생(不殺生), 둘째 충효총전(忠孝叢全) 제세안민(濟世安民), 셋째 축멸양왜(逐滅洋倭) 징청성도(澄淸聖道), 넷째 구병입경(驅兵入京) 멸진권탐(滅盡權貪)의 4대 강령을 발표하였다.

5월 11일, 전주에서 온 1천여 명의 관군과 보부상군(褓負商軍)[8]을 격파하고 무장(茂長), 영광으로 진격하면서 군기를 빼앗고, 죄인을 석방하며, 탐관오리를 추방하는 등 농민군의 세상이 되어버린 것이다.

이 사건이 아니라도 복잡다단한 일이 많은데, 곡창지대인 전라도 일대가 무법천지로 변해버리는 지경이 되었으니, 조정은 당황하지 않을 수 없었던 것이다. 그래도 조정은 군사진압이 가능할 것으로 생각하였다. 홍계훈을 양호초토사(兩湖招討使)로 임명, 1천명의 군사를 군산에 상륙케 하고, 또 500여 명을 증원부대로 편성, 법성포에 상륙시켰으나 농민군에 패퇴하였다. 농민군은 기세가 올라 전주를 공격, 5월 31일 전주성을 점령하였다.

이 사태에 끼어 든 것은 청군이었다. 6월 8일, 청나라 원군

---

8 자연경제의 기반 위에 농업생산자, 가내수공업자, 시장상인 등과 소비자 사이의 물물교환을 매개하던 행상인.

이 아산만에 도착하고, 뒤이어 일본이 청국과 맺은 텐진조약(天津條約)을 핑계로 거류민을 보호한다면서 출병을 결정하고 나섰다. 이에 조정에서는 큰 난리가 일어날 전조임을 직감하고, 농민군을 조속히 해산시킬 필요를 느꼈다. 그리하여 휴전을 제안하고 전주에서 강화를 맺었다.

정부로서는 일개 농민군과 마주 앉아 강화를 한다는 자체가 이미 위의를 잃어버린 것이다. 강화 내용을 보면, 병이 들어도 보통 병이 든 나라가 아니었다. ①동학교도와 정부는 서정(庶政)에 협력할 것 ②탐관오리의 숙청 ③횡포한 부호의 처벌 ④불량한 유림과 양반의 처벌 ⑤노비문서의 소각 ⑥7종의 천인(賤人)에 대한 대우 개선 ⑦과부 재가의 허락 ⑧무명잡세(無名雜稅)의 폐지 ⑨인재등용, 문벌타파 ⑩일본과 사통(私通)하는 자 엄벌 ⑪공사채(公社債)의 면제 ⑫토지의 평균분작(平均分作)이 합의사항이었다.

합의 후 대부분의 농민들은 귀가하였으며, 동학은 교세확장에 주력하였다. 그러나 정부는 강화조건을 이행하지 않았고, 청국군과 일본군이 임의로 진주하면서 조선반도는 청일전쟁(淸日戰爭)으로 치달았다. 일본군은 6월 9일부터 1만여 명의 군사를 인천에 상륙시키고, 이어 왕궁을 점령하기에 이르렀다.

10월 12일, 동학군이 삼례에서 회의를 연 결과, 전봉준, 김개남은 군사행동을 주장하였고, 최시형, 이용구(李容九) 등 온건파는 타협을 주장하였다. 결국 과격파의 주장에 밀려 전봉준의 10만 호남군과 손병희(孫秉熙)의 10만 호서군은 세 길로 나누어 논산을 거쳐 공주에서 관군과 일본군 연합군과 격전을 벌였으나 패해 퇴각하였다.

결국 총지휘자 전봉준이 체포, 처형됨으로써 1년간이나 끌었던 혼란은 끝나고 말았다. 이 봉기로 30~40만의 희생자를 내었으니, 이 얼마나 큰 국가적 손실인가? 이로 말미암아 국내외에 끼친 영향은 매우 컸다. 내적으로는 위정자의 반성과 각성을 촉구, 갑오경장의 정치혁신을 가져왔고, 외적으로는 청·일 양군의 출병을 유발, 청일전쟁의 직접적인 계기가 되었다.

3. 갑오경장(甲午更張)의 주역으로

동농은 이 사건이 경과하는 1년여 동안 사건과 관계가 없는 부서에서 근무하다가 1894년(고종 31, 갑오) 5월에 가서야 참의내무부사(參議內務府事)에 임명되었다. 이제 그의 재능에 맞는 적소에 앉게 된 것이다. 이것도 민씨들이 좋게 보아 자리를 준 것이 아니었다.

동학농민군의 봉기로 1894년 5월 초순 청·일 양군이 제멋대로 조선 땅에 진주하였다. 그해 5월 13일, 서울에 주둔한 일본군의 무력을 등에 업은 오오도리 게이스께(大鳥圭介) 일본공사는 고종을 알현하고 내정개혁을 강요하였다. 이에 고종은 신정희(申正熙)[9] 등 기초위원 3명을 선발하여 남산의 노인정에서 일본과 개혁문제를 협의토록 하였다.

이때 청국 차병문제(借兵問題)로 웬쓰가이와 사이가 벌어진 집정당상 민영준은 점차 가중되는 일본의 외교압력을 무마하고자, 일본과 통할 수 있는 외교, 내정 실무자를 기용할 계획을 세웠다. 그리고 이 방침에 따라 동농이 기용된 것이다. 이때 같은 생각을 가졌던 유길준, 권형진, 김학우[10], 조희연[11] 등도 조정에 다시 진출할 수 있는 길이 열리었던 것이다. 그래서 일본군의 지원을 받은 소장파들이 민씨 척족을 물리치고 대원군을 옹립, 갑오경장을 추진할 수 있었다.

참의내무부사가 된지 한 달도 못되어 협판교섭통상사무(協辦交涉通商事務)로 임명받고, 그 부서의 판서(判書) 사무와 외무독판사무(外務督辦事務)도 서리토록 하여 바쁜 나날을 보내게 되었다. 이틀 후인 6월 24일에는 병조참판을 제수하고, 또 협판교섭통상사무(協辦交涉通商事務)를 겸대케 하며, 판서 사무도 서리하게 하였다. 거기에다 외무독판(外務督辦) 사무도 서리하게 하였다. 고종으로서는 궁여지책이었던 것이다.

9 　좌우포도대장을 거쳐 군무사, 당상경리사를 지냈다. 임오군란의 책임을 지고 임자도(荏子島)에 귀양갔다가 사면되었고, 후에 통어사(統禦使)가 되었다.
10 　내부 주사로 있다가 친로파 대신들과 일파가 되어 활약하였다. 군국기무처에서 갑오경장을 추진하는데 협력하였다.
11 　1874년 무과급제, 여러 벼슬을 지내고 장위사(壯衛使)에 뽑혀 군무대신에 이르렀다.

이 날 내정을 권고하겠다고 일본군이 경복궁에 들어와 포성이 온 장안을 진동케 하고, 탄환이 비오듯 쏟아져 임금님 거처[大內]의 안위도 보장할 수 없었다. 동농은 죽음을 무릅쓰고 고종을 만났다. 그때 궁중은 텅 비어서 사람 하나 없었다. 고종께 상주하였다.

"일본군이 함부로 궁궐에 들어 왔으므로, 쫓아내는 것이 좋을 듯합니다."

이에 고종이 바로잡을 방침을 자문하였다. 동농은 고종의 명을 받고 물러나와 그날로 시무(時務)를 아는 약간 인을 뽑아 군국기무처(軍國機務處)를 설치하였다. 동농은 각종 사안을 주선하느라 16일간 경회루(慶會樓)에서 눈 한번 붙이지 못하고 여러 의원(議員)들과 날마다 회의를 열어 폐정개혁(弊政改革)에 대한 의안을 결정하였다. 이 법이 경장인데, 조금 조금 그 실마리를 풀어 나간 것이 41일이나 걸렸다. 그제야 일본군이 모두 물러나고 일본 고문을 초빙하게 되었는데, 개혁의 새로운 기초가 이로부터 확립되었다.

이때 주야로 작성한 경장안에는 동농의 개혁사상이 많이 포함되었을 것이다. 5년간 일본 공관에서 판사대신으로 활동하면서 보고 듣고 관찰하여 얻은 많은 지식들이 여기에 반영되었을 것이다.

이 경장은 김홍집 내각으로 하여금 공포, 시행하게 되었다. 구체적으로 몇 건이 어떻게 입안 처리되어 시행되었는지 분명치 않으나, 군국기무처는 갑오경장 초기 3개월 가량 존재했던 특설 개혁추진기구로, 사회제도 전반에 걸쳐 200여 건의 의안이 여기서 입안되어 통과되었다. 이때 반포된 의안에는 실로 엄청난 변화를 일으켰던 것도 있었다.

군국기무처에서 제일 먼저 의결하고 실시한 것이 관제개혁이었다. 관제를 궁내부(宮內府)[12]와 의정부(議政府)[13]로 분리하였다. 궁내부에는 궁내부, 시종원(侍從院), 비서원(秘書院)등 46개 기관이 소속되었고, 의정부에는 의정부, 중추원 등 39개 기구를 두었다. 의정부 밑에 내무, 외무, 탁지(度支), 군무, 법무, 학무, 공무, 농상무의 8아문(衙門)을 두었으며, 의정부장관을 총리대신, 궁내부와 8아문의 장관을 대신이라 불렀다.

또 재래의 사회·경제면에서도 혁신을 가져왔는데, 개혁의 주요 내용은 다음과 같다.

① 청과의 조약은 일체 폐기하고 자주 독립을 확정한다.
② 종래의 중국 기년(紀年 : 기원에서부터 차례대로 센 햇수)을 버리고 개국 기년을 사용한다.

---

12 조선 말엽 왕실에 관한 모든 일을 맡았던 관청. 궁중에 부속된 모든 관계기관을 없애고 1894년에 궁내부를 창설했다. 1896년에 다시 개편하여 궁내부대신 1명, 협판 1명, 참서관(參書官) 3명, 통역관 2명, 주사 10명, 특진관 15명 이내로 인원을 줄이고 양과(兩課)로 나누었는데, 칙임관 2명, 주임관 5명, 판임관 7명, 특별책임관 15명을 두었다.
13 조선시대 최고의 관청. 1400년 도평의사사(都評議使司)를 의정부로 하여 내려오다가 1894년 7월 의정부에 총리대신 1, 좌우찬성 각1, 도헌(都憲), 참의(參議), 주사 등을 두었다가 몇 차례 개편 후 1907년 내각제도로 환원하였다.

③ 지방관제를 고치어 8도를 13도로 한다.

④ 양반 및 평민은 법률상 동등하며 귀천과 문벌을 가리지 않고 인재를 등용한다.

⑤ 종래의 문존무비(文尊武卑 : 문관을 중히 여기고 무관을 가벼이 여김)의 차별을 폐지한다.

⑥ 공사노비(公私奴婢)의 문서를 없애고 인신매매를 금한다.

⑦ 조혼을 금하며 남자 20세 이상, 여자 16세 이상으로써 결혼을 허락한다.

⑧ 처첩(妻妾)이 다 아들이 없을 때에만 양자를 허락한다.

⑨ 죄인은 본인 외에 가족이 연좌(連坐 : 다른 범죄자에 관련되어 죄를 같이 받는 것)하는 법을 없앤다.

⑩ 과부의 재혼을 허락한다.

⑪ 사법관 또는 경찰관이 아니면 함부로 인신을 구속하지 못한다.

⑫ 새로운 형법이 제정될 때까지 대전회통(大典會通)[14]을 시행하되 고형(拷刑)[15]은 없앤다.

⑬ 아편 사용을 금한다.

⑭ 과거제를 없애고 새로이 관리등용법을 제정한다.

⑮ 궁내부 관리는 다른 관직을 겸할 수 없다.

---

14 『대전통편(大典通編)』을 저본으로 이후 90년 간의 왕의 교명(敎命)과 규칙 및 격식을 보록(補錄)한 책. 1865년 조두순(趙斗淳) 등이 왕명에 의하여 편찬하였다.
15 고문하는 형벌. 고문은 죄상을 밝히기 위하여 육체적인 고통을 주는 것.

⑯ 품행이 바르고 학력이 우수한 청년들을 해외로 유학시킨다.
⑰ 관리의 부정으로 다른 사람의 금품을 가졌을 때에는 이를 처벌하는 동시에 그 빼앗은 소유물을 몰수한다.
⑱ 신식화폐장정(新式貨幣章程)을 의결하여 은본위[16] 화폐제도를 채용하여 백동(白銅), 적동(赤銅), 황동(黃銅)의 보조화폐를 정한다.
⑲ 세금을 화폐로 바친다.
⑳ 도량형(度量衡)[17]을 개정한다.
㉑ 은행 및 회사의 설립을 꾀한다.
㉒ 각 관아에 외국인 고문관을 초빙한다.
㉓ 정치에 대한 건의를 자유롭게 한다.

그야말로 혁신적이었다. 이는 근대화를 촉진하는데 필요불가결한 것들이었지만, 막상 실행에는 여러 가지 곤란한 점이 앞을 가로막았다. 그래서 군국기무처에서 의결된 안건 중에는 한 번도 시행되어 보질 못하고 사문화된 것도 많았다.

일본은 한국문제가 점점 중요성을 띠게 되자 오오도리 게이스께 공사를 이노우에 가오루(井上馨, 1835~1915)로 바꾸었다. 이노우에 가오루는 이 해 10월 대원군이 동학당을 선동하며 청나라와 기맥을 통한다는 혐의를 씌워 몰아내고, 같은

---

16 은화를 기본으로 하는 화폐제도.
17 길이와 부피, 무게, 또는 재[度], 말[量], 저울[衡]의 총칭.

해 12월 갑신정변 이래 일본에 망명 중이던 박영효, 서광범을 입국시켜 각료로 천거, 정부의 친일적 성격을 강화하였다. 또 군국기무처는 폐지하고, 홍범(洪範 : 천하를 다스리는 대법) 14조를 만들어 내정개혁을 도모하였다.

홍범 14조는 1895년(고종 32) 1월 7일(음력 1894년 12월 12일), 국왕과 세자가 문무백관을 거느리고 대묘(大廟 : 종묘)에 참배하고 조종(祖宗)의 혼령 앞에 서약한 뒤 선포하였다. 그 내용은 다음과 같다.

① 청국에 의존하려는 생각을 끊고 자주 독립의 기초를 확립하고
② 종래의 혼합되어 오던 왕실 사무와 국정 사무를 분리하며
③ 궁부와 관부의 모든 비용을 매년 예산을 세워서 재정의 확립을 꾀하고
④ 각 관아의 직무, 권한을 명백히 하며
⑤ 징병법을 실시하며
⑥ 지방관제 개혁과 지방 관리의 직무를 정하고
⑦ 민법, 형법을 제정, 백성들의 생명, 재산을 보호하고
⑧ 문벌에 관계없이 인재를 등용하고
⑨ 세금을 법에 의하여 징수하고 거짓으로 징수하지 못한다

이는 앞서 발표한 개혁을 강화한 것으로, 청나라 세력을 멀리하고 민비 및 대원군의 정치 간섭을 없애려는데 그 목적

이 있었다.

　갑오경장은 한국의 제도, 경제, 사회면의 근대화를 위한 발단이기는 하였으나, 자력에 의해서가 아니라 일본의 압력에 의하여 이루어진 것이기 때문에 실제적 성과는 얻기 어려웠던 것이다. 이로 인하여 전래 봉건사회의 조직과 제도가 점차 붕괴되고, 근대국가 체제를 모방하였다는데 의미가 있다 하겠으나, 다른 면으로는 일본 제국주의가 보다 적극적으로 침투하는 계기를 마련한 것이기도 하였다.

　갑오경장의 주요 개혁 내용은 조선왕조 건국 이후 계속되었던 전통적 차등신분제와 문벌에 입각한 양반 중심, 그중에서도 문관만이 행세하는 사회질서를 법제적으로 혁파하고 근대적인 만민평등사회를 수립하려는 개혁이었다. 이러한 만민평등사회 건설은 급진적인 소장 개화파들이 희구하던 바였고, 스물 한 살의 나이에 신분제 타파를 요구하는 상소문을 조대비에게 올렸던 동농의 개혁의지가 결실을 보게 된 것이기도 하였다.

　군국기무처의 개혁이 한창이던 즈음, 개혁의 주축이던 대원군파와 소장 개혁파가 대립하기 시작하였다. 대원군은 고종을 폐위하고 손자 이준용(李埈鎔)[18]을 등극시켜 또 다시 섭정을 해 보려는 욕심을 가졌었다.

18　흥선대원군의 손자. 완흥군(完興君) 재면(載冕)의 아들. 1886년 청의 주한총리(駐韓總理) 웬쓰가이가 고종을 폐위시키고 왕세자로 옹립, 대원군으로 하여금 집정케 하려는 음모를 꾸민 바 있다.

그러므로 동농, 안경수 등 왕권과 세도권을 제약하고, 내각 중심의 입헌군주제를 수립하고자 하는 생각을 가진 사람들과 화합할 수 없었다. 고종과 민비와 가까운 사이였던 동농과 안경수는 대원군을 제쳐두고 고종의 재가를 받아 개혁안을 통과시켰다. 궁극적 목표가 입헌군주제였지만, 결과적으로 고종과 민비의 전제군주권의 회복을 도와준 셈이었다.

동농은 그해에 여러 벼슬을 두루 거치게 된다. 6월 25일, 공무아문(工務衙門)의 전우사무총판(電郵事務總辦)으로 있으면서 군국기무처 의원을 겸대하고 의안 초안에 진력하였다. 6월 28일, 공무아문의 협판(協辦)으로 내무대신 박영효가 추진하는 제반 내정개혁을 적극 후원하였다. 이때 공무대신 신기선이 한번 등청하고 낙향했기 때문에 동농은 공무대신이나 다름없었다. 때문에 박영효에게는 많은 도움이 되었다.

그후 이조, 병조 등으로 옮겨가면서도 계속 외교, 통상, 전우(電郵) 등의 사무를 겸대하여 왔다. 물론 본인의 뜻이라기보다는 이 방면에 해박한 실력자가 없었기 때문일 것이다.

그해 7월 7일, 이조참판에 제수되고 협판교섭통상사무, 총판전우사무를 겸하도록 명을 받았다. 다음날인 7월 8일 병조참판으로 전임되었어도 두 겸대 직은 떨어지지 않았다. 뿐만 아니라 그 위에 판서독판(判書督辦) 사무도 서리토록 명을 받았다.

7월 12일, 동지경연사(同知經筵事)로 또 겸대되었다. 그리고 하루가 지난 7월 13일에는 자헌대부(資憲大夫) 공조판서에 임명되고 지춘추관사(知春秋館事)와 협판교섭통상사무, 총판전우사무도 겸대하였다.

7월 15일, 외무아문 협판으로 자리를 옮기었다. 그리고 11월 21일에는 공무아문 협판으로 임명되고 대신 사무도 서리토록 하였다.

그해 12월 17일, 공무아문 대신서리이지만 그 부서와 전혀 관계가 없는 일도 하였다. 즉 황실 존칭에 관한 규례를 만들어 상주하여 윤허를 받았다. 대한제국으로 호칭함에 따라 모든 의례와 전례가 달라져야 했는데, 이때 존칭에 관한 규례를 동농이 고치는 일을 하였었다.

1895년(고종 32, 을미) 4월 1일, 농상공부 대신으로 임용되고 칙임관 1등에 서용되었다. 이때 농상무와 공부 양 아문이 합동으로 우체국을 창설하였다. 우체국 통신이 이때부터 시작되어 점점 확산되어 갔다. 이것은 동농이 오랫동안 공부와 상공관계 관료를 지내왔고, 또 일찍이 일본에서 그 중요성을 알고 있었기에 힘써 주청하여 이루어진 것이다.

이때 내각 각료들은 왕권에 의지하는 박영효, 서광범 등의 신파와 이노우에 가오루 공사에 기대는 김홍집, 어윤중, 김윤식 등 구파로 나뉘어져 대립했다. 동농은 안경수, 조희연 등과 함께 신파에 가담하였다. 개인적인 친분이야 양쪽 다 가까웠지만, 오직 소신 때문에 신파를 지지한 것이다.

동농은 삼국간섭 후 반일 친구미(親歐美) 성향이 강해진 고종과 민비의 지원을 받는 친구미 성향의 개화파들이 정동

구락부를 중심으로 느슨한 연대관계를 맺을 때 거기에도 가담하여 활동하였다.

이처럼 동농이 친구미파에 접근하자 이노우에 가오루 일본공사는 동농이 요청한 우선회사(郵船會社) 약정 변경 건을 절대 승인하지 말라고 지시하기도 하였다. 처음에는 동농을 자기들의 구미에 맞는 인물로 알았다가, 그게 아닌 것을 알고는 경계해야 할 인물로 분류하였던 것이다.

광무개혁(光武改革)

1. 박영효 사건에 연루

1895년(고종 32) 농상공부대신 재임 한 달 열흘이 되던 5월 10일, 그간 항상 뒤를 짓누르던 청나라의 간섭도 제거하여 일시적으로나마 나라가 태평해지자, 이를 축하하는 원유회(園遊會)를 열게 되었는데, 동농은 이 행사를 주관하는 총대위원장(總代委員長)으로 임명되었다.

그러나 뜻하지 않게 5월 14일 박영효 등의 국왕암살음모 사건이 터져 박영효와 가까이 지내왔고, 또 그의 개혁을 도와왔다는 죄로 위기에 몰려 일시 은거상태로 들어가게 되었다.

박영효와 그 지지자들에 대한 대대적인 체포령이 내려진 가운데, 박영효는 이규만(李圭蔓), 신응희(申應熙)[1]등 수하들

---

1 갑신정변 때의 사관생도. 우정국 사변이 일어나자 국왕과 비빈들을 경우궁(景祐宮) 정전에 모시고 서재필의 지휘 아래 다른 사관생도들과 같이 왕을 지켰다. 독립당의 개혁이 실패하자 김옥균 등과 같이 일본으로 망명하였다.

과 일본으로 도주하였고, 신파의 박영효에게 지지를 보냈던 이들이 모두 위태로운 처지에 놓이게 되었다. 동농도 안경수 등과 같이 입장이 난처하게 되었다. 몇몇 사람들과 거취문제를 논의한 결과 속히 출사(出仕)하여 집무하는 것이 좋겠다는 의견을 얻었다. 당시 동농의 시국관은 다음과 같다.

첫째, 일본이나 다른 여러 나라의 예에 따라 칙령(勅令 : 임금의 명령)의 제정과 칙임관의 임면 등에 관한 수속절차를 정하고, 이것을 바꾸지 못하도록 상헌(常憲 : 변하지 않는 규칙)으로 정하여 국왕의 전제를 예방할 것.

둘째, 민씨 일족 중에서도 좋은 인물이 있다면 등용하되 지방관과 같은 중앙정치에 영향이 적은 자리에 임명해야 할 것. 이렇게 해야 얼마간 왕비의 마음을 부드럽게 할 수 있을 것이다.

이 의견은 결국 입헌군주제(立憲君主制)를 지향하는 내용이라 하겠다. 박영효 사건 이후 고종은 왕권을 더욱 강화하여, 갑오경장에 즈음하여 제거되었던 탐관오리들이 대거 복직되거나 서용됨으로써 개혁에 주도 역할을 하였던 동농으로서는 점차 입지가 좁아져 갔다. 그리하여 정치활동을 자제하고 은거상태로 들어갈 수밖에 없었던 것이다.

8월 16일 상소를 올려 체직되었다. 그러나 다시 8월 17일 중추원[2] 1등의관에 임명되고, 칙임관 3등에 서임되었다. 그

---

2 구한국 때 의정부에 딸린 관아. 고종 31년에 중추부를 고쳐 중추원이라 일컫고, 이듬해 사무장정(事務章程)을 만들어 내각의 자문기관으로 정하였다.

리고 3일 후에는 또다시 특명전권공사(特命全權公使)로 임용되고 칙임관 2등에 서임되어 일본에 주재토록 명을 받았다. 이 명을 받고 일본에 건너가 4개월여 동경에 머물렀던 것 같다. 이 기간에 동농의 국내활동이나 행적이 나타나지 않는 것은 일본에 머물렀기 때문일 것이다.

2. 청·일의 세력 다툼, 민비 시해사건

이 몇 년을 돌아보면 엄청난 변화가 있었다. 1894년 갑오경장으로 조선의 내정을 강압적으로 간섭하던 일본은 청·일전쟁에서 승리를 거두자 더욱 노골적으로 마각을 드러냈다. 일본공사 이노우에 가오루(井上馨)[3]는 대원군을 몰아내고 박영효, 김홍집을 중심으로 하는 친일내각을 조직, 그들의 기반을 닦았다.

그러나 일본은 청·일전쟁에서 승리한 후 시모노세키 조약으로 청으로부터 할양받은 랴오뚱 반도를 러시아, 프랑스, 독일의 삼국간섭으로 청에 다시 돌려주게 되었다. 이로 말미암아 국제적으로 일본의 위신이 크게 떨어지자 민씨 일파는 급격하게 친로(親露)로 방향을 잡으면서 일본을 무시하였다.

---

3 영국에 유학하고 돌아와 1871년 대장성 대보(大輔)가 되고, 1876년 원로원 의원으로 특명전권부변리대신(特命全權副辨理大臣)이 되어 내한, 강화도사건의 책임을 추궁하고 한·일수호조약을 체결했다. 1884년 외무대신으로 전권대사가 되어 내한, 갑신정변 때 일본이 입은 피해배상을 규정한 한성조약을 체결하였다. 이후 내무, 대장대신이 되었다.

민비는 러시아공사 웨베르(Waeber)[4]와 결탁, 박영효의 음모 고발사건을 빌미로 친일내각을 무너뜨리고, 친로파 이범진, 이완용 등을 등용, 제3차 김홍직 내각을 구성하였다.

이렇게 되자 대한제국을 둘러싼 일본공사와 러시아공사의 대립은 불가피하게 되었다. 일본정부는 러시아의 진출을 꺼려 하여 이노우에 공사에게 훈령을 내려, 1894년 제정한 홍범 14조 중에서 왕비의 국정 간여를 금지하는 조항을 삭제하는 등 민비 쪽을 두둔하는 척했다. 민씨 일파는 오히려 이를 일본의 러시아에 대한 굴복으로 이해하고 더욱 친로 쪽으로 기울어졌다.

이에 일본은 이노우에를 소환하고 무인(武人) 미우라 고로(三浦梧樓)[5]를 공사로 부임시켰다. 그러나 민씨 일파는 여전히 일본공사는 안중에 두지 않고 친일내각이 이루어 놓은 신제도의 파괴에 착수, 구제도로의 복귀를 시도하고 있었다.

더구나 러시아가 후원해 주었다 하여 그 대가로 함경도의 1항(港)을 대여한다는 밀약이 추진되고 있었다. 일이 이렇게 돌아가자 일본은 대원군을 다시 받들어 민비 일파를 제거할 비상수단을 쓰게 되었다. 대원군도 이러한 시세에 분개하여

---

4 러시아 외교관. 북경공사관 서기, 텐진영사 등을 거쳐 1884년 주한공사 겸 총영사로 부임, 한·로수호통상조약(韓露修好通商條約)을 체결했다. 갑신정변으로 우리나라를 둘러싼 분규가 일어났을 때 한국 정부와 궁정에 접근하여 영국의 극동진출에 대항, 러시아 세력 확대에 힘썼다. 삼국간섭, 아관파천에 관여하는 등 외교활동을 하였다.
5 조선 말기 일본 공사. 1895년 이노우에(井上馨)의 후임으로 부임, 그 해 10월 을미사변을 일으켰다.

마침내 일본공사와 제휴하기에 이르렀다.

1894년 10월 7일, 개혁파 최후의 아성이라 할 훈련대(訓練隊)가 해산당했다. 미우라 고로는 대원군을 받들어 8일 새벽 훈련대 장병들과 일본 자객 등을 앞세우고 경복궁으로 쳐들어갔다.

이들은 근위병을 제압하고, 다시 궁내부대신 이경직(李耕稙, 1841~95)[6]과 연대장 홍계훈을 죽인 후 옥호루(玉壺樓)에서 민비를 살해한 다음 시체에 석유를 뿌려 불살라 뒷산에 묻었다. 그리고 고종을 협박하여 친로파 내각을 물러나게 하고 유길준(兪吉濬) 등 친일세력을 중심으로 한 제4차 김홍집 내각을 수립하였다.

새 내각은 모든 방면에 개혁의 손을 대었다. 음력 폐지, 종두법 시행, 우편 개시, 건양 연호 사용, 단발령 시행 등을 급진적으로 추진하였다.

그러나 민비 시해에 대하여 백성들이 이유 여하를 막론하고 크게 분노하게 되었고, 또 500여 년 견지해 온 유학의 가르침에 반한다고 생각한 단발령(斷髮令)[7]에 대해 망국의 문턱에 들어선 것으로 간주하고 각지에서 의병들이 봉기하였다. 고종은 더 이상 일본의 간섭에 진절머리를 앓고 있던 중 아관파천(俄館播遷)이라는 사상 유례가 없는 일이 일어나게 된 것이다.

---

6   호는 신부(莘夫). 참의내무부사를 지냈다. 1895년 을미사변 때 민비를 살해하려는 일본공사 미우라 고로가 이끄는 무리에 대항하다가 피살되었다.
7   1895년 11월 머리를 깎도록 영을 내려 종래의 상투 풍속을 폐하게 한 명령.

3. 아관파천(俄館播遷)과 대한제국

친일내각과 그 배후에서 일본인들이 벌이는 일을 견디지 못한 고종과 황태자는 특단의 방책을 찾고 있었다. 단발령을 반대하고 의병이 각 지방에서 일어나자 정부는 친위대 대부분을 보내어 진압하였다.

친로파 이범진, 이완용 등은 러시아 공사 웨베르와 공모하여 친위대가 서울에 없는 틈을 타 인천에 주둔하고 있던 러시아 해군 100여 명을 서울로 이동시켰다. 그리고는 민비 사후 신변에 위협을 느끼고 있던 고종과 황태자를 정동의 러시아 공사관으로 옮겨 모시었다.

이때 총리대신 김홍집, 농상공부대신 정병하(鄭秉夏, ?~1896)[8], 탁지부대신 어윤중(魚允中)은 난민에게 피살되고, 유길준, 조희연(趙羲淵), 장박(張博) 등의 각료와 친일인사들은 일본에 망명하였다.

이로써 친일내각이 무너지고 친로파 정부가 조직되었는데, 수상과 내상 박정양(朴定陽, 1841~?)[9], 외상, 학상, 농상 이

---

8 밀양부사를 거쳐서 영남총무관(嶺南摠務官)이 되었고, 1892년 한·청간의 고평은(庫平銀) 10만 냥 차관에 대하여 청나라 상인 동순태호(同順泰號)의 담이시(譚以時)와 조인하였으며, 김홍집 내각에 입각하여 농상공부대신으로 개화정책에 힘썼다. 아관파천 때 경복궁에서 난민에 살해되었다.
9 1866년 문과급제. 1881년 조병직(趙秉稷) 등과 왕명으로 신사유람단을 조직, 일본을 시찰하고, 관제개혁과 개화에 공헌하였다. 뒤에 총리대신에 이르렀다.

완용(1858~1926)[10], 군상(軍相) 이윤용(李允用)[11], 탁지상(度支相) 윤용선(尹容善, 1829~?)[12], 법상 및 경무사(警務使)는 이범진[13]이 맡았다. 그러나 친로파의 중심인물은 어디까지나 이범진이었다.

이렇게 러시아 군대의 보호 아래 대한제국은 러시아의 수중에서 노는 식이 되어 버렸다. 러시아는 가능하면 이때 이권을 쟁탈하려고 한국정부를 위협, 압록강 연안과 울릉도의 삼림 채벌권, 경원·종성의 채광권, 서울-원산간 전신선(電信線)을 시베리아선에 연결하는 권리 등을 얻어냈다.

이런 사실들이 알려지자 구미 각국들도 권리의 평등을 내세워 철도, 광산 등의 이권을 얻어냈다. 이런 상황이 1년 정도 지나자, 내외의 권고와 압력으로 1897년 2월 25일 경운궁(慶運宮: 지금 덕수궁)으로 돌아왔다. 이 해 8월에 연호를 광무(光武), 국호를 대한(大韓)이라 하고 10월 황제의 즉위식을 가졌다.

---

10 1882년 문과 급제. 1896년 아관파천 때 친로내각의 외무대신이 되었다. 1905년에 학부대신이 되어 이 해 11월 일본이 특파한 이등박문과 보호조약을 체결하는데 앞장섰다. 그리하여 을사오적(乙巳五賊)의 괴수가 되었다. 1907년 총리대신까지 지내고 합방 후에는 후작을 받는 등 매국노의 직분을 다하였다.
11 1888년 벼슬이 한성부판윤에 이르렀다. 1894년 군국기무처 의원에 임명되어 갑오경장에 활약하였다. 윤용선 총리대신 밑에서 군부대신을 지냈다.
12 호는 자유재(自有齋). 1885년 문과에 급제 문명(文名)을 떨치었다. 1896년 탁지부대신에 이어 총리대신을 겸했고, 9월에 관제를 고쳐 내각을 의정부, 총리대신을 의정이라 하였는데, 원만하고 온후한 성격으로 의정을 6차나 지냈다.
13 1879년 문과 급제. 친로파로 아관파천을 주도하고, 친로 박정양 내각의 법무대신, 농상공부대신을 지내고, 미국, 러시아, 프랑스, 오스트리아, 독일 공사를 역임하였다.

4. 자주 독립운동에의 참여

동농은 이런 와류에 휩쓸리지 않고 갑신정변 때와 같이 용케도 외국에 나가 있었기에 위험한 고비를 넘길 수 있었다. 지방관으로 나갔다면 국내에 있어도 마찬가지였겠지만, 일본에 나가 있었던 것은 동농으로서는 무척 다행한 일이었다.

1896년(건양 원년) 정월 동농은 국내에서 활동을 재개하였다. 우선 서재필과 상무회의소(商務會議所)와 건양협회(建陽協會)를 결성하기로 합의, 이를 추진하였다. 그리고 또 일본으로 건너가야 할지 모르는 상황에서 서울의 활동이 불확실해지자 2월 1일자로 상소를 올려 체차(遞差)되었다. 동농은 더 이상 일본까지 가서 외교활동을 할 일도 없고, 또 국내에서 해야 할 일이 더 많다고 생각한 듯하다.

상무회의소는 일본 상인들의 침투에 대비해 조선 상인들의 권익을 보호하기 위한 단체이며, 독립협회의 전신인 건양협회는 민중계몽교육을 위한 단체였다. 그해 정월 26일, 회원 40명의 상무회의가 공식 발족하고, 서재필과 같이 특별회원 자격으로 참석한 동농은 석유직수입회사를 설립하겠다는 발의를 하여 참석자들로부터 열렬한 박수를 받았다. 당시 서울의 일본 상인들은 미국 스텐다드사 일본지사로부터 석유를 직수입, 독점판매하여 막대한 이익을 내고 있었는데, 석유직수입회사 설립 발의는 이들에게 찬물을 끼얹는 것과 다름이 없는 일이었다.

일본은 동농과 서재필에 대하여 협박을 하며, 서재필 축출공작을 펴 나갔다. 그러나 서재필은 미국 국적이었으므로 미국과의 관계를 고려하여 어찌해 볼 도리가 없었다. 그리하여 열성적으로 회사를 설립하려 다니는 동농이 서재필보다 더 미웠던 것이다. 2월 2일, 동농은 전격적으로 구속되었다. 그러나 곧 풀려나 2월 열 아흐레날에는 중추원 일등의관에, 칙임관 2등으로 서임되었다.

7월 초이튿날에는 독립협회 위원이 되었다. 이 모임은 정부의 외세 의존정책에 반대하는 개화 지식층이 나라의 자주독립과 내정개혁을 표방하고 활동한 정치결사였다. 진작부터 「독립신문」을 발간하여 민중계몽에 앞장서고 있던 서재필을 중심으로 이상재(李商在, 1850~1929)[14], 이승만(李承晩, 1875~1965)[15], 윤치호(尹致昊, 1864~1946)[16] 등이 적극 참여하였고, 안경수, 이완용 등 정부 요인들도 참여하였다.

14　호는 월남(月南). 일찍이 기독교에 입교하여 신앙운동을 통해 민족정신 고취에 주력하였다. 1888년 주미공사관 서기로 부임하였고, 의정부 참찬을 역임하였다. 1898년 서재필과 같이 독립협회를 조직, 부회장을 지내면서 민중계몽에 힘썼다. 기독교청년회장, 조선일보 사장, 신간회장을 지냈다.
15　호는 우남(雩南). 1894년 배재학당에서 신학문을 공부하였다. 독립신문 발간에 가담, 신문에 논설을 집필하면서 독립사상을 고취하였다. 1904년 고종의 밀서를 가지고 미국에 건너가 루즈벨트 대통령을 만나, 한국에서 일본세력을 몰아내는데 협조를 요청하였다. 1908년 하버드대학 석사, 이어서 프린스턴대학에서 철학박사를 받고 귀국하였다가 다시 미국으로 건너갔다. 1919년 상하이 임시정부 초대 대통령이 되었고, 1948년 대한민국 정부수립과 동시에 대통령이 되었다.
16　호는 좌옹(佐翁). 1881년 17세 때 신사유람단에 끼어 일본을 다녀와서 개화사상에 눈떴다. 1895년 학부협판이 되었으며 1910년 대한기독교청년회를 조직하였고, 데라우찌 총독 암살계획에 가담한 혐의로 1912년 6년형을 받았다. 일제 말기 귀족원 의원이 되었다. 해방 후 친일파로 몰리자 개성 자택에서 자결하였다.

초기에는 토론회, 변론, 연설 등으로 민중계몽을 해 나감으로써 젊은 동지들의 호응을 받았고, 얼마 가지 않아 정치문제에 관심이 쏠리면서 이를 실천에 옮기었다.

5. 황해도관찰사

1896년(건양 원년) 11월, 독립협회는 영은문(迎恩門)[17] 옆 모화관(慕華館)을 독립관(獨立館)으로 개칭하고 집회장소로 쓰다가, 영은문 자리에 독립정신을 고취하기 위하여 독립문을 건립하였다. 이 문은 러시아인 사바진의 설계에 따라 세운 것이며, 파리의 개선문을 모방하였다고 한다.

자금은 독립협회가 3,825원(元)을 모아 건립한 것이며, 재료는 화강암을 사용하였다. 중앙에 홍예문(虹霓門)[18]이 있고, 좌측 내부에서 옥상으로 통하는 돌층계가 나 있다. 양면의 한글과 한자로 쓴 글씨는 바로 동농의 글이다. 한때 잘못 알려져, 일부 언론에서 이완용의 글씨라고 보도하면서 떼어내야 한다는 주장까지 나온 적이 있었다.

지식계급에서 독립정신이 팽배해지고, 고종 자신도 황제

---

17 서울 서대문구 독립문 자리에 있던 문으로 조선시대에 여기서 중국 사신을 맞아들였다. 새 임금이 즉위하여 중국 사신이 칙서를 가지고 오면 임금이 친히 영은문 북쪽에 있던 모화관(慕華館)까지 마중 나가는 것이 상례였다.
18 무지개같이 반원형으로 만든 문.

의 나라로 바꾸기를 원하였던 관계로 1897년(광무 원년) 조선왕조는 대한제국(大韓帝國)으로 국호를 바꾸고, 고종은 황제위에 올랐다. 따라서 제제(帝制)에 따른 각종 의물(儀物)과 직제, 칭호를 바꾸는가 하면 지금의 조선호텔 옆에 하늘제를 지내는 환구단(圜丘壇)[19]을 쌓기도 하였다. 이것은 당시 조선인의 자주독립 의지의 표현으로 단순한 왕가의 변신은 아니었다.

1897년(광무 원년) 2월 25일, 고종이 러시아 공관에서 경운궁으로 돌아왔다. 조정은 어느 정도 자리 잡았지만, 동농에게는 격에 맞지 않는 자리가 돌아왔다. 그해 4월 15일 교전소(敎典所) 지사원(知事員)으로 임명되었다가 한 달도 못되어 5월 12일 황해도관찰사로 임용되고, 칙임관 3등에 서용되었다.

당시 동농의 심정으로는, 내각이라는 것이 1년도 견디지 못하고 외세의 입김에 따라 바뀌고, 또 정권이 바뀔 때마다 살육전이 벌어지는 살벌한 중앙관직보다 더 좋다는 생각도 들었다. 또 여주목사, 안동대도호부사로 있으면서 쌓은 경험도 있고 하여 아무 불만 없이 부임하였다.

부임하자마자 병으로 고생하거나 가난에 찌든 백성들을 많이 구휼하였으므로, 해주, 서흥(瑞興), 봉산 등지의 민인들이 불망비(不忘碑 : 잊지 않기 위하여 세운 비)를 세웠다. 또한 나라를 개화시키려면 백성을 교육시켜야 한다는 것을 일

---

19 임금이 동짓날에 천제(天祭)를 지내기 위해 쌓은 단소.

찍부터 깨닫고 있었으므로 학교를 창설하였다. 부내(府內)에 공립소학교를 설립하고, 연금(捐金 : 돈을 기부함) 1만 냥(兩)(또 다른 사료에는 400원이라고도 하였음)을 기본금으로 잡아 그 이자로 교비 일체를 충당토록 하였다.

관찰사로서 집무하는 중에도 가끔 명승 고적을 찾아다니며 시를 읊는 습관은 그대로였다. 그해(1897, 광무 원년) 늦여름 탁열정(濯熱亭)에 놀이를 가서 다음과 같이 읊었다. 시제는 「정유년 늦여름 탁열정 놀이 가서 선인들의 운에 차운하다」이다.

> 누정은 고성(古城)의 북쪽에 있는데
> 병든 이 몸이 구경하러 짬을 내었네.
> 한 구비 서늘한 계류(溪流)를 맞이하니
> 사방에 둘러 있는 산의 열을 씻어내는구나.
> 초동(樵童)은 들 밖으로 돌아 나오고
> 흐르는 물은 돌 틈에서 울부짖네.
> 내가 질항아리 되어 놀다가
> 석양에 시 읊으며 돌아왔네.

또 수양산(首陽山)[20] 옥계정(玉溪亭)에 들려서 다음과 같은 시를 남겼다. 시제는 「옥계정」이다.

---

20 황해도 벽성군(碧城郡) 금산면(錦山面)에 있는 산. 높이 945m.

옥계정에 올라서 난간에 앉으니
갑자기 정신이 상쾌함을 느끼네.
바다 빛은 흐릿하게 천리에 깔려 있고
솔숲 사이 밀려드는 파도는 큰 배를 띄웠네.
산은 어진 자의 수(壽)라 하고 물은 성인의 청정함이라네.
마침 글 읽을 틈 얻었으니
이때에 와서 취미를 만들었네.

또 병을 앓은 후 여러 요속(僚屬)들을 거느리고 수양산성(首陽山城) 내에 있는 은적사(隱寂寺)를 찾아 단풍을 구경하기도 하였다. 「병이 나은 후 여러 관속을 거느리고 수양산성 은적사 찾아서 단풍 구경을 하면서 회포를 풀다」라는 제(題)로 칠언율시 3수(首)와 칠언절구 2수를 읊었는데, 그 가운데 첫 수는 다음과 같다.

절은 외로운 성 최상봉에 있는데
두세 번 울리는 종소리가 나를 단풍 숲속으로 인도하는구나.
땅은 서촉 들어가는 3천개의 험지로 가는 잔도(棧道)와 같고
하늘을 쳐다보면 진관(秦觀)을 102겹으로 쌓은 것 같구나.
내가 병이 나은 뒤라 이번 놀이는 참으로 쾌활하니
인간이 어느 곳에서 다시 유유히 지낼는지 관리들은 연하(煙霞
: 뽀얗게 피어오르는 안개)와 벗하여 지내다 보니

갑자기 마음을 돌려보니 다시 나태해짐을 깨달았네.

그해 섣달 그믐날에는 해주부[21] 동북쪽에 있는 정각사(正覺寺)에 들어가 잠시 머물렀다. 이때「정각사」라는 제목의 칠언절구를 남기었다.

양산(兩山) 비스듬히 누워 말을 맞이하는데
술병 들고 편편(翩翩 : 왕래하는 모양)이 불가(佛家)를 찾았네.
보고 들으니 이 가운데 가장 아름다운 것은
봄이 오면 온 산천이 두견화(杜鵑花 : 진달래 꽃)라네.

1898년(광무 2) 봄, 해주에서 쓸쓸히 새해를 맞으며「새해 아침에 회포를 적다(戊戌元朝書懷)」를 지었다.

나이는 오십 하고도 삼년이 지났는데
만사를 생각하고 생각해도 한탄뿐이구나.
물과 불에 몸을 던지는 어린아이 생각하며
풍진(風塵) 세상에 머리 숙여 푸른 하늘을 이고 있네.
재주 없고 충성심이 부족하면서도 지방관의 인끈을 찾으니

---

21 황해도 남서부에 위치한 도청 소재 항구도시. 농산물, 수산물, 임산물의 집산지. 명승고적으로 사미정(四美亭), 수양산, 지환정(志歡亭), 탁열정, 부용당(芙蓉堂), 해운정(海雲亭), 옥계정(玉溪亭)이 있다.

저질의 배 타고 들을 가로질러 가려 하듯 하는구나.
강압적으로 잣나무 술통잡고 축원하노니
구계(句谿 : 수양산 중의 작은 지명)의 꽃과 달에 묻혀 깊이 잠들기를.

도화동(桃花洞)에서 지주 윤기재(尹夔齋), 서흥군수 이수정(李壽庭)과 여러 종자들과 봄놀이 가서 철언율시를 남기었는데, 산경(山景)의 아름다움을 잘 표현하였으나 어딘지 그리 흡족한 생활 같지는 않아 보인다. 시제는 「도화동에서 지주 윤기재, 서흥군수 이수정 및 여러 종자들과 봄놀이하다」이다.

산자수명(山紫水明 : 산은 보랏빛 물은 맑게 뚜렷이 보임)한 옛 골짜기에
봄바람 살랑살랑 쇠약해진 이내 몸 어루만져 주는구나.
숲속에 흐드러지게 핀 꽃잎 어지러이 나는 눈과 같고
언덕 위의 천만가지 버들 연기에 쌓인 듯하구나.
수심은 잠시 푸른 바다 위에 버려두고
얼굴 한번 흐드러지게 웃고 시를 읊고 있구나.
덧없는 인간사 역력(役役)히 알고 있는 것이 없으니
이같이 서로 만나는 것도 어찌 우연이겠소.

옥병정에 들러 칠언절구를 남기었는데, 흡사 김삿갓 시를 보는 듯 하다. 시제는 「옥병정(玉屛亭)」이었다.

옥병정 정자는 옛날같이 정정하고
누정 밖의 풍경은 산만 홀로 푸르구나.
아래에는 한 줄기 차고 찬 물이 있다고
후인들과 어울려 왕래하다 들었소.

정각사에서 관부(官府)로 돌아오는 길에 구호를 외치기도 하였다. 글 제목은「정각사에서 관사로 돌아오는 길에 외친 구호」이다.

십리의 산 오리의 시내
나무 나무마다 꽃 피어
멀고 가까운 곳이 없구나.
왼쪽을 보아도 꽃, 오른 쪽을 보아도 꽃
꽃 속으로 들어갔다가
꽃 속에서 나오네.

지주 윤기재가 휴무를 틈타 동농을 초청하였다. 요속(僚屬)들과 수사(秀士 : 뛰어난 인물)와 3일을 신광사(神光寺)[22]

---

22 황해도 해주에 있는 절. 고려 말 원나라 순제(順帝)가 왕이 되기 전에 황해의 대청도에 귀양가게 되어 이곳을 지날 때, 풀 속에 부처가 있는 것을 보고 부처에게 속히 귀국하여 왕이 되게 하여 주기를 빌었던 바, 그 후 귀국하여 황제가 되자 많은 재물과 목수를 보내어 세운 절이라 한다.

에서 자면서 시를 읊었는데, 칠언 사율(四律) 4편, 절구(絶句) 1편, 오언절구 1편을 남겼다. 그 두어 편은 다음과 같다.

풍류 즐기는 지주는 옛날 문사(文詞)의 종장(宗匠 : 우두머리)이도다.
쉬는 날에 서로 손잡고 세상 밖의 세계에서 노니는구나.
절 안의 해묵은 먼지 물 되어 흘러갔고
하늘가 기이한 기운이 쌓여 봉우리 되었네.
법당의 부처님도 늙어 황금 칠도 벗겨지고
고려시대의 비석은 마모되어 푸른 이끼로 덮여 있네.
기뻐하는 손님들은 모두 속되지 않고
탁발소리 종소리 하나로 화음 되네.

성곽은 인간세상 밖에 있고
불러서 이끈 곳은 절 안에 있네.
술에서 깨어 보니 산은 달을 토하고
거문고 소리 끝나니 물은 바람을 일으키는구나.
세상사 혼탁함이 꿈과 같은데
고승은 공(空)이라 거짓말 하는구나.
새로 지은 시는 놀다 간 자취를 남기고
원제(元帝)는 원공(元功)을 세우는구나.

사흘 밤을 같이 자면서도 아직 서로 더 있기를 바라는데
벗들은 나보고 먼저 돌아가라 하는구나.
알지 못하겠도다 내 돌아간 후에
누가 떨어져 흩날리는 산꽃을 아쉬워하랴.

북암(北菴)을 거쳐 신광사 뒷산 어느 봉우리인 듯한 소요봉(逍遙峰)에 올라 석굴 안의 영천(靈泉) 물을 마시기도 하고, 관란정(觀瀾亭)을 돌아보고, 다시 옥병정을 거닐기도 하였다.

어느날인가는 읍청정(挹淸亭), 선녀봉과 신룡굴(神龍窟)을 돌아보고, 날이 어두워지자 걸음을 재촉하여 읍청루 남쪽의 승경지 영벽정(映碧亭)을 찾았다.

또 어느날, 순시 나갔던 재령에서 「장수산(長壽山) 석동(石洞)」이란 시제로 칠언 사율 1편을 남기었다.

신선의 산에 올라 사방을 한번 바라보니 마음이 먼저 맑아지네.
휘돌아 산속으로 들어오니 온갖 생각이 가벼워지는구나.
사람들은 높은 바위의 위태로운 성첩(城堞 : 성가퀴)을 끼고 올라가고
나귀는 꾸불꾸불한 길을 따라가고 큰 소라 부는 소리 울려 퍼지네.

천지조화인 듯 깎아 새긴 바위

혼돈한 허령(虛靈)은 옛 성정 그대로네.

열두 동천(洞天) 시냇물 밖에 있는데

언덕을 바로 기어 올라가면 범왕성(梵王城 : 절)이라네.

장수산 석동 근처에 있는 현암(懸菴)에도 들렀다. 중국 북악 항산(恒山)[23] 기슭에 매어달린 듯한 현공사(懸空寺)를 연상하게 하는 작은 암자이지만 기이하여 들렀다.「현암」이란 제하의 4수(首) 중 한 편이다.

석동(石洞)을 휘돌아 나오면

아득히 한 암자가 매어달린 듯 나타나네.

풍경소리는 구름속의 나뭇잎에 울려 퍼지고

가로 지른 사닥다리는 가물거리는 하늘을 배경 삼았네

천년된 관세음보살

하루의 바람을 타는 신선인가.

아마 이곳에 오래도록 머무를 허가를 받아

지금부터 연기는 안 먹기로 하고.

여기저기 다니면서도 떼거리로 관속을 데리고 풍악을 울

---

23 중국 5악 중 북악(北岳)이다. 하북성 곡양현(曲陽縣) 서쪽에 있다. 산 아래 절벽에 달린 듯한 현공사(懸空寺)가 있다.

리면서 간 것이 아니고, 수종 한 두 명만 데리고 필마로 간단한 출입을 하였던 것이다. 신원점(新院店)이란 곳에 들렀을 때, 촌로들의 이야기를 듣고 장난으로 읊은 시에 그 정경이 잘 나타나 있다.

겨우 산을 내려오니 티끌세상이 눈에 가득 들어오네.
풀 연기 소똥 냄새 나는 점(店) 이름이 신(新)이라네.
촌로가 나를 보고 이제까지의 풍속에 의아해 하면서
도백(道伯 : 관찰사)이 필마로 다닌 것이 일찍이 없었노라고.

지환정(志歡亭)에 들려 비 뒤의 풍경을 바라보며 시를 읊기도 하고, 탁열정에 다시 들리기도 하였다.
1897년(광무 원년) 5월 22일, 황해도재판소 판사를 겸직토록 임명되었으나 실제 재판을 한 기록은 보이질 않는다. 또 그 이듬해(1898, 광무 2) 3월 14일, 중추원 일등의관에 임용되고 칙임관 2등에 서임되었다. 그러나 아직 황해도관찰사 직을 가지고 있었던 것이다.
황해도관찰사에서 체직되어 해주부 순명문(順明門)을 나서면서 구호(口號 : 감명 깊게 하기 위해 외치는 간결한 문구)를 외친 것이 1898년(광무 2) 음력 5월 21일이었다. 이날 순명문을 나서면서 그간의 어려움을 시로 남기었다.

백약으로도 고치기 어려운 해주의 풍속은 완고하여

마음은 도리어 황은을 저버렸네.
1년간 얻은 바가 무엇인지 알지만
양쪽 구렛나루는 희어지고 두 눈은 침침해졌네.

상경하는 도중 삽교점(挿橋店)에서 신관 관찰사와 우중에 교귀(交龜 : 감사, 병수사가 교신을 주고받음)하면서 칠언절구를 남기었다.

삽교의 비바람은 의건(衣巾 : 의복과 두건)을 적시는데
몇 명의 관속이 나와 신관을 맞이하고 구관을 전송하는구나.
가는 길은 걱정 아니 하나 진흙에 쭉쭉 미끄러지고
지금부터 이 길은 어진 이를 막지 않으리.

서울에 돌아와 중추원 의관으로서 하는 일은 전날의 분주했던 시기에 비하면 한가하였다. 또 오랜 외국생활과 지방관 생활의 이런저런 어렵고 고독함에서 여유시간을 갖게 되니 자연 병환도 나고 하여 그해 추석을 전후하여 몸져 누웠다. 한편으론 중추가절의 아름다움도 느끼고, 공사 생활로 일본에 있었던 시간이 주마등처럼 뇌리를 스쳐가며, 늙어서 구하는 바 없으니 마음이 편안하다는 소회를 토로하고 있다.

6. 광무개혁의 주역으로

그해 겨울에 접어들면서 병세가 호전되었다. 또 시국 동향에 맞추어, 그해 11월 15일 동농은 중추원 의관으로서 만민공동회를 대표하여 한치유(韓致愈)가 지은 상소문을 올리었다. 동농은 이 상소에 대하여 의정부가 제칙을 만들어 결제를 받도록 촉구한 것이다.

왜 동농이 만민공동회를 대표하였을까? 그해 가을, 만민공동회가 자유민권운동의 기치를 들고 있을 때 동농은 다시 독립협회에 가담하였기 때문이었다. 이 상소는 아래의 4개항을 주장하였는데, 그 가운데서도 독립협회는 나라를 굳건히 하고 백성의 뜻을 대신하는 단체라며 조속히 다시 설치하게 해달라고 요청하였다.

① 조병식(趙秉式), 유기환(兪基煥), 김정근(金定根), 민종묵(閔種默), 이기동(李基東) 등 오흉(五凶)을 처벌할 것
② 헌의(獻議 : 상부에 의견을 바침) 6조를 시행할 것
③ 독립협회를 다시 설립할 것
④ 관리는 어질고 능력이 있는 자를 뽑아서 임명할 것

동농은 그해 12월 31일 정2품 궁내부 특진관에 임명되고 칙임관 1등에 서임되었다. 이제 서울로 돌아와서 그간 지방과

외국에서 보고 들은 바를 실천해야겠다는 책무와 같은 것을 느끼고 또 다른 활동을 하고자 계획한 것이다. 바로 양잠회사(養蠶會社)의 설립이었다.

동농은 1899년(광무 3) 2월 경 사립양잠회사를 설립하고 사장이 되었다. 공인(工人)들을 선발하여 양잠에 대한 기술교육을 시킨 후 졸업원들을 기사로 삼았다. 외국 뽕나무를 심게 하고 전습소(傳習所)를 겸설, 생도 수백 명을 모집하여 잠업(蠶業)을 교육하였다. 이듬해(1900), 농부(農部)에 잠업과를 설치하면서 잠무(蠶務)가 점차 발달하여 갔다. 5~6년 동안 서울에서 각 도, 부(府), 군에 이르기까지 잠업과 졸업자가 뽕나무를 심어 크게 성공한 사람이 그 수를 헤일 수 없이 많았다.

1900년(광무 4) 각종 상소와 건의를 통하여 많은 개혁이 이루어지게 되었다.

정월 초8일, 바라던 아들이 태어났다. 굳세고 강의(剛毅)한 자식을 원하였던 바대로 의한(毅漢)으로 이름 지었다. 늦은 나이의 아들이지만 기쁘기 한량없는 한 해의 시작이었다.

그해 4월 23일, 고종이 건원릉(健元陵)[24], 수릉(綏陵), 홍릉(洪陵)[25]에 행차할 때 별배종(別陪從)[26]으로 수행하여 대

24　경기도 구리시에 있는 태조의 능. 이곳에 조선 왕가의 능이 아홉 있다 하여 동구능(東九陵)이라 부른다.
25　경기도 남양주시 미금읍 금곡리에 있는 고종황제와 명성황후의 능이다.
26　임금이 거동할 때 한직에 있는 문관을 배종시켜 행자를 받들게 하던 임시 벼슬, 또는 그 벼슬에 있던 사람.

과없이 잘 마치었으므로 자헌대부(資憲大夫)에서 정헌대부(正憲大夫)로 가자(加資 : 품계를 더하는 것)되었다.

　　10월 10일 중추원 의장에 임용되고 칙임관 1등에 서임되었다. 그 뒤부터 위로부터의 개혁인 광무개혁(光武改革) 추진에 앞장섰다. 황실 주도의 근대화 사업으로 조세제도의 개혁, 양전지계사업 등을 앞장서서 추진하였다.

　　동농의 조세개혁의 내용은 무엇이었는가? 동농의 상소문을 통하여 다소 그 내용이 파악된다. 1900년(광무 4) 10월 19일, 동농은 중추원 의장으로 세금을 올리는 것과 인지(印紙)를 붙이는 일에 대한 상소를 올렸다. 내용은 대략 다음과 같다.

　　　　경장(更張) 이후부터 돈으로 대신 바치는데 그 해의 농사 형편도 따지지 않고, 태비(駄費 : 운반비)도 계산하지 않고 다만 1결(結)에 30냥 혹은 25냥으로 정하여 바닷가와 산간 지대의 차이를 두었습니다. 만약 쌀값이 언제나 풍년이 들 때와 같고 경상 비용이 그전보다 증가하지 않는다면 전일대로 따라 행해도 안 될 것이 없을 것입니다. 그러나 지금은 쌀은 귀하고 돈은 천하여 옛날 쌀 1두(斗)에 1냥 하던 것이 지금은 2, 3냥까지 오르고, 전에 1년 동안 쓰던 비용이 지금은 겨우 반년의 비용으로 되고 있습니다. 또 1결의 땅에서 나는 벼가 평년을 기준하면 적어도 20석, 30석을 내려가지 않는데 세금으로 걷어 들이는 돈은 많아야 1, 2석의 값을 넘지 않으므로 30분의 1세를 실시하던 옛날에 비해도 오히려 매우 가벼운 편입니다. 그러므로 비록 더 걷어

들인다 해도 사실은 절도 없이 마구 걷어 들이는 것이 아니므로 그것이 백성들의 고통이 되지는 않는다는 것이 명백합니다.

시장의 물건에 인지를 붙이는 것은 다른 나라에서는 실시해온 지 이미 오래되었는데 우리나라에서만 아직도 실행하지 않고 있습니다. 그러므로 이른바 생선, 소금, 미역 따위에 대한 세는 대부분 소홀한 것이 많고 갈수록 복잡다단해집니다. 약간 걷어 들인 것도 늘 중간에 없어져 버리고 국고에 들어가는 것도 백에 하나도 없습니다. 이제 만약 특별히 인지를 만들어서 물건의 대소와 경중에 따라 붙여서 증거로 삼고 값은 돈으로 통용함으로써 협잡을 방지하고 폭리를 금지한다면 장사치들이 내는 것은 그전보다 더한 것이 없으면서도 나라에서 보태어 쓰는 것은 백배에만 그치지 않을 것입니다. 그리고 옛날에 관시(關市 : 세관과 저자)에서 매기던 세금과는 아주 다르니, 상인에게 해가 되지 않을 것이 또한 명백합니다. 백성들을 괴롭히지도 않고 상인들에게 해도 되지 않으면서 국가의 재용(財用)을 넉넉히 하는 것이 어찌 당면한 폐단을 수습하는 좋은 계책이 아니겠습니까? 이에 감히 진달하여 거듭 호소하니, 엎드려 바라건대, 황상께서 경상비용을 넉넉히 하지 않을 수 없다는 것을 유념하시고 신이 아뢴 것을 채택하지 않을 수 없다는 것을 헤아리시어, 빨리 의견을 수집하여 규정을 제정함으로써 시세에 따라 마땅하게 조처할 것을 천만 번 간곡하게 비는 바입니다.

―『朝鮮王朝實錄』권40, 광무 4년 10월 19일조

이 상소문에 대하여 고종황제께서 비답(批答 : 상주문에 의견을 회답하던 일)을 내리시기를 "이해관계를 지적하여 진달한 것이 근거없는 것이 아니니 말한 내용은 의정부로 하여금 품처토록 하겠다"(『朝鮮王朝實錄』권40, 광무 4년 4월 19일조)고 하였다.

이 내용에 대하여 의정부에서 논의하여 황제에게 보고하였는데, 대신들이 모여 그 결과를 투표로 정하였다. 이는 매우 흥미있는 일이라 하겠다. 황제의 명에 의하여 그해 10월 25일 의정부 의정서리 내무대신 이건하(李乾夏, 1835~?)[27]가 의정부에서 논의한 결과를 고종에게 보고하였다. 그 내용은 다음과 같다.

> 중추원 의장 김가진이 올린 상소 내용을 의정부에서 품처(稟處 : 품의하여 처리함)하게 하라고 명하셨습니다. 신들이 이 문제를 가지고 모여서 의논한 결과 가결(加結 : 결세의 율을 올림)하는 문제는 찬성이 5표, 반대가 3표였고, 인지를 붙이는 문제는 찬성이 2표, 반대가 6표였습니다. 삼가 성상의 재결을 기다립니다.

고종이 다시 제칙(制勅 : 임금의 명령)을 내리기를 "표수

---

27 1864년 문과급제, 대사성, 좌승지를 지냈다. 1879년 여러 벼슬을 거쳐 공조, 예조판서를 역임하고, 동지상사(冬至上使)로 청나라를 다녀왔다. 1899년에 내부대신, 1905년에는 중추원 의장을 지냈다. 1910년 한일합방이 되자 남작을 받았다.

가 많은 대로 시행하되, 인지를 붙이는 문제는 다시 편리한 방도를 충분히 논의하여 들이도록 하라"고 하였다. 그리하여 조세를 올리는 문제는 결정되었으나 인지 문제는 다시 연구토록 한 것이다.

인지 문제는 다시 더 미루어졌다가 같은 해 11월 3일, 의정부 의정서리 내무대신 이건하가 비지(批旨 : 상소에 대한 임금의 대답)를 받고 논의한 결과를 보고하였다.

중추원 의장 김가진의 상소문에 대한 비지를 삼가 받들고 인지에 관한 한 가지 문제를 모여서 토의한 결과 지지하는 사람은 적고 반대하는 사람이 많다는 것을 사실대로 아뢰었습니다. 그런데 인지에 대해서 다시 방도를 잘 토론하여 들여보내라는 명이 내렸습니다. 신들이 함께 모여서 잘 토론해 보니 모두 인지제도는 과연 나라를 넉넉하게 하고 상인들을 돌봐주는 큰 정사이기는 하나, 현재 이름 없는 잡세(雜稅)의 폐단이 한 두 가지가 아니므로 여러 차례 칙유(勅諭 : 임금이 몸소 타이른 말씀)하였지만 아직도 모두 제거되지 못한 상황에서 만약 또 인지제도까지 겸하여 실시한다면 백성들은 장차 번거로움을 이겨낼 수 없을 것이라고 합니다. 그러므로 이후부터는 정세(正稅 : 정규의 조세)인 결세(結稅 : 토지의 결복에 따라 매기던 조세)와 호세(戶稅 : 집집마다 거둬들이는 세금) 및 해관세(海關稅), 인삼세, 선세(船稅), 각 광산세, 푸줏간세를 제외하고 중앙에서는 부(府), 부(部), 원(院), 궁, 지방에서는 도(道)와 부(府), 목(牧),

군(郡), 군대와 보부상에게서 거두어들이는 일체 잡세를 모두 영원히 혁파하며, 다음으로는 국내의 도량형 제도를 정하고 규정을 엄격히 세워, 되도록 한결같이 만든 다음에야 인지제도를 실시해도 폐단이 없을 것이라고 하였습니다. 신들의 의견이 서로 같으므로 삼가 아뢰면서 엎드려 전하의 재결을 기다립니다.

―『朝鮮王朝實錄』 권41, 광무 4년 11월 2일조

이에 대하여 고종은 "마땅히 조칙(詔勅 : 임금의 명령을 쓴 문서)이 있을 것이다"라고 하였다.

또 결세에 관해서도 "결세를 매 결당 3분의 2를 더 거두는 문제를 의정부에 모여 논의해 보았는데 찬성표가 7이고 반대표가 2입니다. 그래서 아뢰고 전하의 결재를 엎드려 기다립니다"라고 하니 고종이 제칙을 내리기를 "표가 많은 편을 따라 시행하라"고 하였다.

세금 문제는 인상하는 것으로 결정이 되었지만, 인지 문제는 고종은 은근히 찬성하는 쪽이었으나 의정부의 투표에 따른 부담도 있고 하여 뒷날로 미루어진 것이다. 나라 살림에 이런 중세만으로는 어려웠다고 생각한 동농은 나라 운영에 필요하다면 세금을 추가하고, 인지에 대한 주장을 다시 한 번 하였다. 상소 내용은 다음과 같다.

요즘 보니 군대를 늘리는 것과 관련하여 예산 밖의 지출이 많게 되었습니다. 경비가 군색한 데 나라의 용도가 이처럼 방대하므로 타개할 대책을 세우지 않을 수 없게 되었습니다. 첫째로 세금을 추가해서 받아들일 것이며, 둘째로 시장 물건에 인지를 붙이는 것입니다. 결세는 나라의 정공(正供)인 만큼 그 법은 일정하여 털끝만치라도 변동할 수 없습니다. 돈으로 쌀을 대신하여 토지 1결(結)에 30냥씩 내는 것은 개혁 후의 새로운 법입니다. 처음에는 소요를 겪은 백성들의 심정을 생각하고 나라의 용도를 절약하여 공사가 모두 편리하였으나 지금에는 지출이 많고 수입이 적으며 쌀은 귀하고 돈은 천하므로 그 전에 바치던 쌀을 오늘 바치는 돈과 비교한다면 그 이해관계가 대단히 큽니다. 형편에 따라서 적당하게 조절하는 방도가 없으므로 세금을 더 거두어야 합니다. 인지는 사고 파는 표식이며 모든 나라에서 쓰고 있는데 유독 우리나라만 아직까지 사용하지 않고 있습니다. 만약 지금이라도 특별한 모양으로 만들어 위조를 방지하면서 물품 값에 따라 값을 정하고 이를 시행한다면 상인의 손해는 적고 나라에는 큰 이익을 줄 것입니다.

또 토지대장과 호적대장을 새로운 방식으로 바꾸어 과학적으로 관리하여야만 누세(漏稅 : 새어나가는 세금)와 탈세를 막을 수 있음을 깨닫고 이의 시정을 상소하였다. 상소내용은 다음과 같다.

신이 은명(恩命)을 받은 후부터 연이어 어리석은 생각을 진달한 것은 사실 시대에 따라 그에 맞게 변해야 한다는 원칙을 그만둘 수 없는 데서 나온 것인데, 폐하의 비답이 따뜻하고 친절하여 흡족하게 받아들이는 듯 하였으므로 신은 천만 번 감격하고 송구함을 이길 수 없습니다. 대체로 신하가 임금을 섬김에 있어서 품은 생각이 있으면 반드시 진달해야하는 만큼 진실로 나라에 이롭고 백성들에게 편리한 점이 있는 것이라면 어찌 감히 번거롭게 하는 것을 두려워하여 진달하지 않겠습니까?

삼가 생각컨대 나라가 가난해지고 부강해지며 강대해지고 약해지는 것은 토지가 넓고 좁은 것과 백성들의 호구(戶口)가 많고 적은 데 달려 있을 뿐입니다. 이 때문에 맹자는 왕자(王者)의 정사를 논하는 데서 토지의 경계를 먼저 바로잡아야 한다고 하였고, 주공(周公)[28]은 나라의 제도를 만드는 데서 백성들의 수를 제일 중시하였습니다. 오늘 토지에는 양전법(量田法 : 논밭을 측량하는 법)이 있고 호구에는 호적법이 있기는 하지만 낡은 것에 익숙하고 그릇된 것을 답습하여 번거롭기만 하고 허위가 불어나서 끝내 사실을 밝혀내지 못하게 되었습니다. 그 사실을 알려고 한다면 관청에서 문건을 발급하는 것 만한 것이 없는데, 그것은 간단하면서도 누락된 것이 없고 상세하면서도 번다하지 않습니다.

삼가 『호전(戶典)』을 상고해 보면 토지와 집을 사고 파는 경우 모두 100일 내에 관청에 보고하여 입안(立案)을 받게 되었으니 우리나라 토지와 호구를 모두 관계(官契 : 관계에서 증명한 문

---

28 주 문왕(文王)의 아들. 무왕(武王)의 아우. 무왕을 도와 주(紂)를 치고, 성왕(成王)을 도와 왕실의 기초를 세웠다. 제도와 예악을 정하여 주 문화의 발전에 이바지하였다.

서)에 올리는 것은 옛날부터였습니다. 그런데 요즘 온갖 법도가 모두 무너지고 온갖 조목이 갖추어지지 못한 중에도 계권(契券 : 계약서)에 관한 법이 더욱 더 문란해졌습니다. 매매 문권(文券)은 규정이 전혀 없이 얇은 종이에 되는대로 썼으며 말도 되지 않습니다. 한 논배미의 땅에 대한 옛 문권이 수십 개나 되고 백 칸 되는 집도 전매(轉買)한 증명 문건이 없습니다. 문권을 위조하여 훔쳐 팔며 호적에 누락된 빈 호구 등 여러 가지 폐단들이 모두 여기에서 나오므로 삼천리 강토와 수천만 민호가 거의 나라의 소유가 아닌 것처럼 되었으니 어찌 빈약해지지 않겠습니까? 이것은 급급히 뜯어고쳐야만 할 것입니다.

위로는 조종(祖宗 : 조상)의 옛 법에 의거하고 널리 각 나라의 새 제도를 채용해서 먼저 외국의 기계를 사들여 종이를 제조하고 인쇄판을 만들어 양식을 찍어냄으로써 위조하는 것을 방지해야 할 것입니다. 또 글을 간결하게 쓰고 호수(號數)를 정하여 각 부(府)와 여러 군(郡)에 반포하고 민간에 알리되 몇 번이고 반복하여 알리며 모두 명령이 내린 지 석 달 내로 자기들의 전택(田宅) 문권을 해당 군관(郡官)에게 바치도록 해야 할 것입니다. 해당 고을에서는 하나하나 효주(爻周 : 어떤 글의 글자를 爻자 모양의 부호를 그려서 지워버림)해 가며 관계(官契)를 다시 발급하되 글자를 써넣고 도장 찍는 것을 되도록 자세히 살펴야 할 것입니다. 산 자는 반드시 산 지 10일 이내로 옛 문권을 와서 바치고 새 문권을 교환해 받도록 해야 할 것입니다.

자체로 개간한 토지와 새로 지은 집, 전해 오는 전장(田庄 : 개인 소유의 논밭)으로서 본래 문서에 기록 되어 있지 않는 것도 자수하여 문권을 받도록 허락해 주어야 할 것입니다. 만약 기한이 지나도록 문권을 받아 가지 않는 것은 나타나는 대로 관청에서 몰수하며 백성들이 고발하면 그에게 절반을 주게 할 것입니다. 해당 백성에게 문권을 발급할 경우에는 집과 토지를 팔고 사고할 때 거기에 쓰이는 용지대를 바치는 『속전(續典)』의 규례에 의거하여 적당한 금액을 정해 거두어서 위에 바칠 것입니다. 문권 가운데 만일 문질러 고치어 작간(作奸 : 간악한 짓을 함)을 피운 자가 있으면 사실을 조사하여 관청에서 몰수하며 만일 잘못 썼거나 찢어져서 못 쓰게 된 문서가 있으면 거두어서 서울의 해당 부(部)에 올려 보내어 숫자에 근거하여 고쳐 내려주게 해야 할 것입니다.

대체로 이와 같이 한다면 온 나라의 토지와 민호는 측량하고 등록하지 않고도 우선 명백해질 것입니다. 그리고 산림이나 방앗간 등 부동산물에 대해서도 문권이 있는 것은 일률적으로 바꾸어 발급해 주는 것이 재물을 넉넉히 하는 하나의 방도로 될 것입니다.

이 법이 한 번 시행된다면 그 이익이 세 가지가 있을 것입니다. 토지에는 누락된 토지가 없을 것이고, 민호에는 빠진 민호가 없어서 세입을 증대시킬 수 있고, 인지 붙이는 제도는 돈이 끝없이 생겨서 나라의 지출에 보탤 수 있으며 묵고 쌓인 낡은 문서는 실어 올려서 종이를 만들면 거액이 될 수 있습니다.

또한 한가지 통쾌한 일이 있습니다. 갑오년(1894) 이전의 매매

문기(賣買文記 : 물건을 사고 파는 문권)에 모두 다른 나라의 연호를 쓴 것은 실로 500년 역사를 가진 나라의 수치였는데 이제부터 영원히 없애 버린다면 어찌 통쾌하지 않겠습니까? 이렇게 해서 더욱더 토지 측량에 관한 사무를 정리하고 게다가 호구 문서에 관한 사무를 정리해서 기어이 정확히 하여 서로 안팎 관계를 이룬다면 전국의 토지 면적과 민호의 숫자는 저절로 명백해질 것입니다. 이것은 나라 정사에서 급선무이고 주관(周官)[29]의 큰 법으로도 됩니다. 이렇게 되면 온갖 법이 설 수 있고 온갖 조목이 갖추어질 수 있을 것이니 어찌 훌륭하지 않겠습니까?

『자서(字書)』의 '계(契)'자를 상고해 보면 그것은 나무에 새기어 문서를 만든 것이었으니 옛날에 만든 문서는 모두 나무에 새기어 이용한 것이 명백합니다. 그러니 우리나라와 같이 거칠고 규정이 없는 문서는 아직 없습니다. 계권에 관한 이 방법은 사실 옛날의 법을 회복하려는 것이지 새 것을 좋아해서 새로 만들자는 것이 아니므로, 이제 또 다시 두려움을 무릅쓰고 우러러 호소하는 것입니다. 삼가 바라건대 폐하는 생각을 넓혀서 하찮은 사람의 의견을 굽어 살피어 신의 소본(疏本)을 가져다가 의정부에 널리 물으며 계속하여 관할하는 각 해부(該部 : 해당 부)로 하여금 세칙을 의정(議定 : 의논하여 정함)하여 중앙과 지방에 반포함으로써 경비를 넉넉히 할 것을 천만

---

29 서경(書經) 주서(周書)의 편명. 주관을 만든 까닭과 당시의 제도를 기술하고 위정자의 할 일을 서술한 것.

번 간절히 바랍니다.

―『朝鮮王朝實錄』권41, 광무 4년 11월 2일조

이 상소에 대하여 고종은 "진달한 것이 자못 조리가 있어 토의하지 않을 수 없다. 의정부로 하여금 처리토록 하겠다"고 하였다.

또한 관리들의 나태가 자칫 국정의 공백을 가져 올 수 있음에도 불구하고 출퇴근 규정을 어기는 자가 많아 이를 시정해야 된다는 여론이 많았다. 그래서 의정부 참정 김규홍(金奎弘)이 근무에 대하여 스스로를 견책하고 나섰다.

근무에 대하여 신칙(新勅 : 새로 내린 칙령)한 것이 전후로 어떠하였습니까? 그런데 신의 부(府)로부터 각 관청의 직원들에 이르기까지 종내 그럭저럭 지내면서 폐습을 버리지 못하여 칙령이 내린 이후에 출근하지 않은 날짜가 거의 5일이나 10일을 넘기고 있으니 사체로 헤아려 볼 때 경책이 없어서는 안 될 것입니다. 전 군부대신 서리 심상훈(沈相薰,1854~?)[30], 군부대신 이봉의(李鳳儀), 법부대신 이재극(李載克, 1864~?)[31], 찬정(贊

---

30 1874년 문과급제. 탁지부대신을 거쳐 참정(參政)에 이르렀다. 갑신정변 때는 경기감사로 있으면서 독립당을 가장하고 정변의 기밀과 진상 등을 왕과 민비에게 밀통하였고, 사대당 인사들과 모의하여 웬쓰가이 등을 움직여 독립당의 혁신정부를 무너뜨렸다.
31 1893년 문과 급제. 황태자 시독관을 거쳐 법부대신, 규장각 학사, 학부대신, 내부대신 등 요직을 지냈다. 왕실의 종친으로 궁내의 동정을 탐지하여 친일배들에게 제공하는 역할을 하였다. 합방 후 일본으로부터 남작을 받았다.

政) 성기운(成岐運), 부의장 김가진, 지계아문(地契衙門) 부총재 민영선(閔泳璇), 군부협판 엄주익(嚴柱益), 법부협판 이한영(李漢英), 학부협판 한긍호(韓肯鎬), 농상공부협판, 윤우식(尹雨植)에게는 모두 중한 견책처분을 내리고, 학부대신 민영소(閔泳韶, 1852~?)[32], 군부대신 서리 윤웅열(尹雄烈)[33], 내부협판 이봉래(李鳳來)에게는 모두 견책의 처분을 내리소서. 신은 외람되이 단속해야 할 반열에 있으면서도 날마다 성실히 출근하지 않았으므로 황공한 마음으로 대죄합니다.

신칙이 나오기 전에는 얼마나 기강이 해이하였기에 신칙이 나왔으며, 또 신칙이 나온 이후에도 출근규정을 지키지 않는 주요 부서장이 이와 같았으니 국가 운영의 정도가 어떠하였는가를 짐작하고도 남음이 있다. 이에 고종은 제칙(制勅)을 내리기를 "아뢴 대로 하라 경도 견책하겠다"고 하였다. (『朝鮮王朝實錄』 권41, 광무 4년 11월 20일조)

그래서 모두들 자중하는 판국인데, 고위직은 시정을 하는 편이었으나 일부 관원들은 개의치 않고 옛 타성 그대로였다. 동농의 지휘 감독 하에 있는 관원들도 별로 다른 바가 없었다. 이에 중추원 부의장으로서 아뢰었다.

---

32 1878년 문과 급제. 설서를 거쳐 1901년 학부대신, 궁내부대신, 농상공부대신, 중추원 의장 등을 두루 지냈다. 한일합방 때 자작을 받았다.
33 1880년 별군관(別軍官)으로 수신사 김홍집을 따라 일본을 다녀왔다. 별기군 창설에 주도적 역할을 하였으며, 1894년 군부대신에 이르렀다.

매일 사진하는 것에 대해 신칙한 것이 전후로 어떠하였습니까? 그런데 근래 본원(本院)의 직원들이 끝내 그럭저럭 지내면서 전철을 답습하니 50여 일 동안에 거의 5일에서 10일씩이나 출근하지 않았습니다. 사체로 볼 때 견책하지 않을 수 없으니, 의관(議官) 이용관(李容觀), 김규희(金奎熙), 하성일(河成日), 송성순(宋聲淳)에게는 모두 중한 견책을 시행하고, 강건(姜漣), 권중면(權重冕), 유지연(柳志淵), 송정인(宋珽仁)에게는 모두 견책을 시행하소서. 신도 통솔해야 할 자리에 턱없이 있으면서 이미 출근하지 않는 과오를 범하였고 제대로 단속하지 못한 잘못도 저질렀으므로 황공한 마음으로 대죄합니다.

고종께서 제칙을 내리기를 "아뢴 대로 하라. 이미 견책을 보였으니 경은 대죄하지 말라"고 하였다.(『朝鮮王朝實錄』권 41, 광무 7년 6월 25일조)
　동농 자신이 출근규정을 지키지 않아 견책을 받았고, 또 부하 직원들이 지키지 않자 자신을 비롯한 규정 위반 직원을 고발하는 강직한 태도에서 동농의 성품의 일면을 살필 수 있다.
　동농은, 모두가 폐단을 알면서도 말하지 않아, 시기가 늦으면 국가에 치명적인 문제가 될 백동화(白銅貨) 주조를 중지하도록 주청하였다. 동농이 올린 상소문은 다음과 같다.

영친왕(英親王, 1897~1970)[34]의 홍역 증세가 평상으로 회복되어 축하하는 의식을 거행하였습니다. 지극히 인자한 폐하께서 기뻐하고 백성들이 기뻐 춤추고 있으니 신 등은 경축하는 마음을 금할 수 없습니다.

삼가 생각하건대, 신 등이 차지하고 있는 직책은 바로 옛날 추밀원의 정사를 논하는 자리이고, 대각(臺閣 : 사헌부와 사간부의 총칭)의 언관(言官: 간관의 별칭)의 책무를 겸하고 있습니다. 무릇 나라의 모든 일은 대신과 함께 가부를 논해야 합니다. 삼가 상고하건대, 개혁한 초기에 제도와 규정을 정하여 의정부로 하여금 중추원에 물어보고 의견을 올리도록 한 것은 대개 크고 작은 관청으로 하여금 서로 협력하여 부족한 점을 보충하도록 하려는 것이었습니다. 신 등은 보잘것없는 사람으로서 외람되게 이 직책에 있습니다. 비록 지혜는 시무를 아는데 부족하고 풍채는 사람들의 마음을 움직이기에 부족하나 신들의 얕은 소견과 변변치 못한 정성이 어찌 현재의 모든 관리보다 못하겠습니까?

근년 이래로 중앙과 지방에 걱정거리가 많고 나라와 백성이 다 곤란을 겪고 있지만 의정부에서는 한 가지 일도 자문하지 않고 있습니다. 간혹 신의 원(院)에서 망령되게 논의하여 질의하기도 하였으나, 폐하에게 아뢰어 재가를 받는 것도 허락하지 않았을 뿐만 아니라 아울러 대답해주는 한 마디 말이 없습니다.

---

34 대한제국 마지막 황태자. 이름은 은(垠). 고종의 셋째아들, 순종의 이복동생. 11세 때 이토 히로부미에 의해 강제로 일본에 끌려가 철저한 일본식 교육을 받았다. 1900년 영왕(英王)에 책봉되고, 1907년 황태자에 책봉되었으나 그 해 12월 일본 유학길을 떠났다. 1910년 한일합방으로 순종황제가 폐위되어 이왕(李王)이 되니, 영친왕은 단순히 왕세자가 되었다. 일본 육사와 육군대학을 졸업하고 일본군 중장을 지냈다.

원대한 계획과 큰 계책으로 부지런히 폐하를 돕고 있으므로 신등의 말이 필요 없다는 것을 잘 알고 있지만, 나라의운명과 관계되는 그릇된 법과 잘못된 정사에 대해서는 신들이 비록 어리석으나 천 가지 중에 한 가지나 맞을 하찮은 생각이나마 다 짜내어 폐하에게 충성하는 직책을 감히 저버릴 수 없습니다.

가만히 생각하건대, 지금의 형세는 터럭 끝까지 모두 병이 들어서 비록 두루 다 손꼽을 수는 없지만, 눈썹에 불이 붙은 것처럼 가장 절박한 걱정거리는 돈의 폐단입니다. 무릇 돈이라는 물건은 나라에는 기혈과 같고 백성에게는 명맥과 같은 것입니다. 돈에 관한 제도가 문란하고도 나라가 위태로워지지 않은 것이 없었습니다. 구부환법[35]은 태공(太公)으로부터 시작되었으나 착도(錯刀 : 한나라 왕망이 섭정하면서 주조한 화폐), 적측(赤仄 : 적동으로 테두리를 두른 화폐. 한 무제 때 처음 주조), 오수(五銖 : 무게가 5수인 동전. 한 무제 때 주조), 비륜(比輪 : 삼국 오나라 때 주조하여 동진 초까지 유통) 등 시대마다 그 제도가 서로 달랐습니다. 폐단이 생기는 대로 바로잡아 나가다가 [송(宋)나라 때] 심경지(沈慶之)가 [건의한] 아안전(鵝眼錢 : 구멍 뚫린 쇠돈)과 연환전(綖纙錢)이 [유통되자] 나라가 드디어 망하고 말았습니다.

민간에서 돈을 주조하는 것이 이익은 많고 협잡은 적다고 가산(賈山)도 오히려 말하였습니다. 하물며 당당하게 국가에서 주

---

35 구부는 재폐(財幣)를 담당한 관청이고, 환법은 화폐를 원활하게 운용하는 방법이다.

조한 돈을 가지고 작은 이익을 도모하면서 폐단이 없기를 바라는 것이야 더 말할 것이 있겠습니까? 신 등이 굳이 먼 실례를 들어 증명할 필요도 없이 연전의 당백전(當百錢 : 한 푼이 엽전 100푼과 맞서던 돈)과 당오전(當五錢)은 구차한 정사에서 나온 것이었는데, 쓴 지 몇 해가 되지 않아 공적으로나 사적으로 모두 폐단이 되어 하마터면 걷잡지 못할 뻔 하였습니다. 다행히 폐하께서 단호하게 결단을 내려 즉시 없애버린 덕에 오늘을 보존하게 되었습니다. 비록 그렇지만 그것은 모두 문호를 닫아걸고 스스로를 지키던 때의 일입니다. 폐단이 있어도 쉽사리 바로잡기 어려운 때와 같겠습니까?

오늘의 이른바 백동화(白銅貨)라는 것은 역신(逆臣)이 나라를 병들게 하고 자기 배를 불리려는 생각에서 통용시킨 것인데 그럭저럭 지금까지 내려왔습니다. 응당 없애야 할 것을 없애지 않으니 돈을 주조하는 것이 점점 지나쳐 그 가치가 날로 떨어져 있습니다. 지금은 한 개 적동전(赤銅錢 : 동전) 값밖에 되지 않습니다. 위로는 부고(府庫)의 수입을 앉아서 100분의 80을 잃어버리고 있건만 오히려 악화(惡貨 : 품질이 나쁜 화폐)가 샘처럼 솟아나서 산처럼 쌓이는 것을 나라를 부유하게 하는 원천이라고 여기니 그릇된 것이 아니겠습니까? 안으로는 관리, 병정, 순경들이 입에 풀칠할 길이 없고, 밖으로는 각 국과 통상하는 일이 번거롭고 바쁘다는 탄식이 있으며, 사람들이 허둥대는 모양은 마치 큰 적이 국경을 쳐들어 왔을 때와 같습니다.

무릇 이러한 폐단은 바로 온 나라의 부녀자들과 어린아이까지도 말하는 문제입니다. 응당 불을 끄고 물에 빠진 사람을 구하듯이 급급히 바로잡기에 여념이 없어야 할 터인데 아직까지 한 사람도 폐하를 위해 분명하게 진달하는 자가 없는 것은 무엇 때문입니까? 사람들은 모두 '오늘날 돈의 폐단은 큰 종기와 같아서 화타(華佗)[36]와 편작(扁鵲)[37] 같은 기술이 없으면서 함부로 침을 놓고 뜸을 뜨다가는 원기가 끊어지게 되며 목숨까지 따라서 끊어지게 되니, 차라리 환자를 치료하지 않고서 보통 의원(醫員)이 되는 것이 낫다'고 말합니다.

그러나 신 등은 그렇지 않다고 생각합니다. 지금을 놓치고 치료하지 않으면 뒤에는 더욱 고치기 어렵게 될 것입니다. 이는 7년 된 병에 3년 묵힌 약쑥을 구하는 것과 다름없으니, 이미 늦었습니다. 속담에, 종기를 터뜨리는 것이 아프기는 하지만 안으로 곪아 들어가는 것보다는 낫다는 말이 있습니다. 더구나 터뜨려 잘 치료하면 그래도 병을 고칠 수 있으니 더 말할 것이 있겠습니까? 오직 임금과 신하가 한 마음으로 대책을 강구하고 힘을 다해 시행하기에 달려 있을 뿐입니다.

삼가 바라건대, 의정부와 재정을 맡아보는 여러 관원들로 하여금 함께 모여서 충분히 토의하여 폐단을 없애기 위한 특별한 방략을 마련하여 속히 폐하께 아뢰어 재가를 받아 시행하게 함

---

36 후한 때의 명의. 위(魏)의 조조의 시의(侍醫)가 되었으나 뒤에 노여움을 사서 죽임을 당함.
37 전국시대의 명의로 전설적인 명성을 남겼으며, 그의 저서라고 하는 의서가 많음. 시기를 받아 암살되었다 함.

으로써 백성들을 보전하고 나라의 명맥을 살린다면 천하에 이보다 큰 다행은 없을 것입니다.

— 『朝鮮王朝實錄』 권43, 광무7년 11월 15일조

고종은 "참으로 진달한 바와 같다. 의정부로 하여금 바로잡을 방법을 잘 상의하게 하며 품처도록 하라"고 비답을 내리었다. 당시로서는 동농이 화폐관리에 대한 탁견을 주관한 것이다. 이는 화폐경제에 대한 높은 식견이 없으면 주관하기 어려운 문제였던 것이다.

또한 형정의 공평성 및 형벌과 상을 공평히 해야 함을 주장하였다. 도망친 죄인 고영근(高永根)[38]이 일본에서 역적 괴수 우범선(禹範善)을 살해한데 대한 죄와 벌, 공과 죄의 탕척(蕩滌 : 깨끗이 씻음) 등에 관하여 조리정연한 상소로 의정부에서 쉽게 처리할 수 있는 길을 열어 준 것이다. 그 개략을 옮겨 보면 다음과 같다.

방금 삼가 듣건대, 도피 중인 죄인 고영근이 제 손으로 역적 괴수 우범선을 죽이고 일본 경찰서에 구속되었다고 합니다. 대개 우범선의 극악한 역적죄에 대해서는 바로 온 나라 신하와 백성들이 기어코 찢어 죽이고야 말려고 했던 자이니, 이 보도를 듣

---

38 1900년 고영근은 최정덕(崔廷德)과 같이 정부요인을 암살하려다가 실패하고 도망쳐 일본에 가 있었다. 그들은 독립협회가 해산된 후 동회를 재건하기 위해 정부요인들을 제거하려다 사전에 발각되었다.

고 나서부터 우리의 복수의 일념으로 칼을 베고 자던 사람들이 지극히 애통한 마음을 조금 씻을 수 있었습니다. 그러나 신 등은 오히려 도피 중인 일개 죄신(罪臣)에게 부끄러움을 느끼지 않을 수 없고, 또 국법이 일찌감치 통쾌히 시행되지 못한 것에 대해 한이 없을 수가 없습니다. 이번에 역적을 처단한 공에 대해서는 반드시 상을 주어야 하지만, 고영근은 죄를 짓고 망명한 지 여러 해가 되었으니 또한 그의 죄와 공을 참작하여 처벌의 경중을 분명히 해야 합니다.

1900년(광무 4) 9월의 판결문을 상고해 보면, 고영근의 죄가 여러 죄수들의 공초(供招 : 죄상을 진술함)에서 나왔고 스스로 지휘하였다고 말하였으므로 교율(絞律 : 교수형에 처하는 법률)로 조율하였습니다. 그러나 끝내 대질신문하여 자백을 받은 죄안이 없었으므로 의심스러운 죄라고 말한다 해도 안 될 것은 없습니다. 오늘날 역적을 살해한 공로는 천하를 진동하게 혁혁하고 온 나라의 신하와 백성들이 하지 못했던 일을 해냈으니, 그가 비록 용서하기 어려운 죄가 있다 해도 응당 속죄시키는 예(例)에 있을 듯합니다. 더구나 그 공은 막대하고 죄는 의심스러운 것에 속하는 데야 더 말할 것이 있겠습니까?

옛날에 선진(先軫)[39]이 전에 불경스런 죄를 지었으나 후에는

---

39 선진(先軫)은 춘추시대 진(晉)나라 경(卿)이다. 양공(襄公)이 진(秦)나라의 세 장수를 풀어주자 분노하여 양공의 면전에서 게거품을 무는 무례를 범하였다. 그 후 적인(狄人)이 침범하자 선진은 임금에게 무례했던 자신을 처벌하는 심정으로 갑옷을 벗고 싸우다가 전사했다. 『춘추좌전(春秋左傳)』 희공(僖公) 23년.

갑옷을 벗고 죽음을 맞이하니, 『춘추(春秋)』에서 그의 충성을 인정하였으며, 진탕(陳湯)[40]은 먼저 오랑캐를 베는 공을 세우고 결국 뇌물을 받는 죄를 저질렀지만 그래도 한나라 신하들은 그가 [처벌되는 것이] 원통하다고 송사하였습니다.

지금 고영근이 도피한 죄는 선진보다 가볍고 적을 죽인 공은 진탕보다 크니, 죄를 비교하고 공을 논하면 용서할 만하고 상을 주어야 한다는 데 단연코 의심할 것이 없습니다. 그리고 지금 법망을 빠져나간 흉악한 역적들이 뱀처럼 틀어 앉아 있고 지렁이처럼 얽혀 있는데, 오히려 그 숫자는 늘어가고 있건만 오래도록 그 괴수를 베어 죽이고 귀순하는 자가 없는 것은, 참으로 형벌과 상을 분명하게 하지 않은 탓입니다. 이번에 고영근으로 인하여 격려한다면 충의로운 선비들이 계속 이어 나와 그를 본받을지 누가 알겠습니까?

삼가 바라건대, 빨리 법부에 명하여 고영근을 죄안(罪案)에서 탕척(蕩滌)하고, 또 외부(外部)로 하여금 일본 공관에 조회해서 즉시 호송하여 돌아오게 하여, 위로는 하늘에 계신 홍릉(洪陵)의 영령을 위로하고 아래로는 천하의 신민의 원통한 마음을 씻어 주소서.

—『朝鮮王朝實錄』 권43, 광무 7년 11월 15일조

---

40 진탕은 전한(前漢) 원제(元帝) 때 질지선우(郅支單于)에게 사신으로 갔는데, 질지선우가 한나라의 조서를 받아들이지 않자, 조서의 내용을 고치고 군대를 출동시켜서 질지선우를 공격하여 죽였다. 그러나 황제의 조서를 조작하고 노획물을 불법으로 차지한 죄목으로 탄핵을 받았다. 『자치통감(資治通鑑)』 권29.

고종은 "진실로 이런 일이 있다면 그 공이 죄를 덮을 만하니 의정부로 하여금 품처토록 하라"고 비답을 내렸다. 의정부 참정 김규홍(金奎弘)이 고영근과 노원명에게 속죄시키는 은전을 베풀도록 상주하여 윤허를 받았다.

방금 삼가 부의장(副議長) 김가진 등의 상소에 대해 내리신 비지를 보니, 모두 의정부로 하여금 품처하게 하라고 하셨습니다. 아! 우범선이 을미년(1895)의 극악한 역적 중의 하나라는 것은 이미 확실한 증거가 있는데, 드디어 고영근과 노원명이 외국에 숨어 있다가 단칼에 찔러 죽였으니, 충의가 격동되면 흉악한 역적이 죄를 피할 수 없다는 것을 알 수 있습니다. 그러나 국법이 시원하게 펴졌다고는 할 수 없습니다. 역적 우범선은 법부(法部)로 하여금 역률(逆律)을 추시(追施 : 나중에 시행함)해서 신인(神人)의 분노를 씻을 수 있게 하고, 고영근은 비록 죄적(罪籍 : 죄인의 이름을 기록한 명부)에 있지만 이미 특별한 공을 세웠으므로 속죄시키는 은전을 시행하는 것이 마땅하니, 또한 해당 죄명을 특별히 탕척(蕩滌)해 주어야 할 것입니다. 고영근과 노원명 두 사람에 대한 선후책을 외부(外部)로 하여금 좋은 쪽으로 마련하여 기어이 보호해서 환국시키도록 도모하게 하는 것이 어떻겠습니까?

이는 고종이 윤허를 얻어 그대로 시행되었다. 중추원의 역할이 당시로는 시정에 관한 상소나 상주로 시정을 바로잡거나, 또는 조신들의 죄벌(罪罰)까지도 관여하는 폭넓은 활동을 하였던 것 같다.

    동농은 여러 차례 고종의 마음에 꼭 맞는 상소를 올려, 이를 의정부에서 가결하여 시행하게 되면서 그 신임이 두터워졌다. 또한 여러 직을 겸임하는 중책을 맡아 무난하게 처결하는 유능한 중신으로 부상하게 되었다.

대한제국(大韓帝國)의 마지막 대신

1. 겸직으로 능력 발휘

동농은 1902년 이래 중추원 부의장, 의장 등을 맡으면서 유익한 개혁안을 제시, 정부의 공식 안으로 받아 들여졌다. 혹자는 이러한 개혁들이 위로부터 개혁, 즉 고종의 뜻을 받아 상소한 것이 아닌가 하는 의심을 제기하기도 하지만, 동농의 전후 행적으로 보아 이는 견문에 의한 지식의 소산으로밖에 설명할 수 없다.

1900년 초부터 동농은 여러 관직을 겸임하여 집행하게 된다. 1903년 12월 30일에는 중추원 의장으로 비원감독(秘苑監督)[1]을 겸임하였으며, 1904년에 들어와서는 더욱 많은 관

---

1 비원을 관리 감독하는 칙임관. 1902년에 감독이라 하다가 1903년에는 장(長)이라 하였다.

직을 겸임하게 되었다. 그해 2월 22일 중추원 부의장에서 의정부 찬정으로, 며칠 후인 3월 8일에는 의정부 찬정에서 농상공부대신으로, 그리고 그 이틀 후인 3월 10일에는 의정부 찬정, 농상공부대신에 농상공부 임시박람회사무소위원장(臨時博覽會事務所委員長)을 겸임하게 되었다. 그로부터 21일 뒤인 3월 31일에는 농상공부대신으로서 임시서리외무대신사무(臨時署理外務大臣事務)를 맡도록 명받았다.

동농은 이렇게 여러 직책을 겸임하였어도 맡은 직무를 훌륭하게 수행하였다. 특히 장생전(長生殿) 제조(提調)로써 공이 있어 그해 4월 25일 정2품 정헌대부(正憲大夫)에서 종1품 숭정대부(崇政大夫)로 가자(加資)되었다. 그러나 관직은 농상공부대신 그대로 유지되었다.

그해 6월 13일, 황제를 가까이서 모실 수 있는 궁내부 비원장(秘苑長)을 겸임하게 되면서 칙임관 1등에 서임되었다. 8월 11일에는 의정부 찬정(贊政)에 임용되고, 8월 25일에는 임시로 법부대신 사무를 서리하게 되었다.

동농은 9월 14일 본직과 겸직을 사임하였다. 고종은 이를 받아들이고, 그 자리에서 다시 궁내부 비원장에 임용하고 칙임관 3등에 서임하였다. 또 하루가 지난 9월 15일 법부대신에 임용하고 칙임관 1등에 서임하였다. 그리고 비원장을 겸임토록 하였다. 10월 8일에는 형법교정총재(刑法敎正總裁)를 겸임하였는가 하면, 3일 뒤인 10월 11일에는 특명전권공사(特命全權公使)[2]를 겸임하게 되었다.

실상 법부대신 한 가지 직만 하여도 쉬운 일이 아닌데, 성격이 다른 세 가지 임무를 더 맡게 되었으니 힘겨운 일이었다. 그러나 그것으로 끝난 것이 아니고 10월 27일에는 관제교정소(官制敎定所) 의정관(議政官), 비궁(妃宮) 만장(輓章) 제술관(製述官 : 전례문을 지어 바치던 임시 벼슬)까지 맡겨져 힘겨운 한 해를 보내게 되었다.

동농은 법부대신 겸 형법교정소 총재로서 법부에서 형법교정을 끝내 놓고도 혹여 문제가 있을까 염려한 나머지 회계원경 이재곤(李載崑) 등을 형법교정관(刑法校正官)으로 임명, 다시 교정토록 하였다.

1904년(광무 8) 10월 14일, 동농은 의정부 참정 신기선(申箕善, 1851~?)[3]과 같이 아래와 같이 상주하였다.

> 법부에서 형법을 교정하는 일이 이미 끝나기는 하였지만 이것은 전국에 통용할 불변의 법이니, 법을 신중히 다루는 의리에서 볼 때 다시 교정해서 속히 편찬하지 않을 수 없습니다. 회계원경 이재곤, 궁내부 특진관 김석규(金錫奎), 종2품 이상설(李相卨), 법부 참서관(參書官) 윤성보(尹性普), 조경구(趙經九), 김낙헌(金洛憲), 법관양성소 교관 정명섭(丁明燮), 법부 법률

---

2 국가를 대표하여 외교 교섭을 하기 위하여 파견되는 외교사절의 제2계급. 특명전권대사 다음이며, 대리공사에 우선한다.
3 1877년 문과 급제. 갑신정변 때 김옥균 일파라는 혐의를 받고 전라도 여도(呂島)에 유배되었다가 방면되었다. 1894년 김홍집 2차 내각 때 공부대신이 되었다가 내부, 법부, 학부대신을 역임하고 의정부 참정에 이르렀다.

기초위원 조창호(趙昌鎬)를 모두 형법교정관에 차하(差下 : 벼슬 시킴)하여 그들로 하여금 날마다 출근하여 사무를 보게 함으로써 수일 내로 끝마치는 것이 사리에 부합할 듯합니다. 삼가 성상의 재결을 기다립니다.
―「고종실록」, 권44, 광무 8년 10월 14일조

동농은 법률기초위원들과 회동, 고금의 형법을 참작하고 동서 형법을 절충하여 형법 3편을 저술하였다. 그리고는 다시 재조사를 한 뒤 반포토록 주청하였다. 그러나 이 형법은 동농 재임시에는 반포되지 않았고, 체임(직무가 바뀜)된 후인 그 다음 해에 반포되었다.

2. 백운장(白雲莊) 건축

백운장(白雲莊)은 동농의 별업(別業 : 별장)이다. 한산(漢山) 안종덕(安鍾悳)의 「백운장기(白雲莊記)」에 의하면, 동농이 백악산 아래 자락 청풍계(淸風溪)의 백운동(白雲洞)에 별업을 축조하였다고 하였다.

청풍계는 동농으로서는 매우 의미있는 곳이다. 먼 조상인 계권(係權)이 한성판윤을 지내면서 중앙에 진출하기 시작하였고, 그의 두 아들이 대과에 급제하여 청풍계에 살았다. 맏아들 삼당(三塘) 영(瑛)은 사마양시(司馬兩試 : 진사·생원시험)

에 합격하고, 이어 별시문과(別試文科 : 조선시대 나라에 경사가 있을 때 임시로 보이던 과거)에 급제하여 이조참의에 이르기까지 28년간 서울에서 생활하면서 주거지가 바로 순화방(順和坊) 장의동(壯義洞) 청풍계였다. 둘째 아들 번(璠)도 진사급제하고, 이어 식년시(式年試)[4]에 문과 갑과(甲科)[5]로 합격하여 평양서윤(平壤庶尹)을 지냈다. 그 후 영의 자손들은 안동으로 낙향하고, 번의 자손들이 이곳에 살면서 명경명상(名卿名相 : 유명한 재상)과 많은 학자들을 배출하여 소위 장동김씨(壯洞金氏)라는 별칭을 받을 만큼 성장 발전하였던 곳이다.

뿐만 아니라 동농의 출생지가 신교(新橋)이기도 하여, 거기서 사는 것에 편안함을 느꼈을 것이다. 그리하여 그곳에 터전을 잡고 별업을 건축하였을 것이다. 건축 시기는 1890년대 후반인 듯하다. 안종덕이 장기(莊記 : 별장에 대한 기록)를 쓴 것은 이미 건물과 조경이 완성되었을 때였으므로, 장기를 쓴 1903년(광무 7, 계묘 처서일) 보다 앞선 시기로 보아야 할 것 같다. 전언으로는 비원장을 지내면서 궁재로 쓰고 남은 재목을 하사받아 건축자재로 사용했다고 하나, 이는 나중에 증축 내지 개축 때의 일일 것이다.

---

4 자(子), 오(午), 묘(卯), 유(酉) 등의 간지가 들어 있는 해,. 예컨대 갑자(甲子), 병오(丙午), 정묘(丁卯), 계유(癸酉)년 등이며, 조선시대 이 식년에 호적을 조사하고, 과거를 실시하였다.
5 과거의 최종 시험인 전시(殿試)의 성적에 의하여 갑, 을, 병으로 나누어지는 등급의 하나이다. 갑과에서는 세 명을 뽑아 첫째는 장원랑(壯元郎)이라 하여 홍문관 벼슬을 주고, 둘째는 방안(榜眼) 또는 아원(亞元)이라 하며, 셋째를 탐화랑(探花郎)이라 했다.

성궐(城闕)에서 수궁(數弓)[6]의 거리라 하였지만, 칠궁[毓祥宮][7]을 기준으로 한다면 수 궁(弓)의 거리도 되는 곳이다. 그래서 이세절속(離世絶俗 : 속세를 떠난 듯한 승경지)의 경지는 아니지만, 꼬불꼬불하고 그윽한 것이 빙빙 도는 취미가 있게 되었다고 하였다.

　　구불구불한 들길을 따라 가노라면 과수와 꽃이 잘 가꾸어져 있고, 암벽의 문을 지나면 오실(奧室 : 오목한 방)이 나오는데 쉴만한 곳이었다. 회랑(迴廊 : 기다란 복도)을 지나면 누각이 나오는데, 동쪽은 멀리 한남(漢南)의 여러 산과 저수지를 바라 볼 수 있었다. 그 아래에 옥호(玉壺)라는 연당이 있는데, 두어 마리 거북과 자라를 기르고 있었다. 섬돌 옆 돌구멍에서 맑은 샘물이 나오는데 다정(茶井)이라 불렀다. 그 물로 차를 끓이면 그 맛이 매우 좋았다고 하였다.

　　동농은 늘 이곳에 책과 거문고를 준비해 두고 손님이 오면 차와 술을 대접하고 시부를 지으며 즐기었다고 한다. 백운장 안에 몽룡정(夢龍亭)이 있었는데, 이곳은 동농이 귀빈을 접대하는 곳인 듯하다. 스스로 몽룡정을 시제로 오언율시를

6 　10척. 옛날 지적(地積)을 측량하던 기구. 나무로 만들며 모양은 활과 비슷하다. 양끝 길이는 5척. 1궁은 5척에 해당한다.
7 　궁정동 칠궁(七宮). 조선 역대 임금 중 정궁(正宮) 출신이 아닌 군주의 사친(私親)을 모신 7사당. 1725년 영조가 그의 모친 최숙빈(崔淑嬪)을 육상묘(毓祥廟)에 모신 데서 유래하며, 1908년 순종이 서울의 모든 사묘(私廟)를 철폐하고, 원종의 모친 인빈김씨(仁嬪金氏), 경종의 모친 희빈장씨(禧嬪張氏), 진종(眞宗)의 모친 정빈이씨(靖嬪李氏), 장조(莊祖)의 모친 영비이씨(暎嬪李氏), 순조의 모친 수빈박씨(綏嬪朴氏), 영친왕의 모친 순비엄씨(淳妃嚴氏) 등 일곱 신위를 이곳에 옮겼다.

지었다. 시제는 「우리집 정원 몽룡정」이다.

> 한 구역 백운동(白雲洞)은
> 영구히 속세와 단절되었네.
> 삶에는 선업(先業)의 자취를 귀히 여기고
> 땅은 의당 쓸모없는 사람도 용납하네
> 돌병풍을 꺼내니 살아있는 듯한 그림으로 가득하고
> 폭포는 맑은 하늘에 우레가 치듯 하구나.
> 누정은 가장 그윽한 곳에 있는데
> 흰 구름은 늘 걷히지 않는구나.
>
> (1913년 계축 늦은 봄)

일본인 가쿠토우(克堂) 선생 사유우호우(佐友房)는 동농과 십 수 년이나 사귄 사이였는데, 1905년(광무 9) 겨울 만주의 전쟁터를 돌아보고 서울에 와 백운산장(白雲山莊)을 찾아왔다. 떠날 때 그에게 써준 시 3절(絶) 가운데 한 수를 보면 다음과 같다.

> 매화 피는 계절 옥피리는 3년간이나 원망하였고
> 장사들의 서리 덮인 전포(戰袍)는 추워서 잠 못 이루네.
> 관산(關山)을 축하하기 위해 전지를 찾은 장사여
> 허리춤엔 한 자루의 옛 용천검이 번쩍이는구나.

1908년(융희 2) 가을, 기울어가는 대한제국의 운명을 앞에 두고 심신이 피로하여 규장각 제학(提學)을 사표(謝表 : 임금의 은혜에 감사하는 뜻으로 올리는 글)내고, 몽룡정(夢龍亭)에서 한가한 시간을 보내면서 「몽룡정 가을밤(夢龍亭秋夜)」이라는 시를 지었다.

병든 몸 이끌고 더위 식히려 계정(溪亭 : 시냇가의 정자)에 묵으면서
달을 기다려 난간에 기대어 술 마시는 것도 잠깐 잊었다.
일 많은 세상이라 머리털은 모두 희어졌고
그대를 보니 숲 아래서 눈은 쌍으로 푸르네.
바람이 불어오니 옛 동천(洞天)엔 공허함만 생겨나
밤은 적막하고 공기만 찬데 혹성(惑星 : 유성)은 하늘을 가른다.
고개 돌려 도성을 보니 연무(煙霧 : 연기와 안개)에 꽉 차 있고
곤히 잠들어 꿈꾸다 몇 사람이나 깨었을꼬.

1909년(융희 3)에는 관직에서 완전히 물러나 대한협회(大韓協會) 회장직만 맡고 있었으므로 그리 분주하거나 쫓기듯 바쁜 일정이 없었다. 동농이 백운장의 사계(四季)를 감상하며 지은 시가 여러 편 있다. 「백운장 봄날 견회(白雲莊春日遣懷)」 2수가 있는데, 그 1수는 다음과 같다.

세상사는 뜬 구름 밖에 있는데

세월은 한없이 흘러만 가네.
내 인생 이미 백발이 되었는데
초목은 스스로 봄바람을 일으키는구나.
자리에는 술독이 가득 차 있으나
문 앞에는 만나자는 손님이 없네.
다잡으면 먼 옛 생각 떠오르고
꿈에는 계수나무 숲속을 거닐곤 하네.

관직에서 물러난 후는 친구들과 어울려 피서를 하기도 하고, 우연히 모여든 동지들과 술 마시며 환담하며 보내기도 하였다. 그리고 늙어가는 인생사에 대한 안타까움도 많이 나타난다. 같은 해에 지은 「백운장 늦은 봄(白雲莊暮春)」이라는 시가 있다.

아름다운 풍치에 본래 주인이 없었는데
벼슬 내어 놓고 오느라 늦었다오.
낙화는 땅바닥에 가득하고
고운 이파리는 하늘과 잇대었네.
봄바람은 흰 머리카락에 불어대는데
세상사는 맑은 술잔에 띄워 보내는구나.
마음대로 그윽한 곳 찾아 감상하는데
구름 덮인 수풀은 스스로 기약이 있다는구나.

언제까지 백운장을 소유하고 있었는지 알 수 없으나, 한동안 손님 접대하고 간간이 숙박을 하거나 연회 등을 연 동농의 별장인 것은 확실하다. 그때 동농의 주거지는 경성부 중부 장통방 수표교 79통 1호였다. 본인이 작성한 이력서중 종1품 숭정대부 훈2등 시기의 주소를 이와 같이 썼다. 그 뒤 가족이 모두 이곳에 살게 되었던 것이다.

백운장 경영은 1916년(丙辰) 4월 14일까지도 이루어지고 있음이 『동농시록(東農詩錄)』에 나타난다. 4월 14일, 백운장에 간단히 주연을 마련하고 회와(晦窩) 시랑(侍郎), 두산(斗山) 주정(主政), 옥동(玉東) 훈도(訓導)를 청하여 부(賦)를 지은 것이 남아 있다.

그 뒤로도 짐작이 가는 시편이 여러 수 보인다. 일본인 산시로우 헤이쿤(杉市郎平君)이 술을 사들고 몽룡정을 찾은 일도 있고, 회와 시랑이 찾아와 동농과 같이 몽룡정에 올라 더위를 식힌 일도 있었다. 회와 시랑은 그 뒤에 한 번 더 찾은 적이 있었다.

백운장은 뒷날 문제가 되었다. 동농의 며느리 정정화의 회고록 『장강일기』에는 백운장을 다음과 같이 회고하고 있다.

> 서울시 종로구 청운동에 있는 백운장은 서울에서 가장 훌륭한 사저 중의 하나로 시아버님 때 지어진 시댁 소유의 사택이었다. 내가 처음 서울 시댁에 들어왔을 때 인왕산 기슭의 백운장에 발을 들여 놓으면서 그 으리으리한 규모에 기가 질린 일이

있었다. 서울 장안에서는 으뜸가는 주택으로 만 여 평의 숲이 집 둘레를 싸고 있었다.

동농은 백운장이 지어지기 전에는 조정 대신들 중 가장 보잘것없는 초라한 집에서 살고 있었다. 고종황제가 중신으로 요직에 있으면서 이렇게 청렴하게 살고 있음을 기특하게 여겨, 1904년 동농이 비원장으로 비원 중수를 훌륭히 마치자, 공사를 감독하였던 오세창(吳世昌)에게 남은 건축자재로 위창 감리 하에 백운장을 짓도록 명을 내렸다. 동농은 여러 차례 사양했을 뿐 아니라 들어가 사는 것도 주저하였으나, 황실의 권고에 따라 살게 되었다.

그러나 나라가 망하면서 엉뚱한 일에 연루되어 백운장은 일본인의 손에 넘어가고 말았다. 백운장의 소유권 문제는 재판까지 가게 되었으나, 재판 도중 동농이 상하이로 망명하게 되자 백운장은 일본인 소유로 굳어지게 되었다.

광복이 되자 백운장은 적산(敵産 : 광복 전 총독부나 일본인이 소유하고 있던 재산을 일컬음)이 되었고, 동농의 후손들은 백운장을 불하받으려고 수속을 밟았다. 불하 서류에는 세 사람의 보증인이 필요하였다. 그래서 백운장 건축에 감리를 맡았던 오세창, 미국으로 떠날 때 백운장 내실에서 동농으로부터 상당한 노자까지 받아갔던 이승만, 임시정부 시절 친분이 깊었던 김규식을 보증인으로 세웠다.

그리하여 미군정 당국으로부터 임대허가가 나와, 동농의

아들 의한이 조흥은행에 임대료를 납부하고 임대를 받을 수 있었다. 그러나 미군정 당국은 1948년까지 백운장의 소유권을 넘겨주지 않았다.

 1948년, 대한민국 정부가 수립되었다. 이승만이 대통령으로 취임하고 여러 해에 걸쳐 귀속재산을 원 소유자에게 불하해 주면서도 백운장은 유서 깊은 건축물이라는 이유로 불하해 주지 않았다. 이승만과 동농 집안은 개인적으로 무척 가까웠다. 동농은 1904년 이승만이 출옥하여 미국으로 건너갈 때 상당한 액수의 여비를 내어 준 일이 있었다.

 이승만은 이때의 고마움을 잊지 않고, 상하이에서 미국으로 건너갈 때 의한에게 동행을 권유하기도 하였다. 그리고 의한이 광복 후 귀국하여 이승만을 이화장으로 찾아가 인사를 드렸을 때도 "내가 백운장 내실에 가서 동농 선생을 뵌 적이 있지. 대부인께 인사드리러 언제 한번 가야 할 텐데…" 하면서 상당히 호의적이었다.

 보증을 부탁하러 갔을 때에도 도장을 찍어주면서 "정부가 수립되면 찾게 될 터인데, 서두를 필요가 있을까?" 하였던 분이 계속 지지천연하면서 불하를 해주지 않았다. 이는 의한이 김구 노선을 따라 남한 단독정부 수립에 반대한데 대한 반감이 작용하였을 것이다.

3. 비원장(秘苑長) 시절

1903년 12월 30일, 중추원 의장을 맡고 있었는데, 또 비원감독(秘苑監督)을 겸임하게 하였다. 비원(秘苑 :秘院이란 구한말 궁내부의 관직)은 1902년 그 직제로 감독(監督 : 勅任官), 검무관(檢務官 : 奏任官), 감동(監董 : 奏任官), 주사(主事 : 判任官)을 두었다. 1903년에 감독을 장(長)으로 바꾸고, 동급의 부장(副長)을 더 두었다.

비원은 창덕궁 담장 안에 있는 한국 최대 정원이다. 창덕궁은 1406년(태종 5) 별궁으로 지었는데 임진왜란 때 불타 없어지고, 1609년(광해군 원년) 중수하여 대원군이 경복궁으로 옮기기 전까지 정궁으로 사용하였다. 원내에는 영화당(映花堂), 주합루(宙合樓), 소요정(逍遙亭), 태극정(太極亭), 연경당(演慶堂) 등이 있다.

동농은 비원장을 몇 차례나 겸임하였다. 1904년 4월 25일, 장생전(長生殿) 제조(提調)로 직무 수행에 뛰어난 공적이 인정되어 종1품 숭정대부(崇政大夫)로 가자(加資)되었다. 그 후 두어 달이 지난 6월 13일, 궁내부 비원장을 겸임시키고 칙임관 1등에 서임하였다.

그해 9월 14일, 의정부 찬정 및 겸직까지 소를 올리어 사임하였으나, 바로 그날 궁내부 비원장으로 임명되었다. 그 다음 날(9월 15일) 법부대신에 임용되었으나, 여전히 비원장을 겸임시켰다. 이렇게 계속 비원장직을 겸임하면서도 성실히 직무 수행을 하였으므로 왕가에서는 백운장 증축까지 신경을 써 준 것이다.

동농이 비원 중수에 관여하면서 지금까지 남겨진 필적이 있다. 바로 관람정(觀纜亭)과 애련정(愛蓮亭)에 걸린 영련(楹聯 : 련구를 써 기둥에 걸어 늘인 것)이 바로 동농의 글과 글씨이다. 관람정에 걸린 영련은 다음과 같다.

亭近如來座池容太乙舟(누정은 여래의 앉음에 가깝고 못은 태을주 모양일세)
花愛稱君子龜齡獻聖人(꽃을 사랑하면 군자라 하고 거북은 장수를 성인에게 드리네)
碧筒供御酒霞綺散天香(푸른 통에 든 술을 임금님께 올리니 노을처럼 고운 비단에 좋은 향내 흩어지는구나)
雨葉眞珠散晴花粉瞼明(빗방울이 잎사귀에 떨어지니 진주를 흩어 놓은 듯하고 개인 하늘 밑의 꽃은 분을 바른 듯 밝구나)

또 애련정에 걸린 영련은 다음과 같다.

龜戲魚遊秋水裡(거북이는 가을 물속에 노니는 고기들을 희롱하고)
閬苑列仙張翠盖(낭원은 여러 신선이 푸른 우산을 편 듯 하며)
大羅千佛擁香城(큰 나국의 천불은 향성을 옹위하네)

翠丹交暎臨明鏡(푸르고 붉은 빛 서로 빗겨 거울에 비치고)
花葉俱香透畵簾(꽃잎에 나는 향기 발을 뚫고 나오네)
千叢艶色霞流彩(천 떨기 요염한 색깔 붉은 노을 따라 흐르고)
十里淸香麝裂臍(10리의 맑은 향내가 사향노루 배꼽에서 터져 나오네)

4. 수연(壽筵)

병오년(광무 10, 병오) 정월 29일은 동농의 회갑이다. 중추원 부의장을 맡고 있을 때이다. 관직으로 보나 그간 사귄 시우(詩友)와 관원 동료 등을 생각할 때 회갑연은 성대히 치러졌을 것으로 생각되지만, 어디에서 어떤 규모로 하였는지 정확한 기록이나 전문이 없다.

그러나 다음에 나오는 윤주찬의 축하 시에 '자하동'이라는 구절이 있는 것으로 보아 동농이 아끼고 가꿔온 백운장에서 열렸지 않았겠는가 추측된다. 또 수연을 축하하는 글도 많았으리라 믿어지지만, 남아있는 것은 몇 편뿐이다.

술병 잡고 공을 위해 말하고자 하나
말하면 공과 같은 이 뉘 다시 있을까.
다섯 아들 색동옷은 정무(庭舞)를 빛내었고
육경(卿)을 역임한 화려한 경력은 하늘이 감동해 내린 은혜이네.

어짐을 다한 것은 예부터 사람의 수명을 더해 준다 하였고
중망(重望 : 두터운 명망)받고 있는 지금에는 세상 사람이 높이 받드는 바이라오.
또한 만년에 편안히 지내시니
백운 동안의 시끄러운 소리 듣지 못했소.

(靑松 沈宜肅)

일사(一史) 윤주찬(尹柱瓚)이 학이 새겨진 화문석을 수연 기념품으로 올리면서 축하 시를 읊었다.

온갖 꽃 다 새겨진 학은 남쪽으로 날아가고
수부강녕(壽富康寧) 글자 하나하나 빛나네.
진짜 신선 회갑연에 절하고 잔 올리니
자하동(紫霞洞) 안의 흰 구름이 문짝이 되네.

이밖에 이완(李浣) 등의 글이 있다.

5. 벽력대신(霹靂大臣)

동농이 65세(1910, 융희 4) 되던 해, 곧 경술년 정월 초6일에 쓴 자술서(自述書 : 자서전)에 의하면 42세(1887, 고종 24) 되던 해에 광질(狂疾 : 정신병)에 걸리었는데, 그 광질이 다른

사람과 달랐다고 한다. "망상(妄想 : 망령된 생각)이 생기면 광증이 발동하여 내적으로 견디기 어려운 고통이 있어 선정(禪定 : 참선하여 삼매경에 이름)을 하여 겨우 진정시키곤 하였다. 그러나 외적으로 발동하면 고함을 치고 뛰고 하기 때문에 옆 사람들은 매우 괴이하게 보이지만, 자신은 기분이 매우 상쾌하게 느껴졌다"고 하였다.

"막 고함치고 할 때는 귀물(鬼物)이 내 입을 빌려, '나는 벽력대신(霹靂大臣) 옹귀비(雍鬼飛 : 귀신 이름)다'라고 하고, 너와는 전생에 원한이 있어서 너를 해하려 하지만, 너는 서산대사(西山大師, 1520~1604)[8] 후신으로 선력(禪力)에 꺾여 부득이 손을 쓰지 못한다. 몇만 년에 너를 해할 수 있을지 모르겠다"고 하였다.

"을유년(1885, 고종 22) 11월 24일, 우연히 『해동금석록(海東金石錄)』중 「환몽대사비명(幻夢大師碑銘)」을 읽어가다가 서산화두(西山話頭 : 서산대사 이야기의 말머리)를 보자 갑자기 온몸이 추워서 떨리고 울며 눈물을 흘리기를 반나절이나 되었다. 매우 놀라운 일이라 어정쩡하게 지나는데, 그날 저녁 꿈을 꾸었는데, 윤효정(尹孝定, 1860~?)[9]이 찾아와서 부

---

8 휴정대사(休靜大師)의 호. 속성은 최(崔), 호를 서산, 청허(淸虛)라 하였다. 1534년 진사과에 낙방하자 지리산에 들어가 중이 되었다. 임진왜란 때 제자들과 함께 팔도의 승병을 일으켜 국가에 공적이 많음.
9 1894년 탁지부주사. 1898년 제위양위(帝位讓位) 음모사건이 발각되어 안경수 등과 같이 일본에 망명. 1902년 우범선이 1895년의 민비시해사건의 주모자라는 것을 알고

채 하나를 꺼내 보이면서 '오늘 자네 집 문 앞에서 주웠는데 펴보라'고 하였다. 부채 윗부분에 칠언절구 한 편이 씌어 있었다. 서로 읊다가 갑자기 느낌이 왔다. 처음에는 꿈에서의 일이려니 했는데, 이것은 보통의 일이 아니게 나를 깨우치게 하였다. 나의 왼쪽 젖 위에 세 가락의 털이 나 있었는데, 길이가 한 발이나 되었다. 이제 꿈에 시를 보니 이것과 꼭 맞으니, 이 몸이 진짜로 서산대사가 전생(轉生 : 다른 것으로 다시 태어남)한 것인가 웃고 넘길 일이라고 생각하였다."

동농 자신도 "광기도 이상하고, 선정(禪定)으로 광기를 누르는 것도 이상하고, 꿈도 이상하였다. 부채에 쓴 시의 왼쪽 젖 위의 세 가닥 털 또한 이상하기 짝이 없었다. 서산대사의 진령(眞靈 : 진짜 혼령)이 300년 후 백련범신(白蓮法身)[10]으로 형상을 바꾸어 나왔으니 장차 세 가닥 털이 대천세계(大千世界)[11]를 비추어 주리라는 것이다. 운정(雲廷)은 당대의 호걸인데, 이 내용을 수긍하고 이렇게 신을 만나게 된 것도 모두 숙세(宿世 : 전생)의 인연이 아니겠는가"라고 하였다.

그 원수를 갚으려 고영근 등을 시켜 죽이고 귀국, 그 공으로 전일의 죄를 용서받았다. 대한자강회에 가담하여 일선 활동에 주력하였고, 대한협회 총무로 활동하기도 하였다.
10　석가여래의 삼신(三身)의 하나. 법계(法界)의 이치와 일치한 부처의 몸.
11　삼천세계(三千世界)의 셋째, 곧 중천세계(中千世界)의 천 곱절이 되는 세계.

6. 충청남도관찰사

1906년(광무 10) 5월 8일, 충청남도관찰사로 임명되고 칙임관 3등에 서임되었다. 그러나 이때는 중앙이든 지방이든 관리로 나가기가 대단히 조심스러웠던 시대였다. 말이 관리이지 일인들이 붙어 앉아 좌지우지하는 시대라서 무엇 하나 제대로 되는 일이 없었다. 나라에는 내적 갈등과 외적 도전이 시시각각 다가오고 있었다.

1904년(광무 8), 문제가 되는 사건들이 계속 일어났다. 대한제국을 둘러싸고 청나라, 러시아, 일본이 진출을 꾀하여 오다가, 일본은 청·일전쟁의 승리를 계기로 한국에 단단한 발판을 만들어 놓고, 마침내 1904년(광무 8) 2월 러·일전쟁을 일으켜 러시아와 마지막 대결을 벌였다.

한국과는 재차 한일협약(韓日協約)을 체결하고, 그에 따른 고문정치를 행하여 침략의 온갖 준비를 갖추고 있었다. 일본은 러·일전쟁을 승리로 끝내자 한국병합의 야욕을 더 한층 굳게 하였다. 그 결과 나타난 것이 을사보호조약(乙巳保護條約)으로, 한일합방(韓日合邦)의 직접적인 전제가 되는 사실상의 병합인 것이었다.

러·일전쟁에서 승리한 일본은 미국 포츠머스에서 강화를 시작하였다. 일본은 이에 앞서 영국과 맺은 동맹조약에 수정을 가하여, 영국은 한국에서 일본의 자유행동을 인정하게 되었다. 이어 포츠머스 조약에서 일본이 한국에서 정치, 경제, 군사상의 우월한 지위와 권익을 얻게 되자, 침략의 첫 사업으로 외교권 박탈을 꾀하였다.

일본은 이 목표를 달성하기 위하여, 1905년 10월 포츠머스 회담의 일본대표 고무라 쥬따로오(小村壽太郎, 1855~1911)[12], 주한공사 하야시 곤스케(林權助, 1860~1939)[13], 총리대신 가쯔라 다로오(桂太郎, 1849~1913)[14] 등이 보호조약 체결을 모의하였다.

11월 추밀원장(樞密院長) 이토 히로부미(伊藤博文, 1841~1909)[15]를 황제 위문의 특파대사라는 구실로 한국에 파견하여 한일협약안(案)을 정부에 제출토록 하였다. 11월 10일 한성에 도착한 이토는 11일 황제를 배알하고 일본 천황의 친

---

12 하버드 대학 출신 직업 외교관으로 두 번 외상이 되었으며 후작 작위를 받았다. 영일동맹을 맺어 러일전쟁 승전의 기반을 마련하였으며, 우리나라와 을사보호조약을 체결하고 제2차 가쯔라 내각 때 외상을 지내면서 한일합방을 강행하였다.
13 1887년 도쿄제국대학 법과 졸업. 1889년 인천주재 부영사, 1890년 영사가 되고, 후에 통상국장이 되었다. 1899년 주한공사로 부임, 7년간 재직하는 동안, 1904년 2월 한일의정서를 성립시켰고, 그 해 8월에는 제1차 한일협약을 체결하였다. 그 후 주이(駐伊), 주중, 주영대사를 지냈고, 1928년에는 식부장관(式部長官)을 지냈다.
14 청일전쟁 때 일본군 제3사단장. 전후 대만총독을 거쳐 3번이나 수상이 되었다. 일본 침략전쟁의 원흉. 영일동맹, 러일전쟁, 을사보호조약이 그의 1차 내각 때 이루어졌으며, 제2차 내각 때 한일합방이 강행되었다. 손문으로부터 만주 매수를 획책하였으나 무산되었다.
15 원래 양이론자(攘夷論者)였으나 영국에 유학하면서 양이론을 포기하였다. 1881년 정변으로 최고지도자가 되어 제국헌법 작성에 진력하였고, 1885년 내각 제도를 창설, 초대 내각총리대신이 되었다. 1905년 을사보호조약을 강제로 성립시키고 초대 통감에 취임하여 한일합방의 기초를 마련했다. 1909년 만주 시찰과 러시아와의 협상 차 하얼빈에 도착했을 때 안중근 의사의 총에 맞아 죽었다.

서를 봉정(奉呈 : 삼가 받들어 들임)하였지만, 일이 잘 풀리지 않아 15일 재차 배알하여 한일협약안을 제시했다.

조정에서는 반대가 심하였다. 이때는 말이 좋아 배알이지 협박이었다. 17일에는 일본공사가 정부의 전 각료를 일본공사관에 불러 한일협약의 승인을 꾀하였다. 그러나 오후 3시가 되도록 동의를 얻지 못하자, 그 길로 궁중으로 몰고 들어가 어전회의(御前會議)[16]를 열기로 하였다.

어전회의가 열리고 있는 동안 궁성 주위 및 시내 요소는 무장한 일본군이 경계하였고, 다른 부대는 계속 시내를 순찰하거나 궁중을 드나들며 무력시위를 하고 있었다. 이 날 이토 히로부미는 주한 일본군사령관 하세가와 요시미찌(長谷川好道)와 함께 세 번이나 고종을 배알, 황제가 대신들과 논의하여 원만한 해결을 볼 것을 재촉하였다.

어전회의는 고종이 병으로 참석하지 못한 채 열리었다. 이 회의에서도 의견일치가 어려워지자 일본공사는 이토를 불러왔다. 이토는 하세가와를 대동, 헌병의 호위를 받으며 들어와 각료 한 사람씩을 잡고 협약에 대한 가부를 물었다. 참정대신 한규설(韓圭卨, ?~1930)[17]과 탁지부대신 민영기(閔泳綺,

---

16　임금 앞에서 원로대신들이 국가 대사를 의논하는 회의.
17　일찍이 무과에 급제하여 포도대장 장위사(壯衛使), 의정부 찬정(贊政)을 지내고, 1905년 의정부 참정(參政)으로써 내각을 조직, 제2차 한일협약에 반대하였으며, 뒤에 중추원 고문, 궁내부 특진관이 되었다.

1858~1927)¹⁸⁾가 반대하였을 뿐, 다른 대신들은 약간의 수정을 조건으로 찬성하였다.

조선 왕조는 이것으로 멸망의 순서를 밟고 있었다. 이때 찬성에 앞장섰던 외부대신 박제순(朴齊純, 1858~ 1916)[19], 내부대신 이지용(李址鎔, 1870~?)[20], 군부대신 이근택(李根澤, ?~1919)[21], 학부대신 이완용, 농상공부대신 권중현(權重顯, 1854~1934)[22]을 을사오적(乙巳五賊)이라 한다.

이 조약으로 말미암아 한국정부의 외교권은 일본으로 넘어가고, 통감부가 설치되어 내정까지 일일이 간섭받게 되었다.

외교권은 소위 을사보호조약 제1조의 "일본 정부는 동경에 있는 일본 외무성에 의하여 금후 한국의 외국에 대한 관계 및 사무를 통리 지휘하고, 일본국의 외교 대표자 및 영사는 외국에 있는 한국의 신민(臣民) 및 이해를 보호 할 사(事)"라는

18　호는 만암(滿庵), 포암(蒲庵). 무과에 급제하여 1883년 운봉현감이 된 이래 경기관찰사, 군부대신을 지내며 독립협회의 활동을 적극 배격하였다. 박제순 내각에 참여하여 탁지부대신을 지냈고, 1908년 동양척식회사 부총재, 합방 후에는 이왕직장관을 지냈다.
19　1883년 문과 급제. 텐진에 사무관으로 파견되었다가 돌아와 참판, 한성부윤 등 역임. 1898년 외부대신이 되고 1905년 한일협약을 조인하였다. 1910년 이완용 내각의 내부대신으로 합방조약에 서명했다.
20　1887년 문과 급제. 요직을 역임하고 1904년 외무대신으로 한일의정서를 조인하였다. 한일합방 때 백작을 받았다.
21　1884년 무과급제. 단천(端川) 등지의 선전관을 역임하고 충청수사, 우부승지 등을 거쳐 1897년 한선회(韓善會) 등과 정부전복음모에 가담했다가 제주도에 귀양을 갔다. 이후 방면되어 각종 요직을 거쳐 1905년 군부대신 때 을사보호조약에 찬동하였고, 합방 후 자작을 받았다.
22　1884년 부산감리서 서기관. 주일공사, 한성부윤을 거쳐 1897년 농상공부대신. 의정부 찬정(贊政)으로 승진되어 법부, 농상공부대신을 겸임하였으며, 을사보호조약에 서명하였다.

조문에 의한 것이고,

통감부 설치는 동 조약 제3조 "일본국 정부는 그 대표자로 하여금 한국 황제 폐하 궐하(闕下)에 1명의 통감(統監 : 통감부의 장관)을 두되, 통감은 전혀 외교에 관한 사항을 관리하기 위하여 경성에 주재하고, 친히 한국 황제 폐하에 내알(內謁 : 은밀히 들어가 만남)하는 권리를 유(有)함…"이라는 내용에 따라 통감부를 설치, 소위 통감정치가 이루어지게 된 것이다.

이 사실이 장지연(張志淵, 1864~1921)[23]에 의하여 '시일야방성대곡(是日也放聲大哭)'이라는 제목으로 「황성신문(皇城新聞)」[24]에 보도되자 전 국민 사이에서 조약을 반대하는 운동이 일어났다.

시종무관장 민영환(閔泳煥, 1861~1905)[25] 등 몇몇 중신과 지사들이 자결하는가 하면, 전국 각지에서 의병들이 들고 일어났다. 충청도에서는 전 참판 민종식(閔宗植)[26], 김복한(金福漢), 전라도에서는 전 참찬 최익현(崔益鉉, 1833~

---

23 호는 위암(韋庵). 1901년 황성신문 사장이 됨. 1905년 11월 을사보호조약이 체결되자 '시일야방성통곡'이란 사설을 써서 유명함.
24 1898년에 발간된 신문. 남궁억(南宮檍) 등이 경성신문(京城新聞)을 인계받아 개제, 창간하였다. 국한문 혼용으로 하였다. 애국적 논필로 여러 차례 정간을 당하다가 1910년에 강제 폐간되었다.
25 호는 계정(桂庭). 1896년 특명전권공사로 러시아 황제 니콜라이(Nicolai) 2세 대관식에 특파되었다. 영국, 독일, 프랑스, 이탈리아, 오스트리아의 특명전권대사, 공사 등을 지냈다. 1905년 을사보호조약이 체결되자 조약 파기를 상소했다가 받아들여지지 않자 자결하였다.
26 1882년 문과급제. 벼슬이 참판에 이르렀으나 사임하고 충남 정산(定山)에서 살았다. 1905년 한일신조약이 체결되자 이를 반대하고 동지를 규합, 호서(湖西) 의병을 일으켜 체포되었다가 특사로 석방되었다.

지산 김복한

1906)[27], 경상도에서는 신돌석(申乭石)[28], 강원도에서는 유인석(柳麟錫, 1842~1915)[29]이 의병을 일으켰다.

미국, 영국, 청국, 독일, 불란서, 벨기에 등 구미 각국의 공사들도 공사관을 폐지하고 본국으로 돌아갔다. 이때 설치된 통감부는 일본이 필요로 하는 사항들을 직접 명령하고 집행하기에 이르렀으며, 내정간섭도 서슴지 않았다.

이렇게 어려운 시기에 중앙관도 그렇지만 지방관으로 나가는 것도 마음에 내키는 일은 아니었다. 여기저기서 의병이

---

27 호는 면암(勉庵). 화서(華西) 이항로(李恒老)의 제자. 1855년 문과급제. 1873년 호조판서로 대원군의 정책을 반대하다가 제주도에 귀양갔다. 1894년 공조판서, 의정부 찬정 등에 임명되었으나 사퇴했다. 1905년 을사조약이 체결되자 이에 반대, 이듬해 의병을 일으켜 항전하다가 체포되어 쓰시마에 유배되어 단식으로 운명하였다.
28 1906년 평해에서 의병을 일으켜 많은 일본군을 죽여 명성이 높았다. 현상금을 노린 친척의 손에 무참히 살해되었다.
29 호는 의암(毅庵). 이항로의 제자. 1876년 병자수호조약 체결 반대상소를 올렸다. 1894년 갑오경장 이후 친일내각에 반대하여 의병을 모집, 의병장으로 충주, 제천 등에서 싸웠다. 다시 만주로 들어가 서간도를 무대로 독립운동을 하였다.

일어나고, 이를 진압하기 위해 일본군이 전국을 설치고 다니는 판국이니, 그 행동은 눈뜨고 볼 수 없는 지경이었다. 게다가 도백이나 군수가 지방재판소 판사를 겸직하는 것이 관행이어서 그 일 또한 쉽지 않았다. 일반 잡범이라면 몰라도 의병과 같은 행위를 범죄로 보는 것은 더더구나 어려운 일이었다.

동농도 충청남도 도백으로 부임한지 8일만인 5월 16일, 충청남도재판소 판사직을 겸임 발령받았고, 그해 10월 4일에는 충청남도 세무감(稅務監)까지 겸직 발령받았다.

동농은 평소 국가부흥은 교육부터라는 소신을 가지고 있었다. 그래서 1906년 충청남도 도백으로 나갈 때 먼저 할 일이 교육이라고 생각했다. 도내 교육기관에 대한 조사를 해보니 전국에서 충청남도가 가장 열등하였다. 도내 각 군의 향교 소유 토지를 조사하고, 군수들이 학교를 설립하고, 매년 향교 토지에서 나오는 곡식을 거두어 운영비로 학교에 주도록 조치했다. 그리고 뜻있는 사람들이 내놓은 찬조금도 유지 자금으로 쓰게 하였다.

동농은 재임 시 전 참판 이용관(李容觀), 전 비서승 오정선(吳鼎善), 승지 이규환(李圭桓), 유학 남성익(南星翼), 황문수(黃文秀), 이달녕(李達寧) 등과 구산학교(鳩山學校)를 설립하고 교장에 취임하였다. 그때 교사는 김상우(金相禹)였으며, 생도는 30명이었다. 교과목은 수신, 윤리, 국문, 한문, 독서, 작문, 역사, 지리, 산술, 일어 등이었다. 이 학교는 동농의 열성적인 지원으로 공주 일대를 대표하는 학교로 발전하였다.

이때 충남 각 학계(學界)도 흥성하게 되었다.

　1907년(광무 11, 정미) 4월 27일, 중추원 찬의에 임용되고 칙임관 1등에 서임되었다. 그리고 한 달이 채 못 되는 5월 17일, 겸직하였던 충청남도재판소 판사와 충청남도 세무감에서 해임되었다. 그리고 중추원 찬의도 사퇴 상소를 올리어 체직되었다.

7. 사립기호학교(私立畿湖學校) 설립

　이제 조바심하며 진력하던 나랏일에서 손을 놓게 되자 시원하기도 하고 무료하기도 했다. 동농은 교육에 대해 남다른 열정을 가지고 있었다. 동농은 동양에서 가장 먼저 서양문물을 배워 앞서 가던 일본에서 공사 생활을 하면서 보고 느낀 바가 여러 면에서 있었다. 그러나 그 중에서도 모든 것은 교육에서부터 시작해야 한다는 것을 깨달은 바 있어 늘 교육의 중요성을 내세웠다.

　동농은 1897년 황해도관찰사로 부임하자마자 공립학교 창립에 노력하였다. 1899년에는 양잠회사를 설립하고, 이에 부설 양잠전습소를 두어 수백여 명을 교육한 바 있다. 충청남도관찰사로 내려가서도 대한자강회(大韓自强會)가 조직되자 여기에 참여하였다. 자강회도 교육과 관련이 깊은 단체였다.

　대한자강회는 구한국(舊 大韓帝國) 시절, 교육을 통하여 국민을 계몽시킴으로써 독립자존의 기반을 닦으려던 것을 목표로 한 단체였다. 초대 회장은 윤치호(尹致昊)였는데, 의무교육의 실시, 악질적 폐습의 엄중 금지, 색깔 있는 복장의 착용 및 단발의 시행 등 3개 항목을 정부에 건의하였다.

이 가운데서도 가장 중요한 목표는, 정치적 단체 활동의 구속에서 벗어나기 위해서는 무엇보다 교육과 계몽을 통하여 민족적 주체의식을 고취시키고 독립자존의 힘을 양성해야 한다는 것이었다. 그렇기 때문에 그들은 교육기관의 창설을 강조하고, 교육의 확장과 부강을 도모하는 실천운동을 주지(主旨)로 삼았다.

또한 고종황제의 퇴위와 순종황제 즉위에 반대하는 국민운동을 전개하는 등 친일내각에게는 가시같은 존재였다. 마침내 이완용은 내무대신의 명의로 1907년 8월 21일, 대한자강회의 해산 명령을 내렸다. 동농은 대한자강회가 해산되어도 이 회가 가졌던 뜻을 편다면 아무 문제가 없다고 생각하고 학교 경영에 매진하였다.

동농은 62세 되던 1907년(광무 11, 정미) 5월 30일, 모든 관직에서 물러나 한가하게 살려 하였다. 그러나 인재 교육을 위하여 기호흥학회(畿湖興學會)의 교육부장이 되고, 기호학교(畿湖學校)를 설립하였다. 동농은 추위 더위를 돌보지 아니하고 매일 학교에 출근하여 백방으로 학교 유지 경영에 고심하였으나 끝내 실효를 거두지 못했다. 동농은 그 일로 걱정과 화가 생겨 병까지 났다.

당시 지식계급의 대다수는 '교육보국(敎育報國)'의 생각으로 교육기관을 설립하거나 교육 분야에 종사하였다. 신교육의 실태를 돌아보면 교육열은 대단하였다. 1883년(고종 20) 원산학사(元山學舍)의 건립은 새로운 시세에 따라 세워진 최초의 교육기관이다. 그후 배재학당(培材學堂)[30], 이화학당(梨花學堂)[31], 경신학교(敬新學校), 배화여학교(培花女學校) 등이 기독교 선교사업으로 설립되어 근대교육을 실시하였다.

1894년(고종 1, 갑오)의 갑오개혁(甲午改革)은 근대교육에 대한 법령을 정비하는 계기가 되었다. 고종은 1894년 7월 학무아문(學務衙門)을 설치하고, 교육조서(敎育詔書)를 내려 정부의 보통교육 이념과 실천의지를 밝혔다. 이 조서의 내용은 다음과 같다.

1. 교육은 국가 보존과 번영을 위한 근본이며,
2. 교육은 허명식을 버리고 실용적이고 과학적인 학문의 추구에 있고,
3. 교육의 3대 강령은 덕양(德養), 체양(體養), 지양(智養)이며,
4. 근대교육을 위한 학교 광설(廣設)과 이를 위한 인재양성이다.

그리고 학교 설립 주체도 관립(정부), 공립(지방관청), 사

---

[30] 한국 최초의 근대식 중등교육기관. 현 배재중고등학교의 전신. 1885년 미국 북감리교 선교사 아펜젤러가 창립하였다.
[31] 1887년 7명의 학생으로 시작하였다. 1886년 미국 감리교 선교사 스크랜턴 부인이 자택에서 1명의 제자를 데리고 시작한 한국 최초의 여성 교육기관이다. 지금의 이화여자대학교이다.

립(개인)으로 구분하고, 수업연한도 심상과(尋常科)[32] 3년, 고등과 2~3년으로 하였다. 그러나 학부의 인식 부족과 위정자들의 의지 부족으로 전국의 공·사립학교 학생 수는 2천여 명으로 큰 진전이 없었다.(1898년 10월 통계)

일부 관료와 선각자들은 관에 교육을 맡겨서는 활성화가 어렵다는 것을 감지하고 사립학교 설립에 기대를 걸기도 하였다. 이는 부국강병을 위한 시무책(時務策 : 시무에 관한 책략) 차원에서 설립되기 시작하여 해를 거듭할수록 활성화되어 전국으로 퍼져 나갔다. 그러나 관립학교와 마찬가지로 사립학교도 그렇게 기대할 수는 없는 수준이었다. 특히 지방은 교사(校舍)와 교사(敎師) 확보가 어려워 건실한 교육을 할 수 없었다.

이러한 가운데서도 국문학교 설립을 정부가 계획하였다. 이를 주도한 인물은 의학교(医 學校) 교장 지석영(池錫永, 1855~1935)[33]이었다. 그는 일찍부터 한글에 관심을 가지고 꾸준히 연구를 해온 인물의 한 사람이었다. 개화기부터 주시경(周時經, 1876~1914)[34], 최광옥(崔光玉), 유길준도 한글에

---

32 일제시대 한 동안 지금의 초등학교를 이르던 말. 심상과는 대한제국 말 잠시 운영되었던 소학교 하급과정이었음.
33 호는 송촌(松村). 1880년 일본에 가서 종두(種痘) 제조법을 배우고 귀국, 1899년 경성의학교를 세워 교장으로 있었다. 우리나라 종두 연구의 선구자이다. 또한 한글 연구에도 조예가 깊었다.
34 호는 한힌샘. 독립신문의 교정을 맡아 보면서 한글연구 단체인 조선문동식회(朝鮮文同式會)를 조직, 한글 기사체의 통일과 연구에 힘썼다. 우리말과 글 보급에 일생을 바쳤다.

관심을 갖고 연구하여 왔다. 그들은 한글을 좀 더 체계적이고 과학적으로 연구하여 상용화하려는 생각을 갖고 있었다. 또 한글 상용을 민족정신을 고취시키는 방법으로도 생각하였다. 국문학교 설립에 동농도 참여하였다. 이에 대한「황성신문」보도는 다음과 같다.

> 김가진(金嘉鎭)씨가 사립 국문학교를 설립코저 학부 인허(認許)를 득(得)함은 본보에 이미 보도하였거니와 교장은 김가진씨오 부교장은 이재각(李載覺)씨이오 사무장은 조동완(趙東完)씨오 교감은 ○○○씨라더라.

이러한 운동은 단순히 국문 보급이나 국문 교육 차원이 아니라 민족사상과 의식을 전수한다는 의미가 담겨 있어 언론의 관심이 집중되었다. 동농은 이밖에도 광무학교(鑛務學校), 체신학교(遞信學校) 등 과학 교육에도 관심이 많아서 과학기술 교재의 서문을 쓰기도 하였다.

8. 마지막 관직 - 규장각 제학

1905년 제2 한일협약(을사보호조약)이 체결되자 일본은 통감을 주재시켜 외교권을 관리하였다. 이것은 어디까지나 일본의 무력 우위를 배경으로 강압적으로 이루어진 것이지, 조선 황실이나 조선인 어느 한 사람도 원하는 바가 아니었다. 고종은 1907년 네덜란드 헤이그에서 만국평화회의(萬國平和會議)가 열리는 것을 알고 이준(李儁, 1859~1907)[35], 이상설(李相卨, 1871~1917)[36], 이위종(李瑋鍾)[37]을 파견, 을사보호조약이 일본의 강제에 의한 것임을 폭로하여 파기하려 하였다.

계획대로 전 의정부 참찬 이상설에게 신임장과 친서를 주고, 전 평리원(平理院) 검사(檢事) 이준과 같이 떠나도록 하였다. 이들은 블라디보스토크[38]와 시베리아를 거쳐 당시 러시아의 수도였던 페테스부르그에 도착하였다. 거기에서 전 주러 공사관 서기관 이위종을 동반, 회의 개최 며칠 전에 헤이그에 도착하였다.

이들은 고종의 신임장을 제시, 한국의 전권위원으로 회의 참가를 요구하는 한편, 한일보호조약은 일본의 협박에 의한 것이고, 한국 황제의 승낙 하에 이루어진 것이 아니므로 마땅히 무효화되어야 한다고 역설, 조약의 파기를 회의 의제에 상정시키고자 하였다.

그러나 일본 대표 고무라 쥬따로오(小村壽太郞)의 방해

---

35 호는 일성(一醒). 1907년 고종의 밀사로 이상설, 이위종과 함께 헤이그에서 열린 만국평화회의에 참석, 일본의 침략행위를 세계에 알리려다 일본의 방해로 이루지 못하고 그 곳에서 분사(憤死)하였다.
36 호는 부재(溥齋). 1905년 의정부 참찬을 지내다가 을사조약이 맺어지자 조약 폐기를 상소. 1907년 헤이그에 밀사로 갔다가 실패한 후 블라디보스토크에서 객사했다.
37 헤이그 밀사 3명 중 하나. 제2회 만국평화회의에 가서 국권회복을 꾀하여 활약하였음.
38 연해주의 항만도시. 1860년 중국으로부터 취득한 양항(良港). 시베리아 철도의 기점이며 해군기지가 있다.

공작으로, 네덜란드 정부와 평화회의 의장(러시아 대표) 알렉산드르 바노미치 넬리도프는, 한일조약이 이미 국제적으로 승인된 이상 한국정부가 나설 수 없다며 거부하였다. 이들은 할 수 없이 내외 각국 대표들에게 일본의 야만적 침략행위를 설명하는 것으로 대신할 수밖에 없었다.

이 사실을 파악한 일본은 통감 이토 히로부미를 통하여 고종을 문책하려 하였다. 이들은 갖은 협박으로 고종을 퇴위시키고, 그해 7월 27일 순종(純宗)을 즉위시켰다.

동농은 청나라와 일본에 오래 있으면서 문화와 정치 등을 살펴 비교하였다. 이때 일본은 이미 서양문물을 받아들여 군사, 경제, 문화뿐 아니라 정치면에서도 중국이 많이 앞서 있었다. 그리하여 일본을 모델로 삼아야겠다는 생각을 많이 하였고, 또 이들을 이용하여 개혁을 해야겠다는 생각을 가지고 갑오경장, 광무개혁 등에 앞장섰다.

그러나 점차 그들의 마각이 드러나면서 일본을 멀리하기 시작하였다. 아무리 무력이 강하다고 하여도 한 나라의 궁성을 유린하고 황제를 협박하여 제멋대로 조약문을 만들어 나라를 빼앗아 가는 행위는 야만 중에 야만임을 확인하게 되었다. 이미 힘없는 나라의 관리 자리는 무의미한 것이었다.

동농은 순종이 즉위한지 한 달 되는 8월 27일, 대황제즉위예식기념장(大皇帝卽位禮式紀念章)을 받았다. 그러나 참으로 공허한 감이 들었다. 멀쩡한 황제가 왜놈의 작당에 의하여 밀려나고 새 황제를 세운다는 자체부터 못마땅하였고, 가까이 모시던 황제가 억울한 일을 당하고 있는데도 이러지도 저러지도 못하는 신세 또한 한탄스러웠다.

　그럭저럭 하는 일 없이 그해 여름과 가을을 보냈다. 동짓달 그믐날 종1품을 받고 칙임관 1등에 서임되었다. 규장각 제학에 임용되고, 역시 칙임관 1등에 서임되었다. 그러나 당장 관직에 뜻이 없어졌다고 물러서기도 그렇고, 그냥 그 자리에 있자니 일본인들의 꼬락서니가 보기 싫었다. 괴롭고 답답한 생활로 해를 넘기며 10여개 월을 지내다가 더 이상 견딜 수가 없어서 1909년(융희 3) 9월 23일 사직원을 내 윤허를 받았다. 마지막 관료생활 열 달은 거취문제에 대하여 고민에 고민을 거듭했던 시기였다.

학회(學會) 활동

1. 대한협회(大韓協會)

　　동농은 처음에는 일본에 대하여 호의를 갖고 있었다. 혹 미덥지 못하고 신실치 못한 구석이 엿보여도 그저 좋게만 보아왔다. 그런 동농이었는데, 정미조약(丁未條約) 체결을 보고는 이제 더 이상 일본을 믿거나 본받을 나라가 못된다고 단정하고, 관직을 내어 놓은 뒤 국권회복운동의 일환으로 학회 활동에 적극 가담하였었다.

　　이때 교육을 통하여 국민을 계몽시킴으로써 독립자존의 기반을 닦으려던 단체가 있었다. 대한자강회(大韓自强會)였다. 대한자강회는 1906년 윤효정, 장지연, 나수연(羅壽淵), 김상범(金相範), 임병항(林炳恒) 등이 주관, 이준 등이 운영하던 헌정연구회(憲政硏究會)를 혁신 확장하여 새로 발족한 단체였다.

대한자강회는 고종황제의 퇴위와 순종황제의 즉위에 반대하는 국민운동을 전개하여 친일내각에게는 눈엣가시 같은 존재였다. 그리하여 친일파 이완용 내무대신은 1907년 8월 21일 대한자강회의 해산명령을 내렸다. 대한자강회는 해산되었지만, 애국단체의 필요성을 느끼고 있었던 지사들은 다시 새로운 단체를 만들었다. 대한협회(大韓協會)이다.

　　대한협회는 1907년 11월 10일 창립총회를 열었다. 창립총회가 있기 일주일 전 권동진(權東鎭, 1861~1947)[1], 남궁억(南宮檍), 유근(柳瑾, 1861~1921)[2], 여병현(呂炳鉉), 오세창(吳世昌), 윤효정, 이우영(李宇榮), 장지연, 정운복(鄭雲復)[3], 홍필주(洪弼周) 등이 모여 다음과 같이 설립취지와 강령을 발표하였다.

1. 수백 년 동안 정치 기강의 문란으로 교육·산업이 부진하는 등 자주국가로서 존립근거를 상실함이다.

1　독립운동가. 호는 우당(憂堂). 군수, 육군 참령(參領)을 지냈다. 갑신정변으로 손병희, 오세창 등과 일본에 망명하였다가 귀국한 후 천도교를 지도하였다. 3.1운동 당시 천도교 대표로 33인의 한 사람이 되어 독립운동에 참여, 3년간 복역했다. 그후 신간회 부회장을 지냈다.
2　언론인. 한학과 문장에 능한 재사였다. 1898년 장지연, 남궁억 등과 황성신문을 창간하여 독립정신 고취에 힘썼다. 뒤에 황성신문사 사장이 되었으나 일제의 탄압으로 사퇴하였다. 1920년 동아일보 창간 시 편집감독에 추대되었다.
3　1906년 이갑(李甲)과 함께 우리나라 최초의 교육단체 서우학회(西友學會)를 조직. 교육기관의 확장을 강조하고 민족의식 고취에 힘썼다. 1908년 이준의 한북학회(漢北學會)와 합동하여 서북학회를 조직, 안창호 등 애국지사와 손잡고 민중계몽과 배일운동을 계속하였다.

2. 스스로 자멸하기를 기다리지 말고 분연히 일어나 전진하자.
3. 국가와 개인의 관계는 서로 상이한 존재가 아니다.
4. 단체를 조직한 목적은 산업·교육을 강구하여 사회지식 발달과 신진 덕성을 도야하는 한편 국력을 증진시켜 참다운 국민을 양성함이다.
5. 이를 위하여 종교의 상이함과 직위의 고하를 막론하고 대동단결로 난국을 극복하자.

교육의 보급, 산업의 개발, 생명재산의 보호, 행정제도의 개선, 관민폐습의 교정, 근면저축의 실행, 권리·의무·책임·복종의 사상 고취 등으로 요약되는 교육진흥 7대 조목이 강령이 되었다.

대한협회의 발기인이나 임원진은 대부분 대한자강회 회원이나 임원들이었다. 그런데 문제는 선출된 총재나 회장들이 모두 취임하기를 거부하여 부회장과 평의원이 중심이 되어 회의체를 움직여 왔다.

그해 12월 제3회 정기총회에서 회장으로 남궁억을 선출하고, 총재는 추후 뽑기로 하였는데, 회장으로 선출된 남궁억마저 사임하자, 1908년 7월 동농을 새 회장으로 선출하였다. 그리고 그해 11월 29일 특별총회에서 임원진을 선임하였다. 이때의 임원진은 다음과 같다.

회장 김가진, 부회장 오세창, 총무 윤효정

평의원 강엽(姜熀), 강윤희(姜允熙), 강화석(姜華錫), 김명준(金明濬), 김윤오(金允五), 유근(柳瑾), 변종헌(卞鐘獻), 서상팔(徐相八), 신규식(申圭植, 1879~1922)[4], 안병규(安炳奎), 안창호(安昌浩, 1878~1938)[5], 오세장(吳世章), 윤주찬(尹柱贊), 이도영(李道榮), 이민경(李敏卿), 이병호(李秉昊), 이종일(李鍾一, 1858~1925)[6], 이해조(李海朝, 1869~1927)[7], 장기렴(張基濂), 장효근(張孝根), 정만조(鄭萬朝, 1859~1936)[8], 정영택(鄭永澤), 정운복(鄭雲復), 정현철(鄭顯哲), 조완구(趙琬九, 1880~?)[9], 최경순(崔敬淳), 한기준(韓基準)

4 구한국 육군무관학교 졸업. 대한자강회, 대한협회 등 독립단체에 가입하였고, 1909년 대종교에 입교하였다. 1911년 중국에 건너가 손문의 우창의거에 가담하는 등 중국 국민당 간부들과 친교를 맺어 독립운동의 터전을 닦았다.
5 호는 도산(島山). 1898년 이상재, 윤치호, 이승만과 만민공동회를 개최하였고 독립협회 운동을 계속했다. 1900년 미국에 건너가 있다가 을사보호조약 체결 소식을 듣고 1905년 귀국, 양기탁 등과 신민회(新民會)를 조직하였다. 인재양성을 통하여 독립을 해야 한다는 생각으로 학교 건립, 문화, 산업진흥에도 힘썼다. 3.1운동 후 상하이에 건너가 임시정부 내무총장 및 노동총판을 맡았다.
6 호는 옥파(沃坡). 15세 때 사서삼경에 통하였다. 1898년 제국신문(帝國新聞) 사장이 되어 1907년까지 10여 년간 일제의 침략정책을 비판하고 민족자주정신을 키우기에 노력하였다. 3.1운동 때 민족대표의 한 사람으로 독립선언서에 서명하고 직접 인쇄하였다.
7 신소설 작가. 호는 동농(東濃). 필명은 우산거새(牛山居士) 등 다섯이나 있다. 언론에 관계하면서 대표작 『자유종(自由鐘)』을 비롯하여 서른 편에 가까운 작품을 썼다.
8 호는 무정(茂亭). 1891년 문과 급제. 예조참의, 승지를 역임하고 내부 참의관으로 있다가 1896년 무고를 당하여 진도에 귀양 가서 12년간 있었다. 사면되어 돌아와 규장각 부제학 등을 지내고, 총독부 중추원 촉탁, 조선사편수회 위원 등을 거쳐 1929년 경학원(經學院) 대제학으로 명륜학원(明倫學院) 총재, 이왕가 실록편찬위원에 뽑혀 그 일을 주재했다.
9 호는 우천(藕泉). 1915년 북간도에서 대종교 포교 활동. 1919년 임정수립 후 국무위원 역임. 1921년 협성회 가담. 이봉창, 윤봉길 의사 의거에 기여. 6.25 때 납북됨.

대한협회 초기 동농은 회장으로서 특별한 활동은 없었던 듯하다. 동농은 1909년 12월 11일 제3기 임원에 선출되면서 활발하게 활동하기 시작하였다.

제3기 임원개선 내용을 보면, 회장은 동농이 유임되고, 부회장 오세창, 총무 윤효정 역시 유임되었다. 다만 부서를 늘려 부총무에 홍필주(洪弼周), 교육부장에 여병현(呂炳鉉), 실업부장에 권동진(權東鎭), 법률부장에 이우영(李宇榮), 재정부장에 이민경, 지방부장에 이종일을 임명하였다.

또 평의원은 숫자를 많이 줄이고 새 인물도 여럿 참여시켰다. 김린(金麟, 신), 김병수(金秉洙, 신), 김상범(金相範, 신), 박승엽(朴承燁, 신), 변종헌, 신규식, 심의성(沈宜性, 신), 이해조, 조완구, 최민순, 현은(玄隱, 신) 등이 3기 평의원이었다. 평의원의 확대 개편은 조직 활성화를 위한 목적이었고, 부장 임명은 전문성을 고려한 것이어서 학회 발전을 위한 단단한 기반을 조성한 것이다.

또 '대한협회 분지회 설립규정'을 만들고, 이에 의거하여 지회 설립에 노력한 결과, 지회 84개에 회원 7,8천에 이르렀다. 지회는 영·호남에 집중되었다. 대한협회의 전신인 대한자강회 지회가 서북 편중인데 비해, 대한협회의 지회는 남부 지역이라는 새로운 현상이 나타난 것이다. 특히 유생들의 본거지라 할 수 있는 안동, 성주 등에 설립된 지회는, 유학자들도 시대 변화에 접근하여 근대문물을 수용하려는 모습을 보여준 것이라 하겠다. 특히 안동의 협동학교(協同學校) 설립이 그 예라 하겠다.

　동농이 회장에 취임하기 전, 회원 여럿이 찾아와 회장 자리가 비어 있어 대한협회가 잘 운영되지 못함을 호소하였다. 이들은 대한협회의 7대 강령(綱領)의 주지(主旨)를 설명하고, 동농이 회장을 맡아주어야 활성화될 것이라고 권유했다. 동농은 이 권유를 받아들여 노령에도 불구하고 회장에 취임, 열성을 다하였으므로 1910년(융희 4) 9월 대한협회가 해산될 때까지 잘 운영되었다. 이는 동농이 관료로써 쌓은 관리능력을 잘 살려 운영하여 왔기도 하거니와, 회원이나 임원진이 동농에 대해 깊이 신임하였기 때문이기도 하다.

　동농은 회장 재임 중에 사립학교 설립운동을 펼쳐 많은 성과를 보였다. 또 사립학교연락회(私立學校聯絡會)를 조직하여 잘 운영되게 하였으며, 교과서 편찬 등에도 관여해 많은 업적을 남기었다. 그리고 한편으로는 식산흥업을 위한 다양한 활동을 펼치었는가 하면, 서정쇄신을 위해 이완용 내각을 규탄하는 정치활동도 펼쳐나갔다.

　동농은 교육뿐만 아니라 언론이 독립정신 고취에 매우 중요하다고 생각하고 여러 신문에 축하 글이나 휘호를 보내었다. 이 활동은 1910년 전후의 시기에 벌인 것으로 보인다. 동농 가장문서에 남아 있는 것을 보면, 1909년(융희 3) 7월 5일 법정신문사(法政新聞社) 개업을 축하하는 글을 보냈으며, 1910년 7월 『천도교월보(天道敎月報)』 창간을 축하하는 휘호를 보낸 바 있다.

비슷한 시기로 보이나 연월일이 없는 몇 건이 더 있다. 「경남일보(慶南日報)」 제100호를 기념하는 휘호와 『대동학회회보(大東學會會報)』 창간기념 휘호, 『조선시보(朝鮮時報)』 4,000호 기념 휘호 등을 보냈다. 독립정신 고취를 위한 계몽과 교육, 선전을 위해서는 신문의 효과를 잘 알았던 것이다.

2. 기호흥학회(畿湖興學會)

동농은 기호흥학회에도 깊이 관여하였다. 학회의 교육부장, 월보 저술원, 찬무 사무장, 찬무원 등을 맡아 활발하게 활동하였다. 앞에서 기술한 바와 같이 교육부장 재임 시 기호학교를 설립, 풍우한서 불구하고 출근하여 노력에 노력을 다하였다. 그리고 교사소개소(敎師紹介所) 운영이나 충청지방의 교육열을 제고시킨 것 등도 그와 관계가 깊다.

이밖에 언론의 중요성도 깊이 인식하였다. 신문, 잡지 등을 통하여 활발하게 계몽운동을 펼칠 수 있을 것이라 생각한 것이다. 그리하여 박은식(朴殷植, 1859~1926)[10], 유근(柳瑾),

---

10 호는 백암(白巖). 황성신문, 대한매일신보, 서북학회월보 등의 주필로 있으면서 애국정신을 고취하고 정부의 실책을 비판하였다. 3.1운동 후 상하이에서 한족공보 주필을 지냈다. 1925년 임시정부의 국무총리로 대통령을 대리했으며, 다음 해에 대통령을 지냈다. 저서로 『한국통사(韓國痛史)』를 비롯하여 여러 권의 역사서가 있다.

정영택(鄭永澤), 유동열(柳東說)[11] 등과 국제신문찬성회를 조직하였는데, 이것은 언론매체를 통한 애국계몽운동을 염두에 둔 것이었다.

동농은 지석영, 김명수(金明秀), 이종일, 유성준(兪星濬) 등이 조직한 국문연구회(國文研究會) 활동도 지원하였으며, 또한 각종 교재에 대한 서문도 썼다. 『물명고(物名攷)』, 『신찬중등무기화학(新撰中等無機化學)』, 『조선여자작법서(朝鮮女子作法書)』의 서문을 동농이 썼다. 특히 여성교육의 중요성을 역설하기도 하였다. 『가뎡잡지』, 『녀자독본』, 『교육월보』 등 한글잡지의 보급 배경은 동농의 이러한 생각과 관계가 깊다.

이러한 사회 분위기 조성은 각지의 국문학교 설립으로 나타나기 시작하였다. 국문학교는 주로 야학교(夜學校)로 시작되었다. 국문학교는 소규모로 시작, 각종 교재를 한글로 번역하여 사용하였다. 특히 부녀자와 노동자 교육은 단시일 내에 성과를 거둘 수 있었다. 그것은 한글이 간편하고 알기 쉬운 글자이기도 하고, 또 한글 교육이 애국심의 근원이 된다는 국가관 때문이기도 하였다.

동농의 교육에 대한 열의는 안동김씨 문중에도 잘 알려져 있었다.

11　호는 춘교(春校). 1906년 안창호가 신민회를 주도할 때 윤치호, 이상재, 김구, 노백린 등과 함께 배일구국운동을 전개하였다. 3.1운동 후 중국에 건너가 상하이 임정 참모총장직에 있으면서 광복군 양성에 주력하였다. 1935년 난징에서 민족혁명당을 조직, 독립투쟁전선을 통합하고 구국운동에 앞장섰었다.

1908년(융희 2) 6월 21일 중부(中部) 대사동(大寺洞) 심정곡(深井谷) 28통 7호 보국(輔國) 김성근(金聲根) 댁에서 종인 115인이 모여 '안동김씨종약취지서(安東金氏宗約趣旨書)'를 만들고 임원을 선임하였다.
　이때 동농도 종약의 취지, 세칙 등의 작성에 참여, 통과시키고, 종약을 지킬 것을 서약할 때 종인을 대표하여 "오직 우리 일반 종인(宗人)이 본 종약에 대한 일체 취지와 규칙과 의무를 힘을 다하여 이행할 것을 이에 서약합니다"라고 선서하였다. 그런 후 참석 종인이 일제히 서명 날인하여 모든 규정이 효력을 갖게 되었다.
　뒤이은 임원 선출에서 동농은 교육부장을 맡았는데, 교육에 대한 열성이 일가 사회에서도 잘 알려져 만장일치로 그 직에 선임되었다. 이때 종약장(宗約長)은 해사(海史 : 聲根)였고, 부종약장은 유하(游霞 : 宗漢)였다. 이것이 지금의 안동김씨대종중의 기원이 되었다.

10
나라는 망하고

1. 방향타(方向舵) 잃은 망국 유민

　　나라의 정책이 꼬이고 국가경영에 중대한 오류를 범한 것은 동학농민혁명 진압에서였다. 아무리 진압이 어려웠어도 내적으로 타협해야 했다. 조정의 힘만으로 혁명군 진압이 어려워지자 청나라에 지원군을 요청, 청나라 군사가 인천에 상륙하였고, 그 일주일이 지나자 청·일조약에 의하여 일본군도 멋대로 인천에 상륙한 것이다.
　　이로써 조선은 이미 망국의 길을 걷게 되었다. 어찌 외국 군대가 제멋대로 남의 땅에 진주할 수 있으며, 또 그것을 제재조차 못하였는가.
　　동학혁명군과는 협상으로 얼마든지 타협이 이루어질 수 있었다. 세상 돌아가는 형편도 모르는 위정자들은 제 권위만 내세우고 있었고, 자리 지키기에 급급한 소인배들만 조정에

판치고 있었다. 이러한 사정을 간파한 외국 군대는 그 임무가 끝난 후에도 철수하지 않고 장기 주둔하였다. 일본군은 철군은커녕 오히려 내정간섭을 시도하였다. 그로 말미암아 결국 청·일전쟁으로 연결되었다.

청나라의 간섭에서 벗어나 자주독립 국가로서의 길을 가겠다는 대한제국은 결국 러시아와 일본의 각축장으로 변하고 말았다. 역사에서 만약이란 없다. 그러나 대한제국이 자력으로 힘을 기르고, 열강을 잘 이용하여 상호 견제시키고, 일관된 정책기조를 지켰더라면 경술년의 치욕은 없었을 것이다. 중신이라는 자들이 줏대없이 일본에 붙고, 혹은 러시아에 빌붙어서 득세하는 데만 급급하였지, 국가의 장구한 방향을 잡는 자가 없었다.

1905년 을사보호조약이 체결되면서 나라는 일본의 보호국으로 전락하고 말았다. 이때 동농은, 나라의 녹을 먹고 살면서 망국을 막지 못한 것도 불충이거니와, 그렇다고 돌이킬 방안도 없는 처지라서 민충정공(閔忠正公 : 泳煥)과 함께 자결을 상의하였으나, 이러한 움직임을 눈치 챈 가족의 감시로 이도저도 못하는 신세가 되었다.

2. 경술국치(庚戌國恥)

경술년(1910) 8월, 명목만 유지되어 오던 대한제국이 일본에 합방되고 말았다. 한 나라의 중신으로 이보다 더 치욕을 느낄 수 있었을까. 게다가 그간 대한협회를 통해 애국계몽운동을 펼쳐 왔었는데, 이마저 해산당하고 말았다. 동농은 나라를 잃은 무한한 죄책감에 빠져 출입까지 삼가며 살아도 죽은 듯 지내고 있었다.

실의의 세월은 흐름도 늦게 했다. 긴 여름이 지나고 가을인 10월 7일, 구한국 중신들에게 소위 조선귀족령(朝鮮貴族令)에 의하여 작위를 수여, 반일감정을 누그러뜨리려 하였다. 작위는 합방 과정에서 있었던 공적에 따라 순위가 정해지기도 하고, 벼슬의 높낮이에 따라 등위를 정하였던 것 같다. 또 작위를 희망한 자들도 있었지만, 본인의 의사와 관계없이 무조건 수여하였던 것 같다.

이때 후작 이재완(李載完)[1]외 5명, 백작 이지용(李址鎔) 외 2명, 자작 이완용(李完用)외 21명, 남작 윤용구(尹用求, 1853~1936)[2]외 43명이 작위를 받았다. 이때 동농에게도 남작이 수여되었다. 동농은 이미 없어진 나라, 너희들이 마음대로 하게 되었으니 어찌하든지 상관하지 않겠다고 출입을 하지 않으며 귀양살이처럼 지냈다.

---

1 구한말 정치가. 호는 석호(石湖). 1875년 문과급제 후 여러 벼슬을 거쳐 이조판서가 되고, 1899년 궁내부대신에 승진되고 완순군(完順君)에 봉해졌다. 을사조약 후 보빙(報聘)대사로 일본을 다녀왔다.
2 근대 서양화가. 1871년 직장(直長)으로 문과 급제하여 예조, 이조판서를 지냄. 1895년 이후부터 관직을 버리고 야인생활. 한일합방 후 남작 수작을 거부하고 작품에 몰두하였다. 글씨와 그림에 능하였다.

'국파산하재 춘성초목심(國破山河在 春城草木深)'(나라는 망하여 기왓장이 산하에 흩어져 있는데 봄빛 깃든 성 안에는 초목만 우거져 있네) 라는 옛 시구가 자꾸 마음에 걸리었다. 그래 너희들이 얼마나 가려나 보자. 이미 을사조약 때 목숨을 끊으려 하였고, 합방 때도 참지 못하고 별별 생각을 다 해온 터인데, 동태를 살펴 나라를 건질 생각을 해야지, 소극적인 방법으로 목숨을 버리는 것만이 최상이 아니라는 것을 느끼었다. 일족 중에 오천 김석진(梧泉 金奭鎭, 1843~1910)[3]이 자결로 합방에 항거하였으나, 전 국민이 함께 일어나 저항하는 데에는 영향을 미치지 못하였다.

모두들 방향도 못 잡고 그저 망국의 운명을 조용히 받아들이는 분위기였다. 각지에서 의병들의 봉기가 있었으나 조직적이지 못한 저항이라 오래 지속되지 못하였다. 그리고 저항의 근거지를 해외로 이전하는 추세였다.

당시 작위를 받은 귀족 중 곧바로 공식적으로 거절한 사람은 없었다. 그간의 보편적인 가치는 군왕에 대한 충성을 나라에 대한 충성보다 더 중시했으므로, 군왕도 일본의 귀족이 되는 마당에 무엇이 그리 문제가 되겠는가 생각하는 사람도 있었다. 더구나 합방 당시 서슬이 시퍼런 일인들의 위협에 감히 작위 반납이나 맞대응은 한계를 느낄 수밖에 없었다.

---

3 1890년 문과 급제. 호조, 공조, 이조, 형조참판, 형조판서 등을 지냈음. 을사보호조약 체결에 반대하고 5적신의 처형을 상소하였으며, 한일합방 때 음독자살하였음.

그러나 차츰 나라를 잃은 충격에서 벗어나 조금씩 용기를 내는 이들이 생겨났다. 수작자중 윤용구, 한규설(韓圭卨), 유길준, 민영달(閔泳達, 1859~?)[4], 홍순형(洪淳馨), 조경호(趙慶鎬) 등이 합방 2년 후에 받았던 작위를 일본에 반납하였다. 많은 고민과 자책을 하다 내린 죽음을 불사한 단안이었던 것이다.

동농도 작위를 공개적으로 거절하지는 못하고 차일피일 하였으나, 작위에 따른 연금은 일체 받기를 거부하였다. 그러자니 가계는 날로 쪼들려가기 시작하였다.

이때 설상가상으로 당시 양반가들이 흔히 그러하듯 살림을 맡아 하던 집사가 몰래 백운장을 동양척식주식회사[5]에 저당잡혀 소유권이 동척으로 넘어갔다. 소유주가 동의한 일이 없으므로 저당의 원인무효소송을 내어 재판을 진행하던중 중국으로 망명하였으므로 백운장과 그 주변 1만평이 넘는 재산은 일본인 소유가 되고 만 것이다.

결국 어처구니없이 집을 잃어버리고, 사직동 162번지 59통 11호로 이사하였다. 식구는 늘어나 대식구가 되었지만, 작

---

4   호는 우당(藕堂). 1885년 문과급제. 형조, 예조판서. 좌우 참찬 역임. 뒤에 호조판서로 있다가 김홍집 내각 때 내부대신이 되었다. 1895년 민비의 흉변이 있은 직후 뜻을 관직에 두지 않고 시를 읊으며 소일하였다.
5   1908년 일본이 한국의 경제를 독점, 착취하기 위하여 설립한 국책회사. 보호조약 체결 후 우리나라 산업자본의 조장과 개발을 위한다는 명목으로 제국의회에서 회사설립법안을 통과시키고, 서울에 본점을 두어 1천만원의 자금으로 회사를 발족하였다. 우선적으로 토지매수에 힘을 써서 1913년까지 47,148정보의 토지를 10,731,196원에 매수하였다. 동척은 계속 토지를 매수하였다가 다시 농민에 소작을 주어 소작료 5할 이상을 받는 등 고리업과 착취로 사세가 날로 발전하였으나 패전과 함께 폐사되었다.

은 집으로 옮기어 불편하기 짝이 없었다.

뿐만 아니라 끼니마저 걱정하지 않을 수 없었다. 가끔 부유한 근친 댁을 방문하여 얼마씩 얻어 오기도 하였지만, 이것도 한 두 번이지 자기 식구 하나 거두지 못한다는 소리가 들리는 듯하여 두 번 다시 말문을 열기가 어려웠다. 글씨를 받거나 글을 받으러 오는 이들이 있었으나, 그것도 고정된 수입이 될 수 없었다.

할 수 없이 또 집을 줄이는 수밖에 없었다. 동농의 한국에서의 마지막 거처인 체부동(體府洞)[6] 86번지의 자그마한 집이었다. 이제는 경제적 곤궁과 망한 나라와 군왕에 대한 회한, 이런 것들이 뒤엉키어 하루도 웃는 날이 없었다. 관직에 있을 때나 대외활동을 할 때는 그래도 건강을 유지할 수 있었는데, 몸도 마음도 쇠약해지는 것을 느끼면서 얼마나 더 시간이 있을까 걱정하지 않을 수 없었다.

1913년, 이 해 겨울은 무던히도 춥고 지루하였다. 이러한 때일수록 할 일은 해야겠구나 하면서 두 아들(의한, 용한)에게 권학시(勸學詩)를 써주었다.(1913)

연시조권학의용양아(演詩調勸學毅勇兩兒)

泰岳雖高千萬層(태산이 높이 솟아 천만층이 되어도)

---

6 옛날에는 체부동(遞付洞)으로 썼으며, 지금 경복궁 서쪽에 있는 체부동을 말한다.

登登步步復登登(오르고 오르고 또 오르고)

層層登去去無已(층층이 올라가면 못 오를 리 없건만)

豈有何人登不能(어찌해 사람들은 오를 수 없다고만 하는가)

 이 시는 양사언(楊士彦)의 시조 "태산이 높다하되 하늘 아래 뫼이로다 / 오르고 또 오르면 못 오를리 없건만 / 사람이 제 아니 오르고 뫼만 높다 하더라"를 한시로 옮긴 것이다.(「동농시록(東農詩錄)」)

3. 두문불출(杜門不出) – 곤고한 세월

 삼일운동이 일어나기 한 해 전인 1918년 즈음은 여러 식구들의 끼니를 이어가기 위하여 돈 될 성싶은 것은 전당포에 맡기고 팔아 생계를 꾸려나갔다. 그리고 식구를 줄이기 위해 가족들이 흩어져 살기도 하였다.
 맏아들 의한(毅漢, 1900~1965)[7]은 11살 되던 해 판서를 지낸 정주영(鄭周永)의 딸(靖和)과 결혼하였다. 정 판서는 근

7　1924년 대동전문학교 졸업. 동년 버스회사 노감독(路監督)으로 취업. 1927년 재중국 한인청년동맹 상무위원, 1937년 창시성 우닝현립도서관 관장, 1942년 임시정부 외무부 부원 겸 비서, 1945년 광복군 정훈처 상교(上校 : 지금의 대령)로 선전과 과장. 1948년 4월 19일 한독당 대표 4명의 한 사람으로 남북협상 차 김구 등과 같이 평양을 방문하였다.

거지를 서울에서 예산군 대술면(大述面) 시산리(詩山里)로 옮기어, 양대 판서라는 사회적 지위와 적지 않은 토지를 배경으로 잘 살고 있었다. 의한은 서울 집보다 처갓집이 더 편하였는지, 1917년(정사) 6월, 8월에는 처가에 가 있었고, 1918년(무오) 5월과 6월에도 역시 처가에 있었다.

다른 일이 있을 수도 있지만, 군색한 가계를 위해 도움을 청한 것이 아니었을까? 1918년(무오) 5월 3일, 동농이 예산군 대흥면(大興面) 교촌리(校村里) 459번지 정주영 방(鄭周永 方)으로 의한에게 보낸 편지 내용은 이러하다.

> 조선 대례복(大禮服)[8]을 맡긴 전당표(典當票)가 어디에 있느냐? 오늘 원매인(願買人 : 사고자 하는 사람)이 있다. 사려는 전당표가 있어 매우 급하니, 올려 보내어 이 원매인을 놓치지 않도록 하여라. 이 편지를 보는 즉시 올려 보내라.

어느 전당포에 돈을 빌리고 대례복을 맡기었는데, 이 옷을 사려는 사람이 있어 찾으려는 내용의 편지일 것이다. 얼마나 어려웠으면 옷가지까지 전당포에 맡기었을까? 또한 나다닐 일도 없었지만, 일부러 거의 칩거하고 있었던 것이다. 며느리 정정화의 자서전 『장강일기』에는 그 상황을 이렇게 기술

---

8   의식에 입던 예복. 1906년 구미제도를 참작, 제정하여 참하(參賀), 행행(行幸), 알현 등에 입게 했다.

하고 있다.

경술년 국치는 시댁에도 회오리바람을 몰고 왔다. 조선 왕조의 고관을 두루 지낸 시아버님이 나라가 망하는 마당에 예전대로 지낼 수만은 없었기 때문이다.

그해 갓 시집 온 내가 두문불출인 채로 거의 칩거하다시피 하는 시아버님을 곁에서 모셨고, 시아버님은 이미 없어진 나라의 전직 대신으로서 감내해야만 하는 비통의 나날을 보내는 중에도 어린 며느리인 내게 다정하고 따스하게 대해 주셨다.

이러한 생활이 비단 동농 뿐이랴만, 넓은 백운장에서 넉넉하게 살면서 국내외 손님을 맞으며 화려한 생활을 하다가 좁디좁은 집에서 여러 식구들과 같이 쪼들린 생활을 하기란 많은 번뇌가 있었으리라. 이러한 세월이 10년. 고희(古稀 : 일흔 살)를 넘어서고 기력도 점점 쇠하여 가자 이제 모든 것을 체념하고 있었다. 그러나 늙어서도 나름대로 국가와 민족을 위해 마지막 헌신이 필요하다는 생각을 하지만, 뚜렷하게 할 일이 떠오르지 않았다.

4. 삼일독립운동

1905(광무 9), 일본은 을사보호조약을 체결하여 외교권

을 강탈하고, 통감부(統監府)를 설치하고 통감을 주재시켜 대한제국을 보호국으로 삼아 독점적 지배를 행하였다. 1907년 (융희 원년) 해아밀사사건(海牙密使事件)이 발생하자, 일본은 이를 문제 삼아 고종황제를 퇴위시키고 한일신협약(韓日新協約)을 맺었다. 그리고 한국군대를 해산시키고 사법·경찰권을 탈취하는 등 지배권을 강화하더니, 1910년 8월 29일에는 한일합방을 단행하여 한반도를 송두리째 삼키고 말았다.

일본은 조선총독부를 설치하고 그 관제를 만들어, 그해 10월 1일부터 이를 시행하였다. 초대 총독으로 육군대장 데라우치 마시타케(寺內正毅)[9]가 임명되었는데, 그 시정방침은 동화정책을 기본으로 삼아 민생의 생활개선, 식산흥업(殖産興業 : 생산을 늘리고 산업을 일으킴)의 진흥으로 하였다.

그리고 이를 시행하기 위해 치안확보를 제일의 과제로 하겠다고 하여 무단정치(武斷政治)로 조선민족을 무차별 탄압하였다. 한편으로는 고유 문화의 말살, 경제적 지배의 철저화로 우리 민족이 다시 일어 날 기반을 없애려고 갖은 노력을 다하고 있었다.

이러한 즈음에 제1차 세계대전은 연합군의 승리로 굳어졌다. 1918년 1월, 미국 대통령 윌슨(Thomas W. Wilson, 1856~

---

9   제3대 통감, 초대 총독. 육군대장으로 육군대신을 지냈다. 이완용과 더불어 한일합방 조약을 성취시켰고, 합방과 함께 설치된 조선총독부의 초대 총독이 되었다. 그 뒤 언론을 탄압하고 강력한 무단정치를 행하였다. 1915년 총리대신이 되면서 총독을 사임하였다.

1924)¹⁰⁾은 강화조약의 기본조건으로 14개 조의 원칙을 발표하였는데, 그 가운데 각 민족의 운명은 그 민족 스스로가 결정한다는 이른바 민족자결주의(民族自決主義)¹¹⁾가 들어 있었다. 이것은 전 세계 피압박 민족에게 큰 충격을 주었다. 우리 민족도 이에 자극을 받아 독립을 바라는 기운이 점차 고조되어 갔다.

이러한 움직임은 일본의 감시 감독이 소홀한 외국에서부터 시작되었다. 상하이에서 여운형(呂運亨, 1885~1947)¹²⁾, 김철(金澈), 김규식(金奎植, 1877~1952)¹³⁾ 등이 협의하여 김규식을 파리강화회의에 파견, 우리의 독립을 호소하게 하였고, 미국에서는 안창호, 이승만, 정한경(鄭翰景)¹⁴⁾ 등이 독립운동

---

10 미국 제28대 대통령. 1912년 대통령에 당선. 신자유주의를 제창하여 혁신정책을 추진, 1917년 4월 제1차 세계대전의 참전을 결정하고 이듬해에 민족자결, 국제연맹 조직 등을 포함한 평화조건 14개조 제창, 국제연맹의 성립에 노력하였음.
11 각 민족이 자기의 정치적 조직이나 귀속문제를 다른 민족이나 국가의 간섭, 압력을 받지 않고 스스로 선택하고 결정하는 일을 주장하는 주의.
12 독립운동가. 정치가. 호는 몽양(夢陽). 1919년 임시정부 조직에 참가, 조선노병회(勞兵會)를 조직했고, 1933년 중앙일보 사장을 지냄. 8.15 후 건국준비위원회 위원장에 취임하여 좌우합작 문제를 추진하였다. 인민당 당수를 있다가 1947년 7월 암살되었다.
13 독립운동가. 정치가. 호는 우사(尤史). 미국에 유학하여 학위를 받고 귀국하였으나 1910년 한일합방과 동시에 해외로 망명하였다. 1919년 상하이 임시정부의 외무부장이 되었다. 파리평화회의에 전권대사로 가서 일본의 한국 침략을 규탄하였다. 1920년 6월 만주로 가서 홍범도(洪範圖) 등과 대한독립군단을 조직하고 총사령이 되어 노령의 자유시에 주둔하고 있다가 흑하사변(黑河事變)을 당하여 레닌 군대와 싸우다가 퇴각하였다. 1940년 임시정부 부주석이 되어 중경에 들어가 광복군 양성에 진력하였다.
14 독립운동가. 1910년 2월 1일, 샌프란시스코에서 독립운동을 목적으로 안창호, 이승만 등과 대한국민회를 조직. 1919년 2월 25일 독립운동 사무를 전담할 임시위원회가 설치될 때 위원장 이승만, 부위원장은 그가 맡아 한국독립청원서를 윌슨 대통령에게 제출, 세계 각국이 한국의 독립을 보장하도록 주선해 주기를 요청하였다.

을 전개하였으며, 연해주 지방에서는 이동휘(李東輝) 등이 활약하였다.

해외에 비하여 국내에서는 쉽사리 움직일 수 없었다. 1919년 1월 21일, 태황제(太皇帝)로 물러나 있던 고종이 별안간 붕서(崩逝 : 임금이 죽음)하자 각종 소문이 퍼져나갔다. 즉 일인들이 고종을 독살했다는 것이다.

필자의 전문에 의하면, 고종황제의 시중은 한국인 시녀들이 들고 있었는데, 고종황제가 무언가 비밀계획을 할까 두려운 나머지 일제가 상식을 맡은 시녀를 많은 돈과 협박으로 매수하여 감기약에 청산가리(비상)을 넣었다는 것이다. 고종황제의 시신 옆에는 약을 담았던 은그릇이 새까맣게 변하여 있었고, 황제의 시신도 검은 빛이었다고 한다.

소문이란 계속 덧붙여지게 마련이나, 감기로 급서까지 한다는 것은 있을 수 없는 일이기도 했다. 그리고 워낙 교활한 수작과 안하무인격인 일인들의 태도로 보아 충분히 그러고도 남을 거라는 생각이 들었다. 이 사건을 계기로 국내외 할 것 없이 일인들의 만행에 대한 분노가 극에 달하였다.

1919년 2월 8일, 도쿄 유학생들이 간다구(神田區) 조선기독교총련회관에서 이광수(李光洙)가 기초한 독립선언서를 낭독하였다. 최팔용(崔八鎔), 김도연(金度演), 서춘(徐椿), 이종근(李琮根), 백관수(白寬洙)[15], 윤창석(尹昌錫), 김상덕(金尙德), 최근우(崔謹愚), 김수철(金壽喆), 송계백(宋繼白)[16], 이광수 등 이에 서명했던 모든 이들이 일경에 체포되었다.

도쿄 유학생들은 전원 귀국할 것을 결의하고, 국내에 돌아왔다. 이들은 곧 독립운동에 가담하여 3월 1일에 일어난 거족적 총궐기에 참여하게 되었다.

삼일운동은 우발적인 궐기가 아니었다. 국내에서는 1914년 세계 제1차 대전이 일어나던 초기부터 일부 지도자들이 중심이 되어 구체적 방안을 세우고 있었다. 그러던 중 도쿄 유학생들의 독립선언은 국내에 결정적인 자극제가 되었다.

1919년 2월 상순 권동진(權東鎭), 오세창(吳世昌), 최린(崔麟, 1878~?)[17] 등은 손병희와 독립선언에 관한 일을 논의하였다. 그리고 송진우(宋鎭宇, 1884~1945)[18], 현상윤(玄相

---

15 민족운동가. 언론인. 1919년 2월 8일 재일유학생 최팔용 등과 재일본도쿄조선청년독립단 대표가 되어 독립선언문을 발표하고 일경에 피검되었다. 1924년 조선일보 이사, 1937년 6월 동아일보 사장에 취임, 민족언론 창달에 노력하였다. 국회의원에 당선되었으나 6.25로 납북되었다.

16 독립운동가. 1919년 2월 8일 도쿄에서 최팔용 등과 재일본도쿄조선청년독립단을 조직, 1천여 유학생들의 지지를 받으면서 독립선언서를 발표하였다. 그 뒤 독립운동의 국내 전파를 위해 비밀리에 국내에 잠입, 학생층을 상대로 궐기를 촉구하며 지하운동에 헌신하였다.

17 호는 고우(古友). 머리가 명석하여 19세에 함남관찰부 집사가 되었다. 황실 특파 유학생으로 도쿄 부립 제일중학교에 입학하여 일본유학생회를 조직하고 메이지대 법과를 졸업하고 돌아왔다. 1919년 1월 최남선, 현상윤 등과 독립선언서에 서명할 지도자 선임을 밀의하고 독립선언서 초안을 작성, 최남선으로 하여금 완성하게 하였다. 그해 3월 1일 민족대표 33인의 1인으로 대한독립을 선언, 일경에 체포되어 3년의 옥고를 겪었다. 그뒤 변절하여 1937년 총독부 기관지 매일신보 사장에 취임하였고, 1939년 임전보국단 단장에 취임하는 등 친일활동을 계속하였다.

18 정치가. 독립운동가. 호는 고하(古下). 일본 메이지대학을 졸업하고 김성수(金性洙)와 함께 민족운동을 전개하는 한편 1917년부터 1919년까지 중앙중학교 교장을 지냈다. 3.1운동 때에는 이승훈(李昇薰)을 민족대표로 추천하여 1년의 옥고를 치렀다. 그 후 동아일보 사장에 취임, 계속 독립정신 고취를 위하여 투쟁하였으며, 8.15 후에는 한국민주당을 조직, 정부수립에 열중하던 중 암살되었다.

允, 1893~?)[19], 최린, 최남선 등은 독립선언 진행방법 등을 검토하였다. 논의 결과, 천도교, 기독교, 구한말 유지를 조선민족 대표로 정하고, 그 이름으로 독립을 선언하고 독립이유서를 각국에 보내기로 결정하고 서명할 인사들을 물색하였다.

결국 기독교 16명, 천도교 15명, 불교 2명으로 독립선언서에 서명하기로 정하고, 총 대표로 손병희를 추대하였다. 그리고 고종황제의 인산(因山 : 국장)이 3월 3일로 잡히자, 그 즈음 전국 각지에서 많은 인사들이 서울에 모일 것을 염두에 두고 시위 날짜를 3월 1일로 정하였다.

기미년 3월 1일 정오를 알리는 오포(午砲) 소리를 신호로 하여 독립선언서를 낭독하고 독립만세를 외치며 태극기를 흔들었다. 삽시간에 5천여 명으로 시작한 시위는 탑동공원(塔洞公園)[20]을 나설 때는 수만 군중이 호응하여 고종황제의 빈전(殯殿 : 국장 때까지 왕이나 왕비의 관을 모시던 전각)이 있는 대한문(大漢門 : 덕수궁 정문)으로 향하였다.

이날의 독립만세시위는 서울에만 국한된 것이 아니라 전국적이었다. 3월 1일 당일만 하여도 개성, 평양, 진남포, 선천, 안주, 의주, 원산, 함흥, 대구, 황주, 수안, 곡산 등지에서 일어

---

19 사학자. 교육가. 일본 와세다대학 사학과 및 사회학과 졸업. 3.1운동 때 48인의 한 사람으로 투옥되어 2년간 복역, 1947년 고려대학교 총장이 되었고, 6.25 때 납북됨.
20 서울 종로 2가에 있는 우리나라 최초의 공원. 일반적으로 탑골공원이라 부른다. 1897년 영국인 브라운이 설계하여 건설하였다. 기미년 독립운동 때 독립선언문을 낭독한 곳으로 유서가 깊다. 원각사(圓覺寺) 13층탑이 있어 파고다공원, 탑동공원이라 불렀다.

났고, 제2일에는 전국 방방곡곡에서 일제히 독립만세를 외치며 시위에 들어갔다.

제3일에는 국장(國葬)이 있는 날이라 소강상태를 유지하다가 그 이후에는 매일 가두시위가 벌어졌다. 학생들은 휴교, 상인들은 철시, 공원(工員)은 파업, 관리는 퇴직을 하기에 이르자 일인들은 경악을 금치 못하였고, 한국인들은 무엇인가 할 수 있다는 희망을 가질 수 있었다.

3월 28일에는 구한국의 정치가 김윤식(金允植, 1835~1922)[21], 이용직(李容稙, 1852~?)[22]은 조선총독부에 독립승인 최촉장(催促狀 : 재촉의 뜻을 쓴 서장)을 제출하였고, 유림에서는 곽종석(郭種錫)[23], 장석영(張錫英), 김창숙(金昌淑, 1879~1962)[24] 등이 독립을 외치고 나섰다.

또 5월 20일에는 동농이 중심이 되어 의친왕(義親王, ?~

---

21 고종 때의 문신, 학자. 호는 운양(雲養). 1874년 문과급제. 공조, 예조, 병조판서, 1894년 김홍집 내각의 외무대신이 되었다가 친일파로 몰려 유배되었다. 문장가로 이름이 있다.
22 고종 때의 대신. 1875년 문과급제. 설서(說書)로 시작하여 내외직을 두루 거쳤다. 의정부 찬정이 되어 윤용선(尹容善)의 무능함을 탄핵한 죄로 철도(鐵島)에 귀양갔다가 물러났다. 이완용 내각에서 학부대신이 되었고, 한일합방 후 자작을 받고 총독부 중추원 고문, 경학원 부제학이 되었으나 3.1운동 전후 독립운동에 가담하여 작위를 빼앗겼다.
23 한말 학자. 호는 면우(俛 宇). 고종 때 의정부 참찬. 1905년 보호조약 때 조약을 폐기하고 국적(國賊)을 죽일 것을 상소하였다. 1910년 한일합방 뒤 고향에서 우울한 생활을 보내다가 3.1운동이 일어나자 일본에 독립을 주장하는 글을 보냈는데, 이 때문에 대구감옥에 수감되었다.
24 유학자. 독립운동가. 호는 심산(心山). 3.1운동 때 유림 세력을 결합하여 독자적으로 파리 만국평화회의에 보내는 독립청원서를 가지고 상하이로 건너가 파리의 김규식에게 우송했다. 임시정부 의정원 부의장에 피선. 귀국하여 항일운동을 하다가 여러 차례 옥고를 치렀다. 광복 후 유도회를 조직하고 성균관대학을 세워 학장에 취임하였다.

1955)²⁵⁾ 등 구 황족을 망라한 조선민족대동단(朝鮮民族大同團)을 조직하였다.

　　조선총독부는 군대와 경찰을 동원, 철저한 무력진압을 감행하여 전국 도처에서 피살당하고 부상당하고 투옥된 사람이 많았다. 통계에 의하면 사망자 7,509명, 부상자 15,961명, 체포자 45,948명에 이르렀으며, 민가와 관공서의 파괴도 수없이 많았다.

25　휘는 강(堈). 고종의 셋째아들. 1891년 의화군(義和君)에 피봉되고 1900년 의친왕에 피봉. 1920년 11월 밤을 이용, 인사동 궁궐을 빠져나와 상하이로 가던 중 만주 안뚱에서 일경에 발각되어 송환되었다.

마지막 정열을 불사른 노대신(老大臣)

1. 조선민족대동단(朝鮮民族大同團) 총재

　　동농은 오랜 동안 빈궁과 울분, 고독에 빠져 헤어나지 못하고 하루하루 지쳐가고 있었다. 그러던 중 3·1독립선언으로, 우리도 희망이 없는 민족이 아니라 지도자만 잘 만나면 무엇이나 해낼 수 있는 무한한 가능성을 가진 민족이구나, 하는 생각을 가지게 되었으며, 고목에 새 가지가 나듯, 바로 나라도 되찾고 일본도 물리칠 수 있을 것이라는 용기가 생겼다. 74세의 고령도 아랑곳하지 않고 분연히 일어나, 나라를 위해서라면 무엇인가 기여하고 싶은 마음을 가졌던 것이다.

　　어느 날 며느리의 큰오빠 정두화(鄭斗和)가 찾아왔다. 전부터 자주 찾아와 안부도 묻고 세상 돌아가는 이야기도 전해주며 하룻밤 묵어가는 일이 더러 있었다. 그러나 사직동과 체부동으로 이사한 후에는 집이 좁아 묵어가기가 어려웠다. 그

전 협

래서 잠깐씩 들려 이야기를 나누고 돌아가곤 하였다.

경술합방 이후로는 동농이 외출하는 일은 극히 드물었고, 대개는 집으로 손님들이 찾아오는 것이 일반적이었다. 1919년 4월 어느 날 저녁, 허름한 옷차림을 한 손님 한 분을 모시고 정두화가 나타났다. 대개는 차나 한 잔 마시고 곧 돌아가는 것이 일상의 접객예인데, 그날 따라 무언가 긴 이야기가 이어졌다. 이 손님은 조선민족대동단 조직에 중심 역할을 하였고, 또 총재 추대를 위해 교섭 책임을 맡은 전협(全協, 1878~1927)[1]이었다.

전협은 왜 동농을 찾아 왔던가. 전협은 이 조직을 쭉 해왔고, 또 동지들을 모아 창립총회까지 순조롭게 치른 인물이었다.

어떻게 여기까지 조선민족대동단을 이끌어 왔을까? 삼일

---

1 조선말 일진회 평의원, 부평군수 등을 지내는 등 친일 경향이 있었으나 3.1운동 후 상하이에서 김구 등과 만나 독립운동을 의논하고 서울에 돌아와 각계 인사를 망라하여 비밀결사인 대동단을 결성, 김가진을 총재로 추대하고 독립운동에 헌신했다. 1920년 의친왕 이강을 상하이로 탈출시키려다 안둥에서 발각, 징역 10년의 선고받고 복역하다가 병보석으로 출감 후 병사했다.

운동 이후는 일경의 감시가 심하여 지혜를 짜 낸 것이 한강 뱃놀이였다. 전국에서 모인 40여 명의 대표와 기생 20여 명을 태운 몇 척의 배로 한강 한가운데로 나가, 번갈아 일부는 기생과 어울려 놀고, 다른 일부는 배 밑에 들어가 회의를 하고 하여 조직을 정비하였다.

단장 전협은 단원 모집과 통솔을, 최익환은 인쇄물을, 전필순(全弼淳)은 본부 사무책임을 맡도록 하고, 또 모든 단원을 황족, 진신(縉紳), 유림, 종교, 교육, 청년, 군인, 상인, 노동, 부인, 지방구역 등의 11개 지단(支團)으로 나누고, 종교단 총대(總代)에 정남용(鄭南用, 1896~1921)[2], 유림 총대에 이기연(李紀淵)과 이내수(李來修, 1860~1933)[3], 상인단 총대에 양정(楊禎), 청년단 총대에 나창헌(羅昌憲, 1896~1936)[4], 군인단 총대에 유경근

---

2 고성 건봉사(乾鳳寺) 승려. 1914년 서울로 올라와 휘문의숙과 중앙불교포교당에서 수업을 받았다. 3.1독립운동 후 대동단에 가입, 활동하였다. 1919년 5월 최익환 피체 후 대동단 발행의 각종 문서의 인쇄, 배포 책임을 맡았다. 의친왕 망명을 돕다가 안똥에서 피체되어 징역 5년형을 살던 중 1921년 고문으로 인한 여독으로 옥중에서 순국하였다.
3 홍주(洪州)의 민종식(閔宗植)의 의진(義陣)에 참가한 바 있는 그는 경술국치 후 계속 국권회복의 기회를 기다리다가 1916년 연산(連山) 자신의 집에서 홍주 의진 출신 동지들과 의거를 결심하고 각처의 동지들을 규합하는 한편 자금을 모집하다가 밀고자가 있어 기자도(箕子島)로 1년간 유배형을 당하였다. 그 후 파리장서에 유림대표 1인으로 서명하였고, 대동단에 유림대표로 관계하였다. 1919년 11월 대동단이 발각되자 논산을 거점으로 동지들을 포섭, 군자금을 모아 임시정부에 보내는 등 항일투쟁을 전개하다가 피체되어 징역 2년형을 언도받았다.
4 경성의학전문학교 재학 중 3.1독립운동이 일어나자 학교 대표로 시위에 참가하였다가 구금되었다. 대동단 비밀단원이 되어 활동하다가 1920년 상하이로 가서 총재 김가진을 도와 동단 이사로 선임되어 활동하였다. 그 후 각종 단체에 소속되어 활동하다가 1925년 임시정부 대통령 이승만 탄핵안을 임시의정원에 제출하여 통과시켰다. 임시의정원 의원과 임정의 경무국장, 내무부차장 등을 역임하였으며, 그 후 사천성 만현(萬縣)에서 만현의원을 개설하여 경영하던 중 신병으로 영면하였다.

(劉景根, 1877~1956)⁵⁾, 노인단 총대에 김상열(金商說), 부인단 총대에 이신애(李信愛, 1891~1982)⁶⁾를 선출하였다.

대동단은 특이하게도 아래로부터 쌓아 올린 조직이었다. 일단 조직은 되었으나 단의 취지에 맞는 정신적 지주요, 상징이 되어야 할 총재를 추대하는 일이 남아 있었다. 먼저 어떠한 인물을 총재로 모셔야 하는가 조건을 내 걸었다. 첫째는 전 국민에게 어필할 수 있는, 학문과 덕망이 일세에 풍미할 수 있는 지명도가 높은 인물이어야 하며, 둘째는 민족의 내일에 대한 뜨거운 애정을 가진 인물이어야 한다는 것이었다.

몇 사람이 물망에 오르내렸으나 모두 충족하기에 미흡하였고, 결국 가장 적합한 인물로 중지를 모은 분이 동농이었다. 동농은 그날 전협의 인사를 받고, 정두화로부터 전협에 대한 소개와 찾아온 용건을 전해 들었다. 전협은 자신을 다시 한 번 소개하고 조선민족대동단의 성격, 현재의 진행상황을 설명한 뒤 총재로 모시러 왔다는 이야기까지 자세히 말하였다.

가만히 듣고만 있던 동농은 일단 거절하고 나서, 그 이유를 설명하였다.

---

5   1919년 3월 18일 강화군 부내면(府內面)에서 독립선언서를 등사하고 태극기를 제작, 독립만세를 고창하였다. 만주 광복군총령에서 보내 온 무기를 보관하였다가 이 사실이 밝혀져서 징역 3년을 살았다.
6   1913년 개성 호수돈여학교(好壽敦女學校)를 졸업하고 원산 성경여학교를 거쳐 전도사가 되었다. 3.1운동 때 서울에서 만세시위에 참여하였다. 1919년 11월 28일 정규식(鄭奎植) 등 열혈 동지들과 안국동 광장에서 태극기와 독립선언서를 살포하며 독립만세를 높이 외쳤다. 이 사건으로 피체되어 징역 4년의 언도를 받고 옥고를 치렀다.

"사실 나는 총재에 추대된 것을 무척 고맙게 생각하네. 그러나 내 나이 이미 70을 넘겼고, 또 일본이 나에게 작위까지 수여한 몸이라 여러분들이 추진하는 일에 누가 될까 하여 사양할 수밖에 없네."

"그러면 김 대감님은 일인들이 수여한 직위를 받고 싶어서 받으셨나요? 우리 모두가 다 알고 있습니다. 다 같이 힘을 모아 잃어버린 나라를 되찾아 이제 우리가 가꾸어야 할 공화제로 바꾸어야지요."

전협은 나직이 동농을 설득하기 시작하였다. 결국 전국에서 각계각층이 모여 가장 적합한 인물로 뽑았다는 데에 더 이상 사양할 처지가 아닌 것 같아 부득이 승낙하고 말았다.

조선민족대동단의 조직 구성은 대충 되었으나 행동강령을 어떻게 할까가 남아 있었다. 주로 최익환의 손에 의하여 씌어진 행동강령은 「방략(方略)」이라는 명칭으로 입안되었다. 그 내용을 요약하면 다음과 같다.

정면 방침과 이면 책략으로 분리하여, 정면 방침은 평화와 선량을 기초로 하고, 이면 책략은 저들의 완악(頑惡 : 성질이 완고하고 모질음)하고 불성(不誠 : 참되지 못함)함에 대응하기 위하여 부득이 비밀로 한다.

위 내용은 강령의 전문이고, 각 조항을 요약 정리하면 다음과 같다.

1. 전 민족을 통일하고 고유의 일정 세력을 부식(扶植 : 뿌리박아 삶)하여 외래 세력에 의존하지 않을 것
   1) 교육보급, 새 세계와 일치하는 문명된 행동, 건전·충량한 단체 수립
   2) 비밀기관 설치
   3) 국민사교동맹(國民社交同盟) 형성
   4) 국민경제동맹(國民經濟同盟) 형성

2. 열국의 교의(敎義 : 교육의 본지)를 두루 살피고(通覽) 이웃 나라들과는 우의를 맺어 적을 고립시켜 궁지에 떨어뜨릴 것
   1) 적의 세계적 침략 음모를 저지·공격하고 공동의 정의·인도와 평등·자유를 실행·확장하여 열국의 동정과 원조를 얻을 것
   2) 미국의 도의적 방침과 경제적 발전에 상호 순응하여 진출할 것
   3) 중화민국과 순치(脣齒 : 밀접한 것을 뜻함)의 우의를 맺고 공수동맹을 맺을 것

3. 일본 인민으로 하여금 정의와 인도를 자각시키고 비인도적인 정부를 타파·개조하여 우방으로서의 신교(新交 : 새로운 외교)를 출현시킬 것
   1) 일본을 외교적으로 고립시킴으로써 일본 민중의 여론을 파열시킬 것

2) 경제적으로 곤궁시킬 것

   3) 비인도적 정부를 대전복, 대개혁을 실행할 것

 또 기원은 '조선 건국 4252년 4월 일'로 적었다. 이는 일본 연호를 아예 쓰지 않겠다는 대동단의 의지 표명이었다.

 그해(1919) 4월 하순 경에는 지도부를 조직화하고 체계화할 필요성을 느껴 정남용이 총재 동농을 수시로 만나 자문을 받아 기관(機關) 명칭을 붙인 직제표를 마련하였다. 중견기관과 부설기관을 두고, 중견기관은 영구히 존치하고, 부설기관은 시국과 직무에 따라 수시 존폐하는 것으로 하였다. 그 내용은 다음과 같다.

   1. 중견기관 : 중앙 추기(樞機 : 매우 중요한 정무)를 맡음

   1) 통재부(統宰部) : 국내의 일체 사무 총람

   2) 추밀부(樞密部) : 통재부 보익(輔翼 : 도와서 좋은 곳으로 인도함), 각 부 지도, 운용과 정책 수립

   3) 상무부(常務部) : 제반 시설 앙장(鞅掌), 일반 서무 집행

   4) 외무부(外務部) : 일체의 외교사무 장리(掌理 : 맡아서 처리함)

   5) 재무부(財務部) : 일반 재정 사무 장리

   6) 무정부(武政部) : 일체 용무(用武 : 군사를 씀) 사무 관리

   2. 부설기관 : 중앙기관의 결정사항을 시설·집행하는 것으로

각 부의 감독 하에 다음과 같이 부설한다.
1) 추밀부 감독하 - 민권위원회, 통신위원회, 제도연구위원회, 기관신문사, 국민의사회(國民議事會)(지방·지구 단체 및 종교단·교육단·유림단·승신단[僧紳團]·군인단·상공단·청년단·노동단 등 각 사회 대표위원) 부설
2) 상무부 감독하 - 국민대회 부설
3) 외무부 감독하 - 국민외교위원회 부설
4) 재무부 감독하 - 국민경제동맹회 부설
5) 무정부 감독하 - 의용단과 군인교육회 부설

3. 각 임원은 각 단체 및 지방대표 중에서 선출하고 각기의 자격에 적합한 사무를 배당한다.

대동단의 직제표를 보면, 한 나라의 조직기구처럼 세밀하면서도 각 분야를 총망라한 것이 참으로 이채로웠다.

초창기는 재산이 넉넉한 보부상인 양정에게 전협이 540원을 주어 그의 아내 명의로 예지동(禮智洞)에 집을 사게 하여 근거지로 삼았다. 그러나 계속 그곳을 사용하기에는 노출될 가능성이 커 경찰의 눈을 피하기 위하여 수시로 옮겨 다녔다. 5월에 창단되어 11월 완전히 발각되기까지 무려 23개 처나 옮겨 다녔다는 것은, 고충도 많았지만 그만큼 조직 관리에 용의주도하였음을 엿볼 수 있다.

조선민족대동단의 선언서나 강령은 형식과 내용에서 삼

일독립선언문과 비슷한 점이 많다. 곧 대동단 운동이 3·1운동을 이은 운동임을 단원들 스스로 자각한 것이다. 선언서는 다음과 같이 시작한다.

우리 조선 민족은 이천만 성충(誠忠 : 진실한 충성심)과 묵계(默契 : 말없는 가운데 우연히 뜻이 서로 맞음)의 발동에 따라 반만년 역사의 권위에 의지(倚)하여 인류 대동의 새로운 요구에 응하려 하며 세계평화의 대원칙을 준수하고 정의·인도의 영원한 기초를 확립하기 위해 앞서 조선 독립을 선포했다.…

3대 강령

1. 조선 영원의 독립을 완성할 것
2. 세계 영원의 평화를 확보할 것
3. 사회의 자유 발전을 널리 실시할 것

조선 건국 4252년 5월 20일
조선민족대동단

또 대동단은 다음 사항을 결의하였다.

1. 3대 강령을 몸소 체현(體現)하여 일본 정부로부터 조선 통치의 현재 시설을 완전히 인계하고 총독 정치를 철거하여

온전한 사회 발전의 시설을 시행할 것
2. 파리 만국평화회의에 참석할 우리 대표 위원을 고무하고 열강에게 우리 조선 독립을 공인시키기 위하여 연맹에 가입할 것
3. 완전한 독립 정부를 성립할 때까지 가정부(假政府 : 임시정부를 달리 표현한 것임)를 원조하고 국민 사무를 처리할 것
4. 일본이 우리 민족의 독립 시설에 대하여 포악한 무력으로써 억압하던 것을 지급(至急)히 철폐시키고 아울러 일본 군대를 철거시킬 것
5. 일본이 우리 조선의 독립을 인정하지 않고 포학(暴虐 : 난폭하고 잔악함)을 계속 자행할 때는 하는 수 없이 최후의 수단을 쓸 터인즉 이에 관련된 결과는 일체 우리가 그 책임을 지지 않을 것임
6. 외국인의 생명과 재산은 모두 보호할 것

―신복룡,『대동단실기』(선인, 2003), pp. 71~72

선언문에는 독립, 평화, 자유 등 비폭력적 온건한 표현이 들어갔었으나, 결의에서는 보다 강경한 문구가 들어갔다. 또 '조선 개국 4252년'으로 기원을 씀으로써 독립 후의 새로운 나라가 단순한 조선왕조로의 복귀나 보황적(保皇的 : 황제를 보호함) 차원이 아님을 알 수 있다.

일부 단원 중에는 평화적 방법으로는 아무 것도 이루어내기 어려우므로 대동단의 방향을 무장투쟁으로 이끌어야 한

다는 주장도 있었다. 윤용주(尹龍周, 1884~1949)[7]는 무인 출신으로, 의병투쟁에 가담한 바도 있고 하여 나름대로 무장투쟁 방법을 제시하였다.

1. 오강(五江)[8]의 석전(石戰)[9] 패와 상여꾼을 포섭한다.
2. 보병대(步兵隊)의 무기고를 탈취한다.
3. 서대문 감옥을 폭파한다.

무장투쟁에 대해서도 깊이 검토하였으나 현실적으로 성공 가능성이 희박하다는 결론을 내리고, 당분간은 지하 유인물 제작과 배포에 주력하자는데 합의를 보았다.

가장 큰 문제는 자금이었다. 사세로 말한다면 총재를 맡고 있는 동농이 어떻게 해 보아야 했으나, 모아 두었던 돈도 없었거니와 이때는 이미 가세가 기울대로 기울어서 어찌 해 볼 도리가 없었다. 마침 정두화가 7,100원이나 내놓는 바람에 그나마 형편이 피었고, 또 동농의 체면도 유지되었다. 전협도 봉익동(鳳翼洞) 집을 팔아 조직관리비로 충당하였고, 또 권태석(權泰錫)도 자금을 제공하였다.

지하에서 유인물을 제작하여 국내에 뿌리는 일은 한계가

---

7   1919년 대동단에 가입, 지방단원 모집 담당이 되어 여러 명을 가입시키고, 지방 동지와 규합하여 군자금 모금 등을 위해 활동하다가 일경에 피체되었다. 1920년 정치범처벌령, 출판법, 보안법, 사기 등으로 징역 3년형을 언도받았다.
8   서울 근처 긴요한 나루가 있던 한강, 용산, 마포, 현호(玄湖), 서강(西江) 등.
9   음력 정월 또는 5월에 하던 민속놀이. 일명 편싸움, 척석희(擲石戱).

있었다. 그리하여 대동단은 외교적 방법에 의하여 뜻한 바를 관철시키려는 노력도 하였던 것 같다. 이는 동농이 오랫동안 외교관 활동을 한 바 있으므로 그의 뜻이 많이 작용하였을 것이다. 대동단 지도부는 수차례 논의를 한 결과 조선독립이 자력으로는 어려울 것이라는 판단을 내리고, 파리 강화회의와 미국의 윌슨(W. Wilson) 대통령에게 조선 민족의 뜻을 담은 진정서를 보내려 했다.

「파리강화회의에 보내는 진정서」는 "조선민족대동단은 정의와 인도를 기초로 하여 영원한 평화를 확립하려는 만국평화회의에 서(書)를 제출하여 우리 2천만 민중의 사정을 설명하는 바이다.…"로 시작하여 일본의 만행, 사기적인 병합과정, 합병 후의 착취행위 고발, 우리의 나갈 길, 우리의 요구 등을 차분히 서술한 장문이었다. 그리고 말미에 조선민족대동단 대표와 11개 총대가 연명으로 서명하였다. 또 일본이 잘못된 길로 나가는 것을 통렬히 비판하고 바로잡기를 권고하는 「일본국민에게 경고함」이라는 유인물을 만들어 보내기도 하였다.

당시 인쇄술로는 많은 양인「선언서」2,000장, 「일본국민에게 경고함」800장, 경고문 1,200 장을 작성하였고, 이를 점조직을 이용하여 배포하였다.

또 대동단은 상하이 임시정부에서 보내 온 지하 유인물들을 배포하는 일도 맡아 하였다. 단원 황종화(黃鐘和)는 임정에서 보내온「적의 관리인 동포에」1,500장, 「포고 제1호 남녀

학생에게」 1,000장, 「포고 제2호 상업에 종사하는 동포에게」 1,000장을, 함경남북도, 강원도, 충청남북도를 제외한 각지에 배포하는 책임을 맡았다. 그는 또 업무를 분장하여 다른 도의 배포 책임자도 정하였다.

단원들의 열렬한 활동을 보면, 조선이 독립되지 않으면 인간답게 살 길이 없다는 생각을 하고 있었다. 10여년의 일제 통치 하에서 차별, 멸시를 받아 온 세월을 반추해 보면, 더 이상 망설여서는 안된다는 생각을 공유하고 있었던 것이다. 그 실례를 보면, 1919년 10월 단원 윤용주(尹龍周)가 충남 일대에서 동지를 규합하던 중 김재구(金在九)의 소개로 알게 된 김진명(金振明)의 집을 방문하여 그를 대동단에 가입토록 권유한 대화에서 엿볼 수 있다.

> 지금 상하이 방면에서는 조선 독립의 기운이 일어 독립운동을 하고 있으니 조선에서도 대동단을 조직하여 그 응원을 하기로 되어 있는데, 이 단체의 목적은 조선에 있는 청년과 노동자를 중심으로 상하이 방면에서 요구해 오는 것을 응원하기로 되어 있으니, 당신도 지방에서 국가를 걱정하는 사람이라고 하니 힘써 주기 바란다.

그러나 각종 유인물을 제작 배포하는 일은 여의치 않았다. 우선 인쇄소를 계속 옮겨가며 작업하는 일도 쉬운 일이 아니었고, 또 이것을 배포하는 일도 어렵기는 매 한가지였다.

5월 중순으로 접어들면서 차츰 만세시위운동이 사그러들기 시작하자, 대동단 지도부는 만세시위만으로 독립을 성취하기는 거리가 있음을 자각했다. 그리하여 독립을 위한 민족의 의지를 지속시켜 가는 일이 중요하다고 판단하고, 그런 방향으로 활동의 방향을 돌리기 시작하였다.

　글을 잘 짓는 최익환(崔益煥, 1889~1959)[10]은 「시국을 관망하는 공론자에게 경고함」이라는 장문의 격문을 써서 그해 5월 20일 조선민족대동단 민권위원회 명의로 1,000장을 인쇄하였고, 권태석(權泰錫)은 「등교 학생 제군에게」라는 호소문 60장을 만들어 비밀단원을 통하여 민가에 투입하거나 특정 인물에게 전달하였다.

　유인물은 낮에는 부랑자로 가장한 단원들이 배포했고, 밤이면 배추장사나 상주(喪主)로 가장한 단원들이 활약하였다. 그러나 꼬리가 길면 밟히게 마련이었다. 아무리 비밀리에 움직인다 하여도, 인쇄시설까지 갖추고, 또 유인물을 전국적으로 배포하였는데 일제 경찰이 이를 감지하지 못할 리 없었다.

　조만간 일이 터질 것이라는 것을 감지한 전협은 최익환, 이능우, 권태석을 도피시켜야겠다고 생각하고, 그들에게 상

10　호는 구전(九田). 1905년 광무일어학교(光武日語學校) 2년 수학. 탁지부 세무주사. 1909년 서천군 재무주사 재직 중 한때 일진회에 관여했던 과오를 반성하고 국외 망명을 결심하였다. 1915년부터 만주 등지를 왕래하다가 1918년 봄 서울로 돌아와 전협과 독립운동의 구체적 방안을 모색하였다. 그리하여 대동단을 결성, 활동하다가 일경에 발각되어 보안법과 출판법 위반으로 징역 6년형을 언도받았다.

하이로 건너가 임시정부의 노선에 따르도록 지시하였다. 그러나 이들은 상하이까지 갈 여비를 구할 길이 없었다. 궁여지책으로 양주 갑부 홍순형(洪淳馨)에게 사음(舍音)을 소개해 준다는 것을 미끼로 알선료를 받아 여비로 충당하려 했으나, 일이 제대로 성사되지 않아 사기죄로 구속되었다. 그런데 이 사기죄를 취조하던 중에 그간 그들이 한 활동이 발각되었다. 이들은 출판법 및 보안법 위반혐의로 고문, 취조를 당하였으나, 다행히 개인의 행위로 넘어가 대동단 전체의 피해는 없이 지나갔다.

지하 유인물의 제작과 배포가 어려워지자, 독자적으로 군사요원을 모집한 사람도 있었다. 단원 유경근(劉景根)은 독립운동은 결국 무장투쟁이어야 한다고 생각하고, 대동단의 지침과 관계없이 군사요원 모집에 착수하였다. 유경근은 김진상(金鎭相)이라는 인물을 만났는데, 그때 그의 설명을 듣고 공감한 것이다.

김진상은 "조선 독립을 목적으로 하는 상하이 임시정부의 한 분파인 이동휘(李東輝, ?~1928)[11]가 러시아의 블라디보스토크 신한촌(新韓村) 부근에서 군인들을 양성하고 있는 중

---

11 독립운동가. 호는 성재(誠齋). 구한국 무관학교 출신. 도산 안창호와 함께 신민회, 서북학우회 등을 통하여 개화운동에 힘썼다. 1911년 데라우치 총독 암살미수사건에 관련되어 1년간 옥고를 치렀다. 1919년 상하이로 가 임시정부 조직에 참여, 군무총장을 거쳐 1920년 이승만 대통령 밑에서 국무총리를 지냈다. 그러나 공산당으로 전향하였음이 탄로나 인책 사직을 당하였다.

인데, 그 군사는 임시정부의 친병(親兵)이다. 그 군사는 조선 독립을 위해 내외에 기세를 자랑할 뿐만 아니라, 독립의 목적을 달성할 때까지 임시정부를 옹호할 조직이다. 이 군사에 지망할 자를 열심히 모집하여 모처로 보내 달라"고 부탁했다. 유경근은 이 사실을 대동단 동지 몇 명에게 알리고, 그들의 협조를 받아 실행에 옮기었다.

성사 여부를 떠나 대동단이 이렇게 독립운동을 다각적으로 벌였다는 사실과, 상하이 임시정부와 여러 모로 궤를 같이 하였다는 점 등이 의미있는 일이다.

최익환 등 유인물 실무자를 잃은 대동단은 난감하기 짝이 없었다. 더구나 모든 시설을 압수당한 처지라서 더 이상 앞이 보이질 않았다.

최익환이 맡았던 임무는 정남용이 다시 맡게 되었고, 자금주를 찾는 일은 이건호(李建鎬, 1885~1951)[12]가 맡았다. 이건호는 친구 장현식(張鉉軾, 1896~납북)[13]을 찾아갔다. 장현식은 이건호에게 3천원을 마련해 주었다. 이 돈으로 정남용이 인쇄기를 사 황금정(黃金町) 6정목 42번지 2호 이건호의 집에

---

12 1919년 대동단에 가입, 서울, 전남 등지에서 군자금 모집 활동을 전개하여 3천원을 모금, 대동단에 전달하였다. 같은 해 7월 인쇄기계, 용지 등을 매입하여 자기 집에 영동활판소를 차리고 대동신보(大同新報) 등을 발행하여 배포하는 등 선전활동에 힘썼다. 1921년 이 일이 발각되어 출판법 및 보안법 위반으로 징역 3년형을 언도받았다.
13 항일 구국인재 양성을 목적으로 사립 중앙고등보통학교를 설립하였다. 1919년 대동단에 운영자금을 제공, 대동신문 발간의 재정을 담당하다가 피체되어 1921년 징역 1년 집행유예 2년을 선고받았다. 1939년에서 1940년까지 조선어사전 편찬사업을 지원하였다.

영동활판소(永同活版所)를 차렸다. 여기에서 「대동신보(大同申報)」라는 대동단 기관지 창간호를 고종의 탄생일인 음력 7월 15일을 기하여 7, 8천부 발간하였다.

기관지를 창간한 것은 대동단으로서는 무척 중요한 일이었다. 기사의 초고는 정남용이 쓰고, 동농과 전협이 문장을 다듬고 고치고 하였다. 「대동신보」는 보부상이나 기생들을 통하여 전국으로 배포되었다고 한다. 정남용은 「혁신공보(革新公報)」, 「자유신종(自由晨鐘)」 등의 지하 유인물도 제작, 전국으로 밀송(密送)하였다.

최익환 등이 검거되자 조직을 재정비하고 새로운 규칙도 제정할 필요가 생겼다. 정남용이 「독립대동단 임시규칙」과 「대동단 임시규칙 세칙」의 초안을 작성하고 동농과 전협의 최종 교열을 거쳐 완성했다.

5월 20일에 발표한 강령 세 가지 중 '조선의 영원한 독립', '세계의 영원한 평화'는 같았으나, '사회의 자유 발전을 널리 실시할 것'을 제2장 제5조 '본단은 사회주의를 철저적으로 실행한다'로 바꾸었다. 그리고 이와 관련된 조항으로 「임시규칙」 제3장 제6조에 '단원은 일률 평등하며 계급의 구별이 없다'는 등 사회주의적 요소가 다분히 담겨 있는 내용이 삽입되었다.

우리나라에 사회주의가 유입된 경로는, 블라디보스토크와 북만주에서 독립운동을 전개하는 동안 러시아 혁명 과정을 직간접으로 목격했거나 전문(傳聞 : 전하여 들음)한 사람들을 통해서였고, 다른 한 경로는 도쿄 유학생들을 통한 유입이다. 그러나 1919년 9월 17일에 채택된 대동단 임시규약에 사회주의적 요소가 확실히 들어 있다는 사실은 사회주의 도입사로 본다면 이것이 처음일 것이다.

 이때 대동단 수뇌부가 사회주의에 대해 얼마나 이해하고 있었는가에 대하여는 중론이 있을 수 있다. 그러나 사회주의 이론을 이해하지는 못했으나, 적어도 사회주의가 어떤 방향을 지향한다는 것은 알고 있었던 듯하다. 예를 들면 전협은 장현식을 단원으로 가입시키기 위해 설득하는 과정에서 "세계는 장차 공산주의로 가게 될 것이며, 그렇게 되면 토지와 같은 재산의 소유가 무의미하게 될 것이니, 재산을 출연하라"고 말했다. 전협의 사회주의에 대한 지식이 없었다면 불가능한 내용이었을 것이다.

 이 규칙이 가진 의미에 대해 신복룡은 그의 저서 『대동단실기』에서 다음과 같은 평가하였다.

 첫째로 전협을 비롯한 대동단원들은 자신들이 국내외 임시정부의 직분을 감당하려고 했다는 사실이 그들의 규칙과 세칙 속에 잘 나타나고 있다. 이같은 사실은 임시규칙 중에 주권(主權)과 자유권, 선거권, 병역과 납세의 의무, 의회(議事會)의 구성, 부(Ministry)의 구성 등을 규정함으로써 이것이 단순히 한 단체의 조직률이 아니라 비록 유치하기는 하지만 오늘날 헌법적인 성격을 갖는 법규의 양상을 보이고 있다는 점으로도 알 수가 있다.

둘째로, 대동단 조직의 실제 규모나 체계로 볼 때 「임시규칙」은 대동단의 현실과는 유리된 것이었다. 특히 「임시규칙」에 의한 중앙조직의 부서 역원 중에 총재인 김가진만이 분명할 뿐 그외 부서의 역원은 어느 것도 뚜렷하지 않다. 이런 점에서 볼 때 「임시규칙」은 한 전단에 불과한 것임을 알 수 있지만, 다른 한편으로 생각하면 앞으로 확대될 조직을 예상하고 만들었거나 또는 조직 확대를 위한 선전용으로 작성되었을 가능성도 있다.

어찌되었든 쫓기는 가운데에서도 이런 규칙을 만들고, 이를 인쇄하여 배포까지 하는 데는 참으로 투철한 투쟁정신의 발로가 있었다고 하겠다.

동농이 대동단을 이끌어 간 데는 남작이라는 작위를 적절히 이용했다. 동농은 일본을 잘 알기도 하려니와, 일본 고위층과 긴밀한 교류를 가졌었다. 그런 동농이 가만히 있어 주는 것으로도 일본으로서는 도움이 되었으므로, 자기에 대한 감시 감독이 소홀함을 적당히 이용하였을 가능성도 높다.

그러나 대동단 지하 활동이 활발해지자 일본 경찰의 수사망도 점점 좁혀 왔다. 체부동 집에서 대동단의 거사를 모의하던 동농은 조직의 안전을 위해 어떤 조치를 취하지 않으면 안 되겠다는 생각을 하였다. 논의를 거듭한 결과 대동단 본부를 상하이로 옮겨야 한다는데 의견이 모아졌다.

3. 천라지망(天羅地網)을 뚫고 상하이로 망명

아무리 해도 국내에서는 더 이상 버틸 여력이 없었다. 동농은 상하이 임시정부에 밀사를 파견, 임시정부 내무부장 안창호에게 자신의 뜻을 피력하였다. 안창호는 즉시 연통제(聯通制) 요원 이종욱(李鐘郁, 1884~1969)[14]을 동농에게 밀파, 환영의 뜻을 전하였다. 이때부터 대동단 수뇌부는 은밀하게 우선 총재인 동농부터 탈출시킬 계획을 세웠다.

또 동농은, 대동단에 참여하였으며 임정에는 큰 격려가 되고 일본으로서는 충격이 될 의친왕(義親王) 이강(李堈)을 모시고 같이 망명길에 오르는 것이 좋을 것 같다고 생각했다. 그리하여 의친왕을 만나 설득한 결과 쾌히 승낙을 받았다. 그러나 막상 실행에 옮기기가 쉽지 않았다.

시간이 흘러가자 기밀유지 문제도 생기고, 상하이에서의 거처를 정하는 문제도 난감했다. 또 10월 7일 장현식의 집에 은신하고 있던 권헌복(權憲復), 박형남(朴馨南), 이건호(李建鎬), 김용의(金溶儀), 황란(黃鑾) 등의 단원들이 체포되자 더

---

14 월정사 승려로 3.1 독립만세 시위운동에 가담하였다. 한성임시정부, 상하이 임시정부에 참여하였으며, 대동단 총재 김가진과 그의 아들 의한을 상하이로 탈출하는 일을 성공시켰다. 1919년 임시정부 내무부 참사, 1920년 임시의정원 강원도 의원을 지내고, 뒤에 연통제 조직을 위해 국내로 파견되었다. 1920년 궐석재판에서 징역 3년을 받았고, 일경에 체포되어 복역한 후 월정사에 기거하였다.

이상 탈출을 서두르지 않을 수 없었다.

1919년 10월, 동농은 아들 의한(毅漢)을 데리고 대문을 나섰다. 식구들마저 전혀 눈치 채지 못하게 평상시처럼 집을 나섰다. 74세의 노대신은 이제 다시 집으로 돌아오기 어렵다는 것을 모를 리 없었다. 의한도 아버지의 결연한 결심에 따라 나서기는 하였지만, 남은 가족의 생활이며 아버지의 건강 등을 생각할 때 발걸음이 떼어지지 않았다.

도산 안창호

자신도 모르게 집을 한 번 더 돌아보고, 백악이며 인왕산도 한 번 더 보고 싶었다. 부자는 말없이 아현을 넘고 신촌, 수색을 거쳐 일산역으로 향하였다. 혹 순사의 검문을 받더라도 의원이나 친지방문 등을 핑계 삼을 준비를 했다. 시월의 밤기운이 덮쳐 올 무렵 일산역에 당도하였다.

비밀 안내요원 이재호(李在浩, 1878~1933)[15]로부터 기차표를 넘겨받은 후 허름한 누더기를 걸치고 3등 열차 칸에 몸을 실었다. 열차는 밤을 새워 달려, 신의주를 지나 중국 땅 안뚱(安東 : 지금의 단동)에 도착하였다.

참으로 심사가 착잡하였다. 일찍이 외교관으로 텐진에

---

15 일명 범재(範宰). 1900년경 궁내부 주사. 3.1독립운동 후 대동단에 가입, 1919년 의친왕 상하이 망명 추진에 참여하였다. 그해 11월 9일 의친왕을 수행하여 안뚱역까지 갔으나 피체, 징역 4년형을 언도받았다.

파견되어 활동하였고, 또 청나라의 종주권 행사를 싫어하여 갈등도 빚어 왔는데, 지금은 나라마저 잃고 이렇게 황황히 그 나라에 다시 들어오는 자기 신세가 정말 처량하였다. 동농은 이런 심정을 옮긴 시 2수를 열차 안에서 지었다.

> 나라도 임금도 망하고 사직도 기울어졌는데
> 부끄러움 안고 여태 살았구나.
> 늙은 이 몸이지만 아직도 하늘을 뚫을 뜻이 남아
> 단숨에 높이 날아 만 리 길을 떠나가네.
> (國破君亡社稷傾 包羞忍死至今生
> 老身尙有沖霄 志 一擧雄飛萬里行)

> 민국의 존망 앞에 어찌 이 한 몸 돌보랴,
> 천라지망 경계망을 귀신같이 벗어났네.
> 누가 알아보랴 삼등객실 안에
> 누더기 걸친 이 늙은이가 옛적의 대신인 것을.
> (民國存亡敢顧身 天羅地網脫如神
> 誰知三等車中客 破笠敝 衣舊大臣)

이종욱의 안내로 망명 여정은 순조롭게 진행되어 갔다. 신의주 철교를 지나 안뚱현(安東縣)에 도착하였다. 동농은 그곳에서 아일랜드 출신 조지 쇼(George Shaw)의 도움을 받아 계림호(桂林號) 편으로 10월 말 상하이에 도착할 수 있었다.

조지 쇼는 자기의 조국 아일랜드도 영국의 식민통치 지배를 받으며 이에 항거하여 오래도록 투쟁해 온 나라이므로, 우리나라 독립운동가들에게 깊은 동정을 가지고 있었다. 쇼는 이륭양행(怡隆洋行)이라는 회사를 경영하고 있었는데, 이 회사는 영국계 태고선박공사(太古船舶公司) 안동현 대리점을 맡고 있었다.

성엄 김의한

어찌 되었든 동농은 상하이까지 무사히 탈출에 성공한 것이다. 동농 부자는 함께 프랑스 조계내의 한 병원에 입원하게 되었다. 동농은 여독으로 기진맥진하였고, 의한도 심하게 신경을 쓰고 또 너무 조악한 음식으로 병이 난 것이다. 그러나 거물 정객이 조국을 탈출, 망명하자 각국 기자들이 병원으로 몰려들어 부득이 기자회견을 가졌다. 이 회견 기사가 세계에 크게 보도되었다.

일제는 기자회견이 있기 전까지는 동농의 망명을 전혀 모르고 있었다. 그리하여 신문에 보도가 되자 동농의 서울 집을 찾아와 조사를 하는 등 난리를 쳤다. 그 후부터는 순사들이 집 주위를 배회하며 감시활동을 하기 시작하였다. 망명 사실을 나중에 안 것은 동농의 집도 마찬가지였다. 신문기사를 보고서야 망명 준비과정을 알았고, 상하이에 무사히 도착한 사실

임정고문 시 동농

도 알게 되어 그나마 한숨을 놓았다.

며느리 정정화의 회고에 의하면, 며칠이 지나도록 집을 나간 부자가 돌아오지 않으니 일의 갈피를 잡지 못하면서도 하시는 일이 바빠 못 들어오시나 보다 하였다 한다. 자주 드나들던 오빠 정두화의 발길도 뚝 끊기고, 이따금씩 드나들던 지인들의 발걸음도 뚝 끊긴 데는 그만한 이유가 있었으나 전혀 눈치를 채지 못하였다. 그리고는 10월 10일 신문보도를 보고서야 그 전말을 알 수 있었다. 준비도 용의주도하였다.

동농은 집을 나서기 얼마 전에 부인에게 "허름한 옷 한 벌을 지어놓으시오" 하고 나갔다. 무슨 말인지, 또 무엇에 쓰려는지 물어보지도 않고 다만 부탁대로 만들어야겠다는 생각뿐이었다. 시어머니가 며느리에게 다시 명을 내려 누더기 같은 옷을 얼기설기 꿰맞추어 놓았던 것이다.

서울의 일본 경찰은 완전히 당했다는 생각으로 풀이 죽었지만, 상하이 임시정부와 교민사회는 크게 환영하며 사기가 진작되었다. 그리고 곧바로 동농은 임시정부의 고문으로 추대되었다. 상하이의 신문들이 크게 보도하였고, 각계에서도 많은 관심을 보였다. 당시 동농이 입원한 병원을 찾아 온 사람 중에는 중국의 전 총리 당소의(唐紹儀, 1860~1938)[16]도 있었다.

그러나 상하이에서의 생활은 비참하기 짝이 없었다. 가진 것이라고는 전협이 준 100원, 이종욱이 마련한 700원, 민대식(閔大植)이 마련해 준 300원이 전부였다. 그러자니 할 수 없이 월세 방에 하루 세끼를 빠오판(包飯 : 매월 일정액의 식대를 주고 먹는 식사)을 배달받아 연명해야 했다.

이러한 어려움에도 불구하고 동농은 1920년 봄부터 본래의 뜻을 살려 대동단 총재로서 포고문을 발포하였다. 그리고 대동단 본부를 상하이에 두고, 국내와 만주에 대동단 지회를 설립하였다. 또 러시아 및 남방파와 제휴하여 무력투쟁을 천명하였다.

그밖에 「유고문(諭告文)」, 「권고문」을 국내로 보내 조직을 강화하려 시도하였고, 독립정신 고취와 군자금 모금을 위하여 대동단 총재 김가진 명의의 「갹금포고문(醵金布告文 : 돈을 추렴하여 내도록 고시하여 일만에게 알림)」을 국내로 발송하기도 하는 등 임시정부와 협력하였다. 그런 관계로, 대동단은 곧 임시정부의 별동대 역할을 하였다고도 볼 수 있다.

한편 국내의 대동단에서는 의친왕 이강의 망명을 추진하

---

16 중국의 정치가. 중화민국 성립 후 국무총리가 되었음. 제2혁명 때 반 웬쓰가이 운동에 가담하여 광뚱정부 재무부장을 지내고, 1922년 국무총리 사임 후 손문의 고향인 중산현(中山縣) 훈정(訓正)위원회의 주석을 지냈다.

고 있었다. 의친왕은 일단 조선을 탈출하였으나, 1920년 11월 중국 안뚱현에서 일본 경찰에 발견되었다. 이로 인하여 국내의 대동단 조직이 발각, 전협 단장 이하 많은 간부들이 체포되고 말았다.

앞서 단장 전협 등이 이강공의 망명을 모의하고 있을 무렵, 단원 강매(姜邁)와 민강(閔橿, 1884~1924)[17], 윤석태(尹錫泰)가 체포되어 큰 타격을 받게 되었다.

민강은 활명수(活命水)를 제조하는 동화약방을 경영하여 다소 재산을 모았는데, 이 재산으로 대동단에 자금을 제공하였다. 또 그가 운영하는 공성운송점(共城運送店)을 상하이와의 연락 거점으로 이용하고 있었기 때문에 그의 체포는 독립운동 세력에게는 큰 손실이었다. 민강과 강매는 일본 다이쇼텐노(大正天皇)의 생일인 10월 31일 천장절(天長節)을 맞이하여 연통단(連通團), 중앙단, 중앙청년단, 독립청년단, 애국청년단, 불교중앙학교 등과 손잡고 동대문 밖에 모여 전단을 살포하다가 체포되었다.

대동단의 중심세력이 체포되거나 은신하게 되자, 나머지 단원들은 여러 갈래로 나뉘어 만세시위를 획책하였다. 10월

---

17 1909년 기울어 가는 국운을 일으키고자 안희제(安熙濟) 등 각계 인사 80여 명과 함께 대동청년단을 조직, 국권회복 운동을 전개하다가 1910년 합방을 당하자 남대문 밖에 소의학교를 세우고 민족교육사업에 나섰다. 3.1운동 때는 적극 만세시위에 참여하는 한편 한성임시정부 성립과 국민대회 개최를 추진하였다. 그 후 대동단에 가입하여 자기가 경영하는 동화약방을 대동단 및 연통본부(聯通本部)의 거점으로 이용하다 일경에 피체, 옥고를 치르다가 순국하였다.

초 이신애(李信愛)가 움직이고 있었으며, 10월 10일 전후 나창헌(羅昌憲) 등이 중심이 되어 투쟁을 모의하였다. 이들은 대동단 잔여 인사들과 상의한 결과 투쟁 과업을 중단할 수 없다는데 의견을 같이 하였다.

이들은 음력 10월 3일(양력 11월 25일) 개국기념일을 기하여 독립운동을 전개한다면, 훨씬 의미도 있고 효과도 클 것이라 생각하고 그 달로 시위 일자를 정하였다. 이 모의에 참여한 인사들은 나창헌, 이신애, 정규식(鄭奎植), 박원식(朴源植, 1893~1955)[18], 안교일(安敎一), 정희종(鄭喜鐘), 이정찬(李貞燦) 등이다.

여러 차례 모의 계획이 무산될 위기에 처하였다가, 11월 28일 오후 5시 소규모의 시위가 이루어졌다. 정규식과 박원석이 대형 태극기를 감추어 들고 안국동 경찰관주재소 앞 광장에 나타났다. 곧이어 이신애와 박정선이 선언서를 감춰 들고 나타났다. 그들은 각 신문사에 시위 사실을 통고해 두었다. 그리고 투옥을 각오하여 흰 솜두루마기에 남바위까지 쓰고 나왔다.

오후 5시, 정규식이 먼저 태극기와 '대한독립만세'라고 쓴 백기를 펼쳐 들고 만세를 선창하자 이신애와 박정선 등도 선언

---

18 3.1운동 때 홍천(洪川)에서 만세시위에 참가하였다. 3.1운동 직후 조선민족대동단에 가입하여 제2 만세시위계획에 참여하였다. 1919년 11월 28일 안국동 광장에서 태극기와 '조선독립만세' 라 쓴 깃발을 흔들며 고창하다가 피체, 1년의 옥고를 치렀다. 그 후 조선일보 홍성 지국장으로 있으면서 농민과 학생들에게 항일의식 고양에 힘썼다.

서를 뿌리며 만세를 불렀다. 행인들이 모여들고 안국동 주재소 순사들이 이들을 잡아가고, 거리에는 선언서만 바람에 어지러이 날렸다. 이 선언서는 상하이로 탈출한 동농이 작성, 나창헌 편에 국내로 전달된 것이라 한다. 전문은 다음과 같다.

선언서

반만년 역사의 권위와 2천만 민중의 성충(誠衷)을 의지[杖]하여 국가의 독립됨과 우리 민족의 자주민됨을 천하만국에 선언하며 또한 증언하노라. 근역청구(槿域靑邱)는 남의 식민지가 아니며[非人之植民地], 단군과 고구려의 자손[檀孫麗族]은 남의 노예의 종자가 아니다[非人之奴隷種]. 나라는 동방군자요, 민족은 선진(先進)의 선인(善人)이라. 움직이면 비틀거리고[運當蹇屯], 다스림이 오래니 어지러움이 일어났다[治久生亂]. 밖으로는 고래가 삼키는 듯한[鯨] 강한 이웃[强隣]이 있고, 안으로는 병든 나라[病國]의 간교한 역적[奸賊]이 있다. 5천년의 신성한 역사와 2천만 예의의 민족과 5백년 황황종족(皇皇宗族)이 하루 아침[一朝]에 인멸(湮滅)하니, 조정에는 순국의 신하[殉國之臣]가 있고 재야(在野)에는 절개를 지켜 죽은 백성[死節之民]이 있으나 황천(皇天)이 불쌍히 여기지 아니하고[不弔] 국민이 복이 없어[無福] 황제성명에 황급히 폐천의 욕을 당하여[遽遭廢遷之辱] 사민(士民)이 거의(擧義)에 곧바로 민족이 섬멸되는 화를 받았으며[輒受殲族之禍], 남발하는 세금과 가혹한 법[濫稅苛法]과 노예처럼 처우하여 부림[處遇奴使]으로써 민족이 안심하고 살 수 없는지라[族不聊生]. 불평하여 외치면 강도로 다스려[不平而鳴則以强盜] 찢어 죽이니[磔之戮之] 범부의 충의의 혼[忠義之魂]이 잔인한 칼 아래 쓰러진 자[消滅於殘刃之下者]가 몇 천 몇 만인가. 원한과 고통을 삼키고 마시며[飮恨茹痛] 와신상담(臥薪嘗膽)이 십개 성상(星霜)을 지난지라. 어둠이 다하면 밝음이 돌아오게[陰極陽回]하고 막힘이 가면 태평함이 오게 되는 것[否往泰來]은 천리의 호운(天理之好運)이며 죽음에 처하여 삶을 얻고[處死求生] 오래 굽혀 일어남을 생각함[久屈思起]은 도의 지극한 정리[道之至情]일세.

세계 개조의 민족자결의 이론은 천하에 드높고 우리나라의 독립국과 우리나라의 자유의 소리는 나라 안에 울려 퍼진대[漲於宇內]. 이제[於是乎] 3월 1일에 독립을 선언하고 4월 10일에 정부를 건설했으나 간악한 저 일본이 시세(時勢)의 추이(推移)를 살피지 아니하고 오로지 표범과 이리[豹狼]의 만성(蠻性)을 부려 무자비한 압억(大肆壓抑)에 맨손[白手]의 도중(徒衆)을 총으로 죽이고 성읍 촌락을 불태우니 이것이 인류 양심에 차마 할 바인가? 우리 민족의 단충열혈(丹忠熱血)은 결코 이러한 비정리적(非情理的) 압박에 움츠러들[減縮] 바가 아니오. 날이 갈수록 정의 인도로써 용왕(勇往) 매진할 뿐이로다. 만일 일본이 끝내 뉘우침이 없으면 우리 민족은 부득이 3월 1일의 공약에 의하여 최후 1인까지 최대의 성의와 최대의 노력으로 혈전을 불사(不辭)코자 이에 선언하노라.

대한민국 원년 11월 일

조선 민족 대표

의친왕 이강(李堈), 김가진, 전협, 양정(楊楨), 이정(李政), 김상열(金商說), 전상무(田相武), 백초월(白初月, 1878~ 1944)[19], 최전구(崔銓九, 1850~1933)[20], 조형구(趙炯九), 김익하(金益夏), 정설교(鄭卨敎)[21], 이종춘(李種春), 김세응(金世應), 정의남(鄭義男), 나창헌(羅昌憲), 한기동(韓基東, 1898~?)[22], 신도안(申道安), 이신애(李信愛), 한일호(韓逸浩), 박정선(朴貞善), 노홍제(魯弘濟), 이직현(李直鉉), 이내수(李來修,) 김병기(金炳起), 이겸용(李謙容), 이소후(李宵吼), 신태련(申泰鍊), 신영철(申瑩澈), 오세덕(吳世德, 1897~1986)[23], 정규식(鄭奎植), 김횡진(金宖鎭), 염광록(廉光祿).

— 신복룡, 앞의 책, pp. 163~65

---

19 백의수(白義洙) 또는 인산(寅山), 1919년 4월 한국민단본부라는 비밀단체를 조직, 그 단장이 되어 임시정부 및 독립군을 지원하기 위해 모금활동을 하였다. 그 후 여러 차례 항일운동을 하다가 피체, 옥고를 치렀다. 1938년 퐁텐행 열차 낙서사건으로 청주형무소에서 복역 중 순국하였다.
20 1905년 을사조약이 체결되자 최익현의 의진에 입대하여 시종을 함께하였다. 1910년 일제가 합방조약을 맺자 일제침략자들을 10대 죄목으로 성토하였다. 체포되어 욕지도로에 유배되어 1년의 유형을 치렀다.
21 보성고보 3년 재학 중인 1919년 김상옥(金相玉)이 주도하는 혁신단에 가입하여 독립사상 고취, 선전 활동을 하였다. 1923년 김상옥의 종로경찰서 폭탄투척의거 등에 연루, 징역 2년형을 선고 받았다.
22 3.1독립운동 때 경기도 장단군에서 만세시위를 주도하였다. 그 후 조선민족대동단에 가입하여 활동하였다. 의친왕 탈출을 도와 동행하다가 개성역에서 내려 서울로 돌아왔으나 피체되어 징역 3년형을 언도받았다.
23 3·1독립운동 때 철원에서 만세시위를 주도하였다. 그 해 10월 대한민국 임시정부 성립 축하회 선언서를 배포하여 제2 만세시위를 계획하였다. 상하이에 건너가 임시정부에 참여하였고 노령으로 건너가 대한국민의회 조직에도 협조하였다. 1923년 일경에 체포되었다. 그 후 송금 습격모의에 연루되어 징역 1년형을 받았다.

1920년 정월 중순 서울에서 간난을 무릅쓰고 며느리 정정화(鄭靖和, 1900~91)[24]가 상하이로 왔다. 꿈에도 생각 못했던 일이다. 아무 말 없이 아들만 데리고 떠나 온 터라 미안하기도 하였지만, 미안함보다 기쁨이 만 배나 더하였다. 동농은 어린아이처럼 기뻐하며 며느리를 칭찬하였다.

수당 정정화

"대단하구나. 남자들도 감히 엄두를 못내는 일을 네가 해내었구나. 오늘은 무척 기쁘구나. 그래 네가 어떻게 여길 왔느냐? 여기가 어딘 줄이나 알고 온 게야?"

너무나 기뻐하는 시아버지와 달리 정정화는 담담하게 대답하였다.

"저라도 아버님 뒷바라지를 해드려야 할 것 같아 허락도 없이 찾아뵈었습니다. 아버님."

동농은 이제 한숨을 놓았다는 듯이 가슴을 펴면서 고생했다는 말도 잊지 않았다.

"그래 잘 왔다. 고생했다. 참 잘 왔다. 용기 있다."

이렇게 며느리가 와서 빠우판으로 하루 세 끼를 때우던 때

---

24 호는 수당(修堂). 1920년 상하이로 망명. 1920년 임시정부 독립운동 자금 모금의 밀령을 받고 1930년까지 6차 잠입했다. 1940년 한국여성동맹 간사, 1941년 한독당 제1기 집행위원에 피선, 1943년 한국애국부인회 집행위원 겸 훈련부 주임이 되었다. 1944년 임시정부 외교위원회 위원이 되었다.

석오 이동녕

보다는 훨씬 사정이 나아졌다. 그때 동농 부자가 기거하던 집은 프랑스 조계 내 패륵로(貝勒路) 영경방(永慶坊) 10호에 있었는데, 이 집은 큰 길에서 좁은 골목을 따라 안으로 쑥 들어간 곳에 위치하였다. 방이 셋에 부엌이 딸려 있었고, 집 전체를 월세로 빌어 방 하나는 다시 세를 놓을 수 있는 구조로, 소위 얼방동(二房東)이 가능한 집이었다.

임시정부에서는 동농에 대해 특별히 대접하여 모두들 정성을 쏟기는 했으나, 살림은 궁핍하기 이를 데 없었다. 내무총장 도산 안창호와 법무총장 예관 신규식 두 분이 크게 도와주었다. 이 두 사람은 동농이 대한자강회와 대한협회장으로 있을 때 관계를 맺었던 분이다.

며느리가 와서 살림을 꾸려 나가자 손님들도 찾아들기 시작하였다. 이시영(李始榮, 1868~1953)[25], 이동녕(李東寧, 1869~1940)[26] 같은 분들의 방문이 잦았고, 그럴 때마다 차 한

---

25 호는 성재(省齋). 1891년 23세에 문과급제, 동부승지, 평안관찰사를 지냈다. 1910년 한일합방이 되자 가족을 데리고 남만주로 이주, 신흥무관학교를 창설하여 독립군 양성에 힘썼다. 3.1운동 후 임시정부 법무총장, 재무총장 등을 지냄. 1948년 대한민국 초대 부통령을 지냄.

26 호는 석오(石吾). 을사보호조약 체결 후 이상설 등과 함께 북간도 용정촌에 망명, 서전의숙(瑞甸義塾)을 설립하고, 1907년 다시 국내에 들어와 안창호, 김구 등과 비밀결사 신민회를 조직하였다. 1910년 남만주로 건너가 이시영과 함께 신흥무관학교를 세웠다. 1919년 상하이 임시정부 초대 의정원 의장이 되고, 1927년 국무위원에 피선, 주석을 겸무하였다.

잔이라도 대접할 여유가 있다는 것이 동농으로는 자랑스러웠다. 또 남들이 감히 생각 못하는 만리타국까지 찾아와 준 마음이 고마워, 손님들에게 며느리 자랑을 늘어놓기도 하였다.

그때 임정 요인들과 상하이에서 살고 있는 지사들의 살림이란 형언할 수 없을 정도였다. 이런 정황을 보고

예관 신규식

있노라니 도저히 그렇게 안주할 수 없다고 생각한 사람이 정정화였다. 정정화는 민족의 미래를 위해 힘을 보태야겠다는 생각을 하다가, 고국에 들어가 자금을 구해오는 일을 떠올렸다.

정정화는 연락망의 협조와 조선 내 후원자들을 찾기가 어려웠기 때문에 임정요원 중 가장 가까이 동농의 집을 드나들던 신규식을 찾아가 상의했다. 신규식은 당시 임시정부의 법무총장이기도 해서 상의 대상으로 삼았던 것이다. 정정화는 그 동안의 살림 형편에 대해 넌지시 속사정을 비추고는 자기 뜻을 밝히었다.

"엉뚱한 소견인지 모르겠습니다만, 제가 친정에 가서 돈을 좀 얻어와 볼까 하는데요."

정정화의 난데없는 제의에 신규식은 걱정스럽기도 하도 조심스러운 듯도 한 얼굴을 하면서 입을 떼었다.

"부인, 지금 국내는 사지(死地)나 다름이 없습니다. 특히 동농 선생의 일로 해서 시댁은 왜놈들의 눈총을 받고 있지 않

습니까? 물론 조심해서 처신하겠지만 무턱대고 들어갔다가 만에 하나 왜놈들에게 발각이라도 되는 날이면 다시는 못 나올 것은 고사하고 큰 고초를 겪게 될 것입니다."

그러나 어떠한 일이 있어도 한 차례 귀국을 하겠다는 정정화의 굳은 결의를 확인한 신규식은 자기의 지시에 따라 움직여 줄 것을 요청했다. 그리고 시아버지 동농의 허락도 받아야 했고, 무엇보다 남편 의한의 이해가 필요했다. 우선 시아버지에게 의견을 말씀드렸다.

"얘야, 새아기 너는 도대체 무서운 것이 없구나. 모험은 한 번이면 족하지 몇 번이나 하려 하느냐? 어디 마실 가는 것으로 생각하느냐? 다시 생각을 해 보아라. 여기 온지 얼마나 되었다고 그러느냐?"

이해는 하였지만 몹시 안쓰러워하는 말씀이었다. 이미 남편과는 이야기가 되었지만, 어느 남편인들 쉽게 동의하겠는가. 아무리 국사에 관련된 일이라 한들 고국에서 떠나 온지 한 달만에 또 가겠다고 하니 기가 찰 노릇이었다. 그러나 끝내 고집을 꺾지 못하고 묵인하는 태도를 취하였다. 동농은 며느리의 의지가 워낙 확고하자 부득이 승낙하였다.

"기왕 갈 바에야 목적이 달성되어야지."

동농은 며칠 후 국내에 들어가 며느리가 만날 인물에 대한 암호 편지를 전해 주었다. 이 암호 편지는 한 번 돌려서 보는 법과 두 번 돌려 글자를 바꾸어서 보는 법 등이 있는데, 상당히 알아보기 어려운 교묘한 수법을 썼다. 한 번 돌려서 보는 법이란 가장 초보적이다. 가-하 나-파 다-타 라-카 마-차 바-자 사-아 아-사 자-바 차-마 카-라 타-다 파-나 하-가, 이런 식으로 바꾸고 또 바꾸어 내용을 잘 모르게 위장하였던 것이다.

신규식도 자세한 지시와 접촉 인물에 대한 편지를 전해 주었다. 이때는 일본 경찰의 감시가 심하여 임시정부의 자금 조달 임무는 대단히 위험한 일이었다. 그래서 상하이 출발에서 국내 잠입, 상하이 귀환까지 모든 경로와 절차를 임정의 지시에 따르도록 하였다. 동농의 편지도 보통 편지가 아니었다. 모두가 암호 같은 것이었다. 한지에 백반으로 그 내용을 썼는데, 그냥 보면 아무 것도 보이지 않고, 종이를 불에 쪼이면 글씨가 뚜렷하게 살아나 쉽게 읽을 수 있도록 만든 것이다.

어쨌든 정정화는 동농과 신규식 두 분의 분부대로 고국으로 들어와 요로에 편지를 전하고 자금 협조를 부탁했다. 그러나 모두들 앞뒤를 재거나 몸 사리느라 큰 성의를 보이지 않아 만족할 만한 성과를 거두지는 못하였다. 정정화는 4월에 무사히 상하이로 돌아와 다소나마 임정 재정에 기여하였다. 이 일로 동농 일가에 대한 이야기가 상하이 임시정부 내에 화제가 되었다. 동농이나 의한은 더 말할 나위 없이 기뻐하였다.

그해 11월, 국내의 대동단 조직이 거의 발각, 체포되자 나창헌이 상하이로 건너왔다. 그리고 동농을 찾아와 국내 사정을 보고하고는 더 이상 대동단을 국내에 존치시킬 가능성이 없음을 역설하였다. 동농이 생각해 보아도 별 도리가 없어 나창헌의 말대로 대동단을 상하이로 옮기기로 결정하였다. 그리하여 1920년 3월 6일자로 본 단의 총부를 당분간 상하이에 이치한다는 통고문을 발표하였다.

통고문

본 단은 총부의 결의에 의하여 외지의 연락, 기타 필요상 본 단의 총부를 당분간 상하이에 이치(移置)할 것을 이(玆)에 통고함.

대한민국 2년 3월 6일
대동단 총부 (印)

대동단은 이미 총재를 상하이로 피신시킬 때 국내 조직이 궤멸 상태에 이르러 조직 유지가 어려웠던 것이다. 이렇게 통고함으로 해서 대동단 본부는 상하이로 이치되었다. 그러나 국내에 잠복해 있는 점조직의 비밀단원들로 하여금 혈전을 지속시킬 필요가 있다고 생각하고 다음과 같은 포고문을 발표하였다.

포고문

단원 제군이여, 분기(奮起)하라!
일거(一擧)를 기(期)하여 분기하라!
자유·독립과 정의·인도의 소리가 그 파동을 넓히니 적의 횡포는 일층 우심(尤甚)하도다. 야수의 유전(遺傳)을 아직도 탈피하지 못하고 약육강식을 지존(至尊)으로 하는 섬나라 민족[島族]의 완고하고 어두움[頑冥]은 글이나 말만으로는 이를 회오(悔悟)시키기 어렵도다. 몇 년 동안 우리 민족이 취했던 평화적 수단은 오히려 저들에게 문약(文弱)하고 무혈(無血)하다는 환각을 주었을 뿐이다.

적의 횡포에 고읍(苦泣)하는 단원 제군이여!

재차의 기대(企待)를 싫어하는 노부모와 어린 형제의 골육에로 오랑캐의 칼이 기탄없이 들어오니 우리 단원 제군은 일거를 기해 분기하라! 수화(水火) 중의 우리 민족을 구하고, 우리 민족의 공존의 필요를 각오했으면 분기하여 일명(一命)을 나라에 바치라.

단원 제군이여, 혈전의 시기는 눈 앞에 박두했음을 각오하라. 민족 자신이 이를 요구하고 세계 조류가 이에 향응(響應)할 것이다. 수화(水火) 중의 2천만 우리 민족을 구함은 우리 3백만 단우(團友)의 결사 일전에 있다고 결심 맹약한 단원 제군이 취할 최후의 일법(一法)이 여기에 있지 아니한가? 최후의 시기는 여기에 있을 것이다. 제군이여 분기하라! 다만 궐기할 때 부분적인 것은 피하라. 그윽이 전해들은[竊聞] 바로는 근자에 본단 의병 부원 중의 일파가 모종의 활동을 개시했다고 한다. 이 또한 애국 정성의 소사(所使)이니 찬미하지 않을 수 없도다.

그러나 제군이여, 일에 임하여 다시 하나의 계책을 가하노라. 유사 이래 우리 민족에게 수치를 준 자나 고통을 준 자는 모두

부분적 행동이며, 폭도·불령(不逞) 등의 언사를 적으로 하여 금 감히 토하게 했을 뿐이며, 신성한 우리 민족에게서 약간의 부패한 돈을 갹출한 것도 부분적 행동의 소이이다. 본 단의 출현은 실로 이를 막으려는 데에 있도다. 제군도 또한 이를 목적으로 하지 않는가!

가일층 단결을 굳혀 준비를 완성하고 애국의 열성을 부분적으로 사용치 말라. 우리의 임시정부에서는 혈전의 준비를 방금 급속히 진행 중에 있으며, 본 총부에서는 최후의 행동에 대한 획책을 불원간에 발현할 것이니 일생일사(一生一死)를 우리 민족의 사명에 맡긴 제군은 더욱 일도·일진·일퇴(一渡一進一退)를 모두 총부의 명령에 따르도록 이에 포고하는 바이다.

대한민국 2년 3월 6일
대동단 총재 김가진

　이 포고문은 대동단이 아직도 존재하고 있음을 알리는 계기도 되었거니와 비밀단원들에게는 격려가 되었고, 일경에게는 대동단이 마음을 놓을 수 없는 존재로 부각된 것이다.

　조직을 움직이는 데는 자금이 필요하였다. 그러나 일인의 앞잡이 노릇을 하거나, 아니면 민족진영과 관계를 끊지 않고는 돈을 벌 수 없었으므로 더욱 자금 조달이 어려웠다. 중국정부도 윤봉길(尹奉吉, 1908~32)[27], 이봉창(李奉昌, 1900~32)[28]의 의거 전까지는 대일관계 악화를 염려하여 임정에 협조하지 않았다. 이러한 상황에서 대동단으로서는 단원의 모금 외에 자금을 조달할 길이 없었다. 이 상황을 타결하기 위하여 갹금권고문(醵金勸告文)을 전국에 띄우지 않을 수 없었다. 권고문은 다음과 같다.

갹금권고문(醵金勸告文)

동포 제위여, 분발하라!
왜적의 속박을 탈피하고 반도 강산에 태극기를 휘날리는 날이 목전에 임했도다. 방금 왜적은 안으로 국난의 궁곤(窮困)을 당하고 밖으로 열강의 핍박을 받아 그 위험함이 알을 쌓아 놓은 세(勢)에 있도다. 이는 실로 전 세계의 기운이 왜적을 징벌함이로다. 천백세 조령(祖靈)은 우리 민족을 음우(陰佑)하는도다. 이제 본 단은 제반의 활동을 전개하여 북으로는 모지(某地)에 연락을 취하고 남으로는 모방(某方)의 후원을 얻어 방금 혈전을 개시할 것을 결정했다. 과거의 국치를 씻으려함도 이 일거에 있으며 장래의 자유를 얻음도 이 일거에 있도다.
제위여, 민족을 생각하고 강토를 사랑하면 각기의 성력(誠力)을 다할 지어다. 1원의 보조력을 가진 동포는 1원의 군자금을,

---

27　1930년 상하이로 건너가 1931년 한인애국단 가입, 1932년 4월 29일 홍구공원 폭탄 투척 사건으로 피체되어 오사카에서 사형됨.
28　1932년 1월 8일 도쿄 사쿠라다 문 밖에서 관병식을 마치고 돌아가는 일본 천황 히로히토(裕仁)에게 수류탄을 던졌으나 실패, 피검되어 사형되었다.

1만원의 보조력을 가진 동포는 1만원의 군자금을 의무적으로 책임적으로 갹출해줄 것을 간절히 바라는 바이다.

대한민국 2년 3월 10일
대동단 총부 총재 김가진
무정부장(武政部長) 박용만(朴容萬)[29]
상무부장(尙務部長) 나창헌
외교부장 손영직(孫永稷)
재무부장 고광원(高光元)

(위 포고문, 권고문은 신복룡, 앞의 책, pp. 175~77)

이 권고문을 국내로 보내어 배포하는 것도 문제였다. 국내 조직이 거의 와해된 마당에 인쇄도 어려웠지만, 반입과 배포 역시 쉽지 않았다. 할 수 없이 몇몇 간부들이 직접 모금에 참여하지 않을 수 없었다. 그 중에서 나창헌이 특히 열성적이었지만, 그마저 신변의 위험을 느껴 조선 깊숙이 들어가지 못하고 주로 평안도 일대를 무대로 모금에 착수하였다.

나창헌은 1920년 3월 통고문 1,600장을 신의주·안뚱 교통소장 겸 군자금 모집원 장찬식(張贊植)에게 보냈다. 장찬식

29　1907년 하와이 호놀룰루에서 「신한국보」를 창간하고 주필이 되었다. 1919년 3.1운동 후 중국으로 건너가 상하이, 베이징 등지를 유랑하다 객사하였다.

은 그 200장을 신의주 시내에 배포하고, 나머지는 서울의 이호(李豪)에게 보내 배포하게 하였다.

그때 나창헌이 장찬식에게 보낸 편지 내용을 보면, 장찬식은 국내를 드나드는 특파원의 안내와 보호책임을 졌으며, 군자금을 모집하는 역할도 하였다. 그리고 대동단 상하이 본부에서는 이들에게 신임장을 수여하였고, 군자금을 내는 이에게는 호수가 매겨진 영수증까지 발행하는 등 상당한 노력을 기울이고 있었던 것이다. 그러나 이들도 몇 개월 만에 모두 체포되었고, 마지막까지 활동하던 전라남도 점조직도 모두 발각되고 말았다.

동농은 이즈음 국내를 겨냥, 각종 유인물을 만들어 발송하는 등 활발한 활동을 하면서도 자기의 회포를 시로 남기기도 하였다. 1920년 정월 초하루 상하이에 와 두 해를 맞이하는 심정은 남달랐을 것이다. 「축 대한민국 2년 원조(祝大韓民國 二年元朝)」라는 시제로 한 수를 썼다.

> 내가 새 대한민국에 의탁한지 제2년을 맞아
> 이른 새벽 잔 들어서 하늘에 축원하기를
> 형언키 어려운 악을 쓸어내고
> 산하의 자주권을 회복케 해주소서라고.
> 대각(臺閣)의 여러 각료들은 모두가 준걸하고
> 전장제도는 백 퍼센트 완전하네.
> 한양성의 봄 좋은 날에

태극기 바람에 휘날리며 다 같이 개선하세.

또 동농은 그즈음 상하이 교민단체에서 초청 강연을 열기도 한 바, 그 연설 전문은 다음과 같다.

여러 학자, 정치가, 웅변가가 많을 터인데 이 쓸모없는 늙은이에게 초청 강연을 부탁하니 매우 영광이오나 마치 벙어리에게 노래하라는 것과 같습니다. 그러나 몇 마디 생각나는대로 말씀드리겠습니다.
우리나라가 단군성조 건국 이래 당당한 독립국으로써 중간에 중국과 국력이 강약에 따라 기미될 때도 있었으나 내치와 외교는 일체 스스로 다스려서 우리나라와 우리 국토에서 사농상이 발달하여 전성시대를 이룬 때도 많았고, 무력이 세어서 강토를 개척한 위업을 이룰 때도 많아서 사천여 년 동방에 문명국으로 이름을 떨치었으나 조선시대에 와서 무를 경시하고 문을 높이며 인종을 차별하여 국세가 약해지기 시작하여오다가, 신료들의 분당과 당파 싸움, 사리사욕, 탐권엽관(貪權獵官) 등만 일삼으며 나라에 해되는 일만 하고 백성들은 교육을 전혀 받지 않고 놀고 먹으며 게을러서 산업을 진흥시킬 뜻이 전혀 없었고, 정부에는 간신 적자만 날뛰어서 교활한 왜구의 매와 개가 되어서 마침내 나라는 망하고 임금을 시해하기에 이르렀습니다. 지난날이 이러하거늘 나라가 존재할지라도 피폐된 국가를 만회하기 어려운데 항차 나라가 망해 없어진 이때에 무슨 힘으로 강토를 회복하며 국권을 재창조하겠습니까?

그러나 이번에 하늘이 우리 이천만 민족을 도우시고, 이천만 민족은 천시(天時)와 인도(人道)를 응하여 3월 1일부터 전국에서 동시에 같은 목소리로 대한독립만세를 불러 하늘과 땅을 움직이게 부른 후로 각 지방에서 만세소리가 지금까지 끊어지지 않고 맨손으로 포악한 왜놈의 총검과 고문을 참혹히 당할수록 만세소리는 더욱 더 거세지고 독립에 대한 피는 더 뜨거워져서 해내외는 물론이고 자연적 연락 단결된 결과로 상하이 이곳에서 우리 새 한국정부가 드높이 성립되어 힘찬 여러분의 독립정신으로 모두 착착 진행되어 오래도록 허물어지지 않을 확고한 터를 건립하고, 우리 민단도 의연히 모이게 되어 모두가 걸출한 대한의 혼과 담으로 정의와 공론(公論)을 주장하여 독립행동에 마음과 힘을 모아 온 동포 여러분이 이 자리에 참석하여 십년 만에 다시 보는 태극기 아래에서 간담(肝膽)을 피로하고 의지를 교환하니 이것이 모두 우리 전국 동포의 피를 흘리고 죽음도 달게 여긴 효력입니다. 그러한즉 우리가 다음에 완전하고 영구한 독립국을 다시 작성하려면 필요한 긴급조건이 대략 세 가지가 있습니다.

첫째, 정부가 우리 강역 밖에 있어서 제반 행정이 늘 장애가 많으니 정부는 성력으로 인민을 지도 융화하고 인민은 성심으로 정부를 아끼고 존중하여 상하원근이 지성의 일체가 되어야 할 일이요. 둘째는 인민이 서로 아끼고 서로 사랑하고 무편무당(無偏無黨)하여 남과 내가 없이 전국 동포가 한 몸 한 마음으로 국가에 충성을 다 할 일이요. 셋째 큰 집을 지으려면 기둥과 대들보가 될 좋은 재목을 양성해야 할 것이요. 국가를 지으려면 학술을 가진 인재를 많이 양성해야 할지니 이때의 급한 일이 일반 청년의 재주 있는 자제들을 많이 외국에 유학을 시켜 국가에 크게 필요한 인재를 영원히 계속케 할 것이니 이것은 가까이 일본에 개명속성(開明速成)한 것과 멀리 구미 열국에 부강천양(富强闡揚)한 원인을 살핀 것이니, 이것이 모두 인민 부형의 의무요 책임질 일이올시다. 이밖의 허다한 조건은 이루다 진술치 못합니다. 어눌한 말로 이만 그칩니다.

이 강연은 교민들의 많은 박수와 찬사를 받았다. 또 주변 지인들의 연회나 상사에도 축시나 만장을 보내기도 하였다. 민국 원년(1919) 음력 9월 29일, 백암(白巖) 박은식(朴殷植)의 회갑에 축하시를 보내기도 하였다. 시제는「박은식육십일초도(朴殷植六十一初度)」라 하였다.

　　공명정대한 가슴에 비단 같은 간장(肝腸)을 품었고
　　동서남북 뛰어 다니며 풍상(風霜)에 배불렀네.
　　모아 엮은 통사(痛史)는 심혈을 토하였고
　　신문지상에는 옳은 말만 쏟아 냈네.
　　물에 뜬 마름같이 7천여 리에 남긴 자취는
　　진주꽃 같은 육십 한 해 봄이 빛나는 구려.
　　연회석에 가득 찬 동지 현명함이여
　　일제히 선생을 축하하는 잔을 들었다오.

민국 2년 4월 14일 동지 동오(東吾) 안태국(安泰國)이 죽자「동오 안태국군만(東吾安泰國君輓)」이란 만사(輓辭)를 쓰기도 하였다.

구차함을 참고 견디기 칠년
드디어 죽을 병을 얻고 말았네.
조국 광복이 눈 앞에 와 있는데
하늘은 어찌하여 그리 급히 안군의 명을 앗아 갔는고.

대한민국 3년(1921) 4월 8일, 의암(義庵) 손병희(孫秉禧) 회갑에 축시를 보내었다. 시제는 「손의암육십일세초도(孫義庵六十一歲初度)」이다.

단군님 국조(國祖)가 오래도록 멸망되지 않고
호서(湖西)에 위대한 현자를 내리셨네.
신을 기르는 천도교
땅에서 행해지는 신선은 가벼이 여기었네.
창의(倡義)하여 나라의 원수를 갚았으니

그 공적은 독립선언으로 높아졌도다.
선비가 당당히 죽음도 불사하여
적대하기 3년이 되었소.
이 날 그대의 회갑을 맞이하니
우리들은 경사로운 연회를 꾸미었도다.
술독은 초강(楚江 : 초나라의 강) 위에 있으나
멀리 한성(漢城)에서도 의암의 수(壽)를 비네.
성대한 이 연회를 글로써 기술하고
기이한 이 유회를 그림 그려 전하겠네.
같이 취하여 희롱함을 웃고
다른 산천이 움직임을 기뻐하는구나.
대업(大業)을 이루기 어려움을 알았고
늙어 건전함이 다행이구려.
그대가 장수를 누리기 빌며
시종을 같이 하여 조선을 다시 이룩합시다.

1922년(대한민국 4) 3월 1일, 「사회독립선언일(四回獨立宣言日)」이라는 시를 남기었다.

독립 선언한 것이 어제 같은데 오늘 아침 또다시 4주년을 맞네.
거친 곳에 숨어서 어찌 모두 살아남기를 바라랴.
옥에서 나와 깨부수지 못한 것이 부끄럽네.
원수를 잠시 잊었으나 끝내는 다시 그 생각이 살아나서

세상이 어려워지면 스스로 돌아오기를 강력히 촉구할 것이다.
원컨대 우리 민족이 더욱 단결하여
하루빨리 전쟁에서 벗어난 산하를 보게 되기를.

시의 내용에는 하나같이 조국의 광복을 바라는 염원이 담겨 있었다. 동농은 이즈음 생사를 같이 했던 대동단 단원들이 검거되어 모진 고문을 당하며 자백을 강요받고 있다는 소식을 들으며 자신은 안전한 곳에서 세월을 보내고 있다는 자책감이 무겁게 짓누르고 있었다.

동농이 주도한 대동단의 성격에 대해서는 몇 가지 해석이 있다.

첫째, 복벽주의(復辟主義) 단체로 지목하기도 하였다. 동농을 복벽주의자로 소개하는 분석도 있다. 그러나 이것은 왜곡된 것이다. 대동단에서 의친왕 이강을 망명시키려다 실패한 사건을 두고 그렇게 곡해하고 있는 것이다. 그러나 그간 대동단이 직접 작성한 어느 문건에서도 복벽을 주장한 내용은 없다. 의친왕 이강을 상하이에 데려 오려는 생각은 누가 하였는가. 이는 잡지 『삼천리』 1931년 9월호에 실린 유광렬(柳光烈, 1898~1981)[30]의 글에 밝혀져 있다.

---

30   호는 종석(種石). 매일신보 기자로 언론계에 투신, 1960년 민의원에 당선. 한국일보 논설위원을 지냈다.

이 모든 기계묘책(奇計妙策 : 기묘한 계책)의 출처는 전협을 단장으로, 김가진을 총재로 한 대동단의 소위이었다. 대동단은 3월 1일에 일어나 4월 말까지 전 조선을 휩쓸던 독립운동을 계속 진행하려던 비밀결사이다. 비밀 출판물을 배포하고 시위운동을 수시 종용하려던 것이다. 이강 전하가 동 단체와 얼마나 한 묵계가 있었는지 허허실실의 기다책략(幾多策略 : 몇가지 책략)은 사건의 깊은 장막 뒤에 숨어 천고의 비밀로 남을 것이니 필자 어찌 즐거이 이 현기(玄機 : 오묘한 도리)를 루(漏)하려는 자(者)리요.

유광렬의 기술대로 대동단은 비밀결사체였기 때문에 당시로서는 깊은 관계와 뜻은 알기 어려웠을 것이다. 그러나 여러 가지 추측은 가능하다. 성공회대 한홍구 교수는 대동단의 복벽주의 논란에 대해 다음과 같이 논하고 있다.

여기서 흥미로운 점은 대동단이 독립 이후에 수립될 정부가 어떤 정체, 즉 대한제국으로의 복벽이냐, 입헌군주제냐, 아니면 민주공화제냐를 밝히고 있지 않다는 점이다. 발표자가 볼 때 대동단이 정부 형태를 준비하면서 독립 후의 정체에 대해 명확한 태도를 밝히지 않은 것은 다분히 계산된 것이라 할 수 있다. 독립 이후의 정부 형태를 명확히 할 경우, '대한제국으로 망했으니 대한제국을 다시 일으키자'라는 식으로 복벽을 주장할 경우 공화제를 바라는 선진적인 인사들을 포섭할 수 없을 것이고, 공화제를 전면에 내건다면 전통적 사고방식을 가진 다수 대중이나 대동단이 조직화에 힘을 기울인 구 황족, 진신, 유림 등 전통사회의 지배층들을 포섭할 수 없기 때문이다.

대동단원 이달하(李達河)가 동농을 만났을 때, 동농은 다음과 같이 말하였다.

"독립에 관하여 원래 조선 내에 사는 사람과 해외에 체류하는 사람과는 사상이 다르오. 조선 내에 있는 사람은 이조의 복벽을 말하나 해외의 조선인은 공화정치라든가 민주정치라든가 하는 것을 주장하여 도저히 공동 일치의 행동을 하는 것은 안 되오."

이에 대해 이달하가 물었다.

"이왕(李王 : 순종) 전하, 세사(世嗣 : 영친왕) 전하 및 이강공 전하 세 분이 있는데, 이 가운데 누군가 한 분을 황제로 추대하면 반드시 조선의 민심을 수람할 수 있다고 생각하는데, 지금 독립운동을 하는 사람에게 그러한 생각이 있겠습니까?"

이에 동농이 대답하였다.

"아무튼 지금의 민심을 수람하는 것은 지극히 좋으나 세 전하 중 한 분을 황제로 추대하는 일은 매우 어렵소."

그리고 이어 말했다.

"이강공 전하로는 좀 부족하오."

이 언급을 보면 대동단에서 이강공을 상하이로 탈출시키

려는 것은 복벽을 하겠다는 뜻이 아님이 분명하다. 대동단원이면서 복벽을 주장해 온 이달하는 일개 단원일 뿐이었다. 이를 두고 대동단 전체를 평가하거나 총재의 사상을 논하는 것은 온당치 못하다.

또 대동단과 임시정부의 관계에 대해서도 오해가 있다. 대동단이 임시정부와 이념적으로 맞지 않았다는 반증으로, '대한민국'을 연호를 쓰지 않고 '조선 건국'을 연호로 사용한 점, 이강의 상하이 탈출 사건시 임시정부에서 파견한 강태동(姜泰東)과의 갈등 등을 들어 대동단을 복벽주의 단체로 몰고 있으나, 이는 전후 사료들을 자세히 분석해 보지 못한 것에서 생긴 오류이다.

우선「임시규칙」이나「세칙」뒤에 모두 개국기원이나 융희 후 몇 년 등으로 쓴 적이 없다. 대동단은 단군 건국 몇 년을 연호로 썼으며, 동농이 상하이로 탈출한 후로는 임시정부와 똑같이 모든 문서에 '대한민국'으로 쓰고 있었다. 또 의암 손병희와 백암 박은식 수연 때의 축시에도 그들의 노력이 민주국가를 회복하는데 있었음을 기리고 있다. 또 독립만세 4주년을 회고하는 시에도 민국의 정신이 엿보이고 있다.

이것은 동농이 1919년 10월 30일, 상하이에 도착했을 때의 상황을 그해 11월 4일자「독립신문(獨立新聞)」이 기사로 실었는데, 그 인터뷰 내용을 보면 더욱 명백하다.

여(余)난 당지(當地)에 아족(我族)의 정부가 유(有)함을 문(聞)

하고 래(來)하였노라. 여(余)난 아정부(我政府)가 재(在)한 차지(此地)에서 사(死)함이 본회(本懷)로다. (나는 이곳에 우리 민족의 정부가 있음을 듣고 왔노라. 나는 우리 정부가 있는 이곳에서 죽음이 본래의 생각이다)

동농의 생각이 무엇인가를 확실히 알 수 있는 대목이다. 동농은 임시정부를 우리 민족의 정부라고 못 박았으며, 이후 임시정부의 연호나 방침 등 정체성에 조금도 이의를 제기하지 않았다. 그리고 동농이 서거하기까지 대동단과 임시정부는 광복 후 수립될 국가의 정체성은 물론 어떤 문제에서도 갈등을 보인 흔적이 없다.

3. 77세로 영면(永眠)

열강에 대한 청원과 호소로 독립이 이루어질 것이라 생각했던 조선 민중의 순진한 희망은 차츰 사라져갔다. 파리강화회의에 한껏 기대를 걸었으나, 그 회의는 결국 약소민족의 해방과는 상관없이 승전 미국, 영국, 프랑스, 이탈리아, 일본이 패전 독일이 갖고 있었던 식민지 분할에만 열을 올린 약육강식의 장으로 막을 내리고 말았다.

임시정부도 실망이 컸다. 이렇게 되자 애초부터 무장투쟁을 주장해 온 이동휘(李東輝) 임시정부 총리 세력의 입장이 더욱 분명해졌다. 동농도 만세운동이나 청원, 호소 등으로는 효과가 없음을 깨닫고 무장투쟁을 지지하기 시작하였다. 그리하여 1921년, 북간도 독립군의 무장투쟁 조직인 군정서(軍政署)의 고문으로 추대된 것을 기화로 만주로 건너가 국내조직을 재건할 계획을 세웠다. 그러나 이 계획은 악화된 건강으로 결행되지 못하였다.

동농 자신이 병세를 적은 글

이때 동농의 병세는 매우 심한 상태였다. 동농 스스로 약방에 보낸 듯한 자필 병세 내용이 있다. 좋은 처방을 바라는 동농의 이 글 내용을 보면 동농은 각기 증세로 심하게 앓아 왔던 것으로 보인다.

> 본인이 금년 76세이다. 재작년(1919) 9월부터 상하이에 도착하였는데, 마침 엄동이라 한국인은 온돌에서 생장한 몸인데 갑자기 냉방에 바람이 새어 드는 집에 기거하게 되었으니 추위가 뼛속까지 스며들어서 가장 견디기 어려운 것이었다. 넓적다리와 무릎에서 발목과 발에 이르는 곳이 가장 심하였다. 어찌 할

수가 없어서 참고 참아 왔다.

작년 봄 이후 점점 양 무릎에서 발목과 발까지 전부 마비 증세를 느꼈고, 또 부종(浮腫)이 팽창하여 몇 차례나 아래까지 이르렀으나 다만 통증은 없었다. 이미 처방과 같이 약을 지어 복용하였으나 효험을 보지 못하였다. 사람들이 모두 말하기를 이런 병증에 가장 피해야 하는 것이 흰 쌀밥을 먹는 것이라 하였다. 그래서 지난 가을 이래 붉은 팥밥을 오늘까지 먹어 왔다. 지난 겨울 방에 난로를 때고 두꺼운 비단옷을 입었으나 추위는 비교적 더하였다. 금년 봄 이래 부종이 점차 줄어들었으나 현재 아직도 두 가지 증세가 남아 있다. 하나는 무릎 밑에서 정강이와 손발이 가끔 근육이 굳어져서 끌어당기는 것이 근육을 쥐어트는 것 같음이 근래에 심해졌다. 다른 사람에게 기가 질리게 하여 같이 있을 수 없을 정도였다.

또 하나는 이 병이 발생한 이래 두 다리 아래가 힘도 기력도 없어서 피와 살이 아니 붙은 듯하여 한쪽 발을 옮기는 데도 마음대로 할 수 없어서 오랫동안 방안에만 칩거하고 있어서 기혈(氣血)이 모자라기 때문일 것이다.

요행히 이 두 가지 증상에 대하여 신방(神方)을 내어 주셔서 완인(完人)이 되게 하여 주시길 간곡히 기도합니다.

임시정부 내에서도 소수만이 무장투쟁을 지지하였다. 열강들에 대한 호소로서는 조국이 독립할 가능성이 희박해지자 임시정부에 대한 지지도 점점 약화되어 갔다.

백야 김좌진

3·1만세운동 이후 일본은 무단통치로 일관했던 하세가와 요시미찌(長谷川好道)를 소환하고, 후임 총독으로 사이또오 마꼬도(齊藤實)를 임명, 소위 문화정치를 표방했다. 일제가 조선인에 대한 강압통치를 조금 완화하자, 조선인 사업가들도 일제의 문화정책에 보조를 맞추기 시작했다. 곧 교육사업이나 문화사업에 자금을 대는 이들은 늘어나는 대신, 독립운동자금 모금에 참여하는 것은 위험하기도 하고, 또 실속도 없는 일이라고 생각하였다.

시세가 이렇게 변하자 임시정부의 재정은 극도로 어려워져 갔고, 중요 인사들까지도 여러 이유로 임정 대열에서 이탈하였다. 이들 중에는 이광수(李光洙)처럼 국내에 돌아와 완전히 방향을 바꾼 이도 있었고, 무장항쟁을 목표로 만주로 건너간 사람도 있었다. 또 일부는 쑨원(孫文, 1866~1925)[31]의 진영으로 들어가려 했다. 광뚱성 소재 중산대학(中山大學)에 입학, 학업에 전념하는 이도 있었고, 무장투쟁의 실력을 양성하고자 중국군의 황푸군관학교(黃埔 軍官學校)[32]에 입학하는

---

31 호는 중산(中山). 1894년 청조(淸朝)에 반대하는 혁명단체인 중흥회(中興會)를 결성, 그 이듬해 광동에서 제1차 봉기 결과 실패, 일본으로 망명했다. 1905년 도쿄에서 중국혁명동맹회를 결성하고 전후하여 삼민주의(三民主義)를 제창하였다. 1911년 임시 대총통이 되었으나 웬쓰가이에게 양보하였다. 웬쓰가이의 국민당 탄압에 대항, 1917년 광뚱에 군정부를 만들었다.

32 중국 광동 교외에 있던 사관학교. 1924년에 설립하여 북벌 때까지 사관 7천명을 양성, 국민당 혁명군의 중핵이 되었다. 교장은 장개석이었다.

이들도 있었다.

   2천여 명에 육박하던 상하이의 교민이 불과 1,2년 사이에 5백도 채 못 되게 줄어들었다. 이렇게 되자 임시정부도 상당히 위축되었고, 대동단의 국내 및 만주 조직도 궤멸되었다. 그런 상황에서 만주에서 항일무장투쟁을 벌이고 있던 일가 백야(白冶) 김좌진(金佐鎭, 1889~1930)[33]이 동농에게 만주로 오라는 편지를 보내왔다. 이때 백야는 북로군정서(北路軍政署)의 총사령으로 있었다. 여러 가지로 궁리하였지만, 동농의 건강상태가 좋지 않았고, 만주까지 갈 여비마저 마련하기 어려운 상태여서 어찌할 수가 없었다.

   이때의 어려움을 타개할 방법으로 며느리 정정화가 귀국하겠다고 했다. 동농은 물론이고 임정 요인들도 만류하였다. 국내 연락망이 모두 단절되고, 오가는 길에 편의를 제공할 연

동농 장례행렬

---

33 1917년 만주에 망명. 1919년 북로군정서를 조직하고 총사령관에 취임. 1920년 청산리 전투를 승리로 이끌었음. 1929년 정신(鄭信) 등과 함께 신민부를 중심으로 한족연합회를 조직, 활약하다가 공산당원에게 암살되었다.

통제 조직조차 와해된 상황에 귀국한다는 것은 말이 되지 않는다고 하였다.

정정화는 이러한 어려움은 무릅쓰고 귀국 길에 나섰다. 상하이를 떠나 칭따오(靑島)를 거쳐 안뚱까지는 무사히 왔으나, 신의주에 도착하는 순간 체포되어 종로서로 압송되었다가 석방되었다. 석방 후 시댁에 들리자 동농의 위독을 알리는 전보가 와 있었다. 그리고 잠시 예산 친정집에 들렸다가 다시 시댁에 돌아왔을 때에는 동농의 부음이 도착해 있었다.

이때 동농의 나이 일흔 일곱 살(1922년). 칠십 넘어 고국 땅을 등지고 상하이로 건너가 조국 광복에 투신하고자 하였으나 불과 3년 만에 서세하고 말았다. 4255년(1922) 7월 4일 하오 10시 30분(임술 윤5월 10일), 상하이 용칭방(永慶坊)에서 임종한 것이다. 종제 우진(宇鎭)과 이동녕, 차영호(車榮鎬), 조덕진(趙德津), 김희준(金熙俊), 조용은(趙鏞殷), 이필규(李駜圭), 마승규(馬昇奎), 정해리(鄭海理), 김사한(金思漢), 김용철(金容喆) 제씨가 임종을 지켜보았다.

고복(皐復) 때(7월 5일) 종제 덕진(德鎭), 이시영, 윤기섭(尹琦燮), 홍진(洪鎭), 정영준(鄭永俊), 장붕(張鵬) 내외, 조완(趙完), 김인전(金仁全), 김철(金澈), 이발(李發), 나용균(羅容均), 박시창(朴始昌), 조완구, 김현상(金顯相), 조중구(趙重九) 부인, 오영선(吳永善), 이창욱(李彰旭), 신익희, 변지명(卞志明), 이유필(李裕弼), 김태준(金泰俊), 손정도(孫貞道), 조동호(趙東祜), 족손 시현(始顯), 김홍서(金弘敍), 김규식, 윤성강

(尹成釦), 신숙(申肅), 양제시(楊濟時), 서병효(徐丙浩), 민충식(閔忠植), 장득우(張得宇), 민제호(閔濟鎬), 윤해(尹海), 안정근(安定根), 한진교(韓鎭敎), 남상규(南相奎), 안창호, 양기하(梁基瑕), 김상옥(金相玉), 김원식(金遠植), 이규정(李圭廷), 민제호(閔濟鎬) 대부인, 최기훈(崔起勳), 이필규(李馝圭) 대부인, 김남식(金南植), 연병환(延秉煥) 부인, 백순(白純), 여운형, 김구, 신영덕(辛永悳), 양길환(梁吉煥), 김복형(金復炯), 연병호(延秉昊), 손효식(孫孝植) 등이 문상을 왔다.

　7월 6일에는 박은식, 현순(玄楯), 최창식(崔昌植), 옥관빈(玉觀彬), 양헌(梁灝), 선우훈(鮮于燻), 김원경(金元慶), 김성만(金聖萬), 김구 부인, 이용환(李龍煥), 민필호, 김현구(金玄九), 이강희(李康熙), 이병주(李秉周), 김병조(金秉祚), 김홍식(金弘植), 김보연(金甫淵) 등이 문상했다.

　7월 7일에는 최호(崔祜), 박용각(朴容珏), 조상섭(趙尙燮), 박용철(朴容喆), 진희창(秦熙昌), 최일(崔日) 이주만(李柱萬), 차이석, 김영희(金永熙), 한태규(韓泰圭) 등이 문상했다.

　7월 8일에는 원세훈(元世勳), 정유린(鄭有隣), 이탁(李鐸), 김무동(金武東), 왕중렬(王仲烈), 김승학(金承學), 김문세(金文世), 장건상, 손두환(孫斗煥), 류진호(柳振昊), 오억(吳億), 배병산(裵炳產), 배병헌(裵炳憲), 김종곤(金宗坤), 임아(林亞), 배길순(裵吉順) 여사가 문상했다.

　이상은 7월 8일 하오 2시까지 문상한 인사들이었고, 발인시 호장자(護葬者)는 270여 명에 달했다. 발인은 7월 8일 하

동농 운상시 만장

오 2시였으며, 장지는 상하이 시쟈회(徐家匯) 시서우(西首) 홍차오로(虹橋路) 완꿔공묘(萬國公墓)였다.

조문객 중에는 당연히 임정 요인들이 많았는데, 그 어려운 생활에도 부의금으로 많은 금액을 내어 놓았다. 특히 김구는 부부가 다 문상을 왔고, 부의금도 15원(洋貨)이나 내어 놓는 등 특별한 관심을 보였다. 또한 일가인 김시현이나 안창호도 10원(洋貨)의 부의금을 냈다.

식어가는 임정에 대한 관심과 열정을 되살리기 위해서도 장례식은 성대히 치를 계획이었던 듯하다. 상하이대한교민단장(上海大韓僑民團長) 김철(金澈)은 다음과 같은 통지서를 교민들에게 보냈다.

통지서

동농 김가진 선생의 장례를 본월(本月) 팔일에 서가회(徐家匯) 서수(西首) 홍교로(虹橋路: 南洋公學 後面) 섬로원(纖路園) 만국공동묘지(萬國共同墓地)에서 거행할 터인 바 동일 하오 두 시에 자택(貝勒路 永慶坊 拾號)에서 발인하갓삽기 이에 통지 하나이다.

대한민국 4년 7월 7일
상하이대한교민단장 김철(金澈)

이 통지서를 보고 교민 270여 명이 왔으며, 이때 낸 부의금 35원으로 묘지를 매입하고, 묘비 100원, 관 45원(중국제), 마차 30원, 장비 20원, 수의 28원 4각(角) 8분(分), 심지어 프랑스 조계 순사 2인의 교통정리 수고비 5원까지 지불하면서 당시로는 보기 드문 장례를 치루었다.

임시정부에서는 국무위원 박은식, 이동녕, 이시영, 홍진, 김인전, 김철 등의 명의로 부고를 내었고, 장례식장에서는 임시정부 수석 홍진이 식사를 했고, 조완구는 약력을, 이발(李發), 안창호가 추도사를 하였다.

동농의 서거 소식은 나절로 우승규가 동아일보와 조선일보에 부전(訃電 : 죽은 사실을 알리는 전보)을 쳐서 기사로 나오면서 국내 인사들에게도 알려졌다. 이에 유림연합대회(儒

林聯合大會)가 주관, 고인의 유족 거주지인 경성부 적선동 160번지에 '고김선생호상소(故金先生護喪所)'를 차리고 관계 유림에 다음과 같은 부고를 발송하였다.

고(故) 김선생(金先生) 가진씨(嘉鎭氏) 본월(本月) 십일 하오 열시 삼십분에 상하이에서 별세하셨삽기 자(玆)에 고부(告訃)함.

공자 탄강(誕降) 2473년 임술(壬戌) 윤5월 10일
경성부 적선동 160번 고 김선생호상소 유림연합대회

유림연합대회 총장 김병흥(金炳興)을 비롯하여 임원과 일가친척 및 인친, 지인들이 와서 조문하고 갔다. 서울 외에 하동, 예산, 여주, 청양, 보은, 원주, 양양, 익산, 광주, 홍성, 양주, 아산, 공주, 천안, 연백, 대전, 고양, 장성, 태인에서도 조문객들이 왔다.

부의금도 독립운동자금이라고 생각하고 낸 것인지, 또는 독립운동에 가

동농 묘비

담하지 못한 죄책감에서인지 모두 분에 넘쳐 보인다. 동아일보사 30원, 김의동(金宜東) 50원, 안동 봉정사 10원, 김영진(金榮鎭) 10원, 김종한(金宗漢) 30원, 한성도서주식회사 30원, 동아일보 송진우·장덕수(1896~1947)[34]등 39원, 민영휘(閔泳徽, 1852~1935)[35] 30원, 김승진(金升鎭, 1884~1910)[36] 20원, 천도교총본부(天道敎總本部) 50원 등 물품을 보내온 것을 제외하고도 현금만으로 450원에 달하였다.

    이는 셋방을 전전하던 동농의 가족에게 다소 도움이 되었고, 서울 빈청에서 접객을 마치고 상하이로 돌아가는 며느리 편에 임정에도 다소나마 보탬이 되도록 자금을 보냈다.

    이밖에도 직접 문상을 오지 못하고 서면으로 조문하거나, 만사(輓詞)를 보내 온 이도 많았다. 이는 한 세상 나라와 민족의 원대한 목표를 향하여 영욕을 가리지 않고 노력한 지사(志士)에게 보낼 수 있는 국민들의 존경의 표현이었으리라.

---

34 호는 설산(雪山). 와세다대 정치과를 졸업하고 미국 컬럼비아 대학에서 철학박사 학위를 받았다. 한때 상하이에 체류하다가 1919년 여운형을 따라 일본을 방문, 한국 독립을 역설하였다. 1920년 동아일보 초대 주필, 보성전문학교 교수를 역임. 광복 후 한국민주당을 조직, 정치부장으로 활약하다가 1947년 자택에서 암살되었다.

35 호는 하정(荷汀). 예조, 공조, 병조판서를 지냈다. 1894년 동학농민전쟁이 일어나자 통위사(統衛使)로 청나라로부터 구원병을 불러왔다. 후에 중추원 의장, 시종원경(侍從院卿)을 지냈다. 1910년 일본 정부의 자작이 되었고, 천일은행(天一銀行)과 휘문학교를 설립했다.

36 시종원 시종관(侍從官). 보국찬성(輔國贊成) 병기(炳冀)의 손자.

동농은 아직도 진행형인가

　19세기 말부터 20세기 초까지의 서세동점(西勢東漸) 시기, 서양문물은 이 땅에 밀물처럼 밀려 들어오고 있었다. 조선 해안에는 러시아, 독일, 미국, 프랑스 등의 함선이 몰려와 통상을 요구하기도 하고, 때로는 침략전쟁을 벌이기도 하였다. 그러나 조선은 대원군이 집정하면서 쇄국정책으로 일관하여 좀처럼 문호를 개방하려 하지 않았다. 대원군이 물러난 후 고종이 친정을 하면서 서둘러 미국, 영국, 프랑스, 오스트리아, 이탈리아 등과 수호조규를 맺었지만, 이미 시기를 놓치고 만 후였다.

　호시탐탐 기회를 노리고 있었던 일본은 1904년 러·일전쟁에서 승리하자, 조선에 대한 영향력을 강화해 가면서 급기야 1905년에는 실질적으로 국권을 빼앗아 가는 소위 을사보호조약을 체결하게 되었다. 이 만행에 민영환, 조병세 등은 죽음으로 항거하였고, 이준 등은 고종의 밀령을 받고 헤이그에 밀파

되어 세계 각국에 일본의 만행을 알리려 하였다. 안중근은 일제의 원흉 이토 히로부미를 사살하였고, 장지연은 언론으로 그 울분을 토하였다.

　이러한 격동의 시대에 어렵게 자기 직분을 다하며 한 길을 걸어온 분이 바로 동농이다. 동농은 다방면에 재능을 가지고 있어 그 평가도 '민예(敏銳)하고 활발하다', '총혜(聰慧 : 총명한 지혜)가 과인(過人)하다', '박학다식하고 재기가 출중하다'는 등 다양하다. 그래서 독립운동가, 정치가, 항일운동가, 항일독립투사(항일투사), 항일독립운동가, 민족운동가라고 동농을 규정하는가 하면, 한학자, 서예가, 시인이라는 호칭도 꼭 따라다닌다.

　동농은 5세부터 가숙(家塾)에서 글을 배워 16세가 되었을 때는 이미 학문에 통달하였다 한다. 그리고 여러 시회(詩會)에 적극적으로 참가하면서 교우관계를 돈독히 하고, 학문적 자질과 능력을 인정받게 되었다. 특히 개화파 인사들과는 시를 통하여 교분을 쌓아 왔는데, 김홍집, 김택영, 홍영식, 유길준 등 당대 저명인사들과 가깝게 교류하였다.

　동농은 1877년 문과에 급제하면서 벼슬길에 나가기 시작하였다. 규장각 참서관(參書官)을 시작으로 하여 안동대도호부부사(安東大都護府府使), 공조판서, 황해도·충청도관찰사, 농상공부대신을 역임하였다.

　특히 동농은 외국어에 뛰어난 자질을 보여 중국어, 일본어, 영어에 능통, 천진주재종사관(天津駐在從事官), 주차일본

공사관참찬관(駐箚日本公使館參贊官), 주일본판사대신(駐日本辦事大臣) 등 외교직을 역임했다. 외교직의 경험은 동농으로 하여금 시대의 변화와 서양문물에 상당한 관심과 지식을 갖게 해 주었다.

동농은 주자학적 변통론에 서양기술과 문물을 수용하기를 주장해 온 개화사상가였다. 동농은 외아문과 내무부에 소속되어 있으면서 개항통상 사무처리, 전신시설 및 우정 사무의 기반 확립, 농목시설 구비작업 등 개화정책을 실제 추진하였으며, 외교적으로는 배청친로(排淸親露)적 성격이 강했다.

동농은 갑오경장 시기 군국기무처의 의원이 되어 개혁안 건 208개조를 심의할 때 과감히 개혁을 역설하였다. 동농이 아관파천 시기 고종에게 올린 시국수습책을 담은 상소문 중 10개 항의 건의내용[1]은 당시로서는 무척 현실성이 있고 개혁적이었다. 그 후에도 동농은 여러 차례 상소를 올려 국정의 개혁을 촉구하였다.

일제의 침략 야욕이 본격화되어 가자 동농은 애국계몽운동을 벌이기 시작하였다. 동농은 '선실력 후독립'이라는 신념으로 대한협회 회장에 취임, 일진회의 망국적 합병론을 대

---

1   ① 충심으로 나라 위하는 사람을 대신으로 선발할 것. ② 집권자는 당파심을 경계할 것. ③ 내각회의 座儀와 의론의 세칙을 엄히 세울 것. ④ 신상필벌을 엄격히 하여 백성들에게 믿음을 보일 것. ⑤ 공평하고 겸손한 도리로 외교할 것. ⑥ 의병에 대하여 먼저 효유하고 뒤에 토벌할 것. ⑦ 충신하고 능력 있는 사람을 장군으로 삼아 군대를 안정시킬 것. ⑧ 재정보충을 위해 외채 도입을 강구하고 정부 재무장부를 엄격히 조사할 것. ⑨ 만세에도 변치 않을 독립의 기초를 세울 것 등이다.

대적으로 규탄하였다. 국권회복을 위한 참다운 국민의 양성이라는 대한협회의 취지에 따라, 동농은 교육진흥에 관심을 두어 사립학교 설립운동을 전개하였다. 그리고 한편으로는 기호흥학회(畿湖興學會)에도 관여, 활발하게 활동했다.

동농은 비밀결사단체인 조선민족대동단을 조직, 총재를 맡아 본격적인 항일전선에 뛰어 들었다. 동농은 1919년 전국을 뒤흔든 3.1독립운동 이후 더 이상 계몽운동만으로는 국권을 되찾을 수 없다고 생각했다. 그리하여 전 국민이 대동단결하여 민족의 정신통일 및 실력양성에 의한 독립 달성을 꾀하고자 전협과 함께 조선민족대동단을 결성한 것이다.

대동단은 민족 대동을 기치로, 황족, 진신, 유림, 종교, 교육, 상공, 노동, 청년, 군인, 부인, 지역 등을 망라하여 참여하도록 유도한 것이다. 진신(縉紳 : 고위 고관)이나 유림의 경우 박영효 등 여러 명을 교섭 대상에 올려놓고 권유하였으나, 동농만이 적극성을 보여 총재로 추대되었던 것이다.

조선민족대동단은 선언서와 방략, 강령, 결의 등 격문을 기관지「대동신보」에 실어 대대적인 선전활동을 전개하였다. 파리강화회의와 미국 대통령 윌슨에게 조선의 독립을 주장하는「진정서」를 전달하려 했고, 일제에 경고하는「일본 국민에게 고함」, 민족의 각성을 촉구하는「경고문」등을 비밀리에 배포하는 선전활동을 벌였다.

동농은 대동단을 중심으로 1919년 하반기까지 국내에서 항일운동을 전개하다가, 대동단의 지하활동이 발각되고 상하이에서 임시정부가 수립되자 임시정부 내무총장 안창호에게 연락, 망명의사를 밝혔다. 이에 임시정부에서도 환영의 뜻을 전하면서 연락원을 파견, 동농이 상하이로 망명토록 도왔다.

동농은 의친왕 이강과 가까운 사이였다. 황제의 친동생인 의친왕을 망명시키면 그 여파가 엄청나리라 판단, 동행을 권유하여 의친왕도 수락하였으나, 워낙 잘 알려진 인물이어서 실행되지는 못했다. 의친왕은 이후 국내의 대동단 단원들에 의해 재차 망명이 시도되었으나, 망명 도중 중국 땅 안둥에서 발각되어 실패했다.

동농은 상하이 망명을 결심하고 아들 의한(毅漢)만을 데리고 일산역에서 경의선 열차를 탔다. 대한제국의 고관을 지낸 사람이, 그것도 74세의 고령에 독립투쟁을 위해 망명해 왔다는 사실은 임시정부에 큰 힘이 되었다.

동농은 망명 후 1920년 봄부터 조선민족대동단 총재로서 포고문을 발표하였다. 그리고 대동단 본부를 상하이에 이치하고, 국내와 만주에 대동단 지회를 설치하였다. 또 러시아 및 남방파와도 제휴하여 무장투쟁을 천명하기도 하였다. 동농은 유고문(諭告文), 권고문(勸告文)을 국내에 배포, 대동단의 조직을 강화하려 시도했다. 또 독립정신 고취와 군자금 모금을 위하여 대동단 총재 김가진 명의로 갹금포고문(醵金布告文)을 국내로 발송했다.

동농의 상하이에서의 활동은 모두 임시정부와 유기적 관계를 갖고 벌인 것이다. 이것으로 보면 대동단은 임시정부의 별동대로서 역할을 하였다고도 볼 수 있다. 동농은 상하이에서 임시정부의 활동이 침체되자 만주로 가 무장투쟁에 참여할 것을 심각히 고려하였으나, 워낙 고령인데다, 병과 가난으로 더 이상 활동을 지속하지 못하고 1922년 7월 4일 망명 3년만에 서거하였다.

　　민족의 운명이 풍전등화와 같은 시기에 나라의 명운을 지키고자 국정개혁을 주도한 분, 나라를 잃은 뒤에는 줄곧 애국계몽운동과 항일독립투쟁에 매진하였던 분, 시대적 한계 속에서 자신이 할 수 있는 최선의 노력을 기울인 애국지사 동농이 이국땅에서 쓸쓸히 서거한지도 올해로 87년, 진정한 민족의 자주독립이 이루어지지 못하고 있듯이, 두 동강 난 한반도가 아직도 서로에게 총부리를 겨누고 있듯이, 동농의 유해는 아직도 이 땅에 돌아오지 못하고 있다.

　　동농은 현재진행형인가?

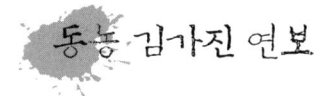 동농 김가진 연보

1846(헌종 12년, 병오) 정월 29일(양력 2월 25일) 1세

순화방 사재감 계장동 신교(順化坊司宰監契壯洞新橋 : 지금 육상궁 서남)에서 아버지 증종1품 숭정대부의정부참정 겸홍문관대학사 행자헌대부예조판서 겸지경연의금부춘추관사 동지성균관사 오위도총부도총관 응균(贈從一品崇政大夫議政府參政 兼弘文館大士 行資憲大夫禮曹判書 兼知經筵義禁府春秋館事同知成均館事五衛都摠府都摠管 應均(贈諡 孝憲, 호 楓南)공과 어머니 함안박씨(朴載周의 둘째 따님) 사이에서 둘째 아들로 태어났다. 성장하면서 풍채가 자그마하고 얼굴은 갸름하며 단아하고 눈이 또렷하여 재기넘치는 사람으로 보였으며, 박학다식하고 재기가 출중하였다. 자는 유경(獻卿) 또는 덕경(德卿), 호는 동농(東農)이라 하였다.

1848(헌종 14년, 무신) 3세

글자를 알아보기 시작하였는데, 진보가 매우 빨랐다.

1850(철종 원년, 경술) 5세

가숙(家塾)에서 한학을 배우기 시작하였다.

1853(철종 4년, 계축) 8세

봄, 아버지(應均)가 안동부사로 부임하여 어머니와 함께 안동에 거주하였다. 모친상을 당하여 장지를 찾게 되었는데 봉정사 뒷산의 화심혈(花心穴)이 길지로 택정(擇定)되었으나 절에서 허락하지 않으므로 친히 봉정사로 달려가서 3일을 절식(絶

食)하며 애구(哀求)하니 주지가 출천지효(出天之孝)에 감복하여 청원대로 장지를 허용하였다. 우졸곡을 마치자 서울 본제로 돌아와 다니던 기숙에 나가 열심히 공부하였다.

1854(철종 5년, 갑인) 9세

가을, 아버지가 서울로 전임되었다. 아버지로부터 또다시 학문과 서예를 익히었다.

1855(철종 6년, 을묘) 10세

1월 19일, 아버지가 이조참의(吏曹參議)에 임명되었다.
3월 19일, 아버지가 또 이조참의로 임명되었다.

1856(철종 7년, 병진) 11세

10월 16일, 아버지가 분승지(分承旨)로써 인릉(仁陵)을 천봉(遷奉)할 때 봉표관(封標官)으로서 공이 있어 종2품으로 가자(加資)되었다.

1857(철종 8년, 정사) 12세

아버지가 의주부윤(義州府尹)에 부임하였다.

1860(철종 11년, 경신) 15세

6월 3일, 아버지가 이조참판에 제수(除授)되었다.

1861(철종 12년, 신유) 16세

총명 다혜(多慧)하여 10여 년 간 수학한 것이 성취가 남보다 빨라 주변으로부터 경(經), 사(史), 자(子), 집(集)에 통달하였다는 평가를 받기에 이르렀다. 이때부터 시회(詩會), 시단(詩壇), 시사(詩社) 활동에 적극적으로 참여하였다.

1862(철종 13년, 임술) 17세
　　3월 25일, 아버지가 정경(正卿)으로 발탁되었다.
　　4월 16일, 아버지가 공조판서로 임명되었다.

1863(철종 14년, 계해) 18세
　　부친이 병상에 눕자 매일 지성으로 시탕(侍湯)하여 치유하였다.
　　8월 9일, 아버지가 형조판서에 임명되었다.

1864(고종 원년, 갑자) 19세
　　8월 11일, 아버지가 의정부 우참찬(右參贊)으로 임명되었다.

1865(고종 2년, 을축) 20세
　　2월 24일, 아버지가 예조판서로 임명되었다.
　　8월 7일, 아버지가 한성부판윤으로 임명되었다.

1866(고종 3년, 병인) 21세
　　의용군(義勇軍)으로 입대. 조대비(趙大妃)를 인견(引見)하고 개혁 의견서를 올렸다.

1867(고종 4년, 정묘) 22세
　　10월 5일, 아버지가 의정부 좌참찬(左參贊)으로 임명되었다.

1869(고종 6년, 기사) 24세
　　2월 21일, 아버지가 다시 한성부판윤으로 임명되었다.

1870(고종 7년, 경오) 25세
　　봄, 북촌 양반 자제들의 모임인 시계(詩契)의 일원이 되었다. 여기서 완서(浣西) 이조연(李祖淵), 금초(錦樵) 박희성(朴羲成), 예당(棣 堂) 홍윤종(洪輪鍾), 우해(友海) 홍순겸 (洪淳謙), 수산(邃山) 심정택(沈定澤), 천유(天游) 박문규(朴文逵) 등과 시회를 가졌고, 창강(滄江) 김택영, 구당(矩堂) 유길준, 도원(道園) 김홍집 등과 교류하였다.

1875(고종 12년, 을해) 30세
부친이 75세로 임종을 맞이하게 되자 단지주혈(斷指注血)하여 소생케 하여 유언을 남기도록 하였다.

1876(고종 13년, 병자) 31세
7월 13일, 딸(慶州崔氏 소생, 夫 沈衡澤)이 태어났다.

1877(고종 14년, 정축) 32세
11월 1일, 효력부위(效力副尉) 용양위부사용(龍驤衛副司勇 : 정9품)으로 규장각 검서관(檢書官)이 되었다.
11월 5일, 통사랑(通仕郞) 행규장각검서관(行奎章閣檢書官)에 부쳐되었다.

1880(고종 17년, 경진) 35세
3월 6일, 선교랑(宣敎郞) 통례원인의(通禮院引儀 : 종6품)를 배수받았다.
7월 29일, 승훈랑(承訓郞) 사헌부감찰(司憲府監察 : 정6품)을 배수받았다.

1881(고종 18년, 신사) 36세
정월 16일, 장악원주부(掌樂院主簿)를 제수받았다.
2월 6일, 다시 통례원인의(通禮院引儀)를 제수받았다.

6월 6일, 조지서별제(造紙署別提)를 제수받았다.
10월 29일, 장흥고주부(長興庫主簿)를 제수받았다.

1883(고종 20년, 계미) 38세
정월 20일, 장흥고주부 겸 통리교섭통상사무아문(長興庫主簿 兼 統理交涉通商事務衙門 : 外衙門) 주사로 겸임되었다.
4월 19일, 모친상(貞夫人 達城徐氏)을 당하여 체직되었다.
5월, 복중(服中)임에도 격외(格外)로 하여 기기국총판(機器局總辦)을 맡게 하였다.
7월 10일, 감리인천항통상사무아문주사(監理仁川港通商事務衙門主事)로 계차(啓差)되었다. 제물포 부두를 개방하는 약성(約成)을 할 때는 자상(慈喪)을 당하였으나 조계설항서(租界設港署)의 모든 사무를 관장하는 주사로 선정되었다.

1885(고종 22년, 을유) 40세
6월 3일, 내무부 주사에 임명되어 전보총사(電報總司) 설치를 건의하여 이를 설립하고 우정사(郵政司)의 총판(總辦)에 임명되었다. 전학우등생(電學優等員)을 뽑아서 차례대로 전선을 가설하여 여러 나라와 통신이 이때부터 시작되었다.
8월 2일, 내무부 주사로 계차되었다.
9월, 형조정랑(刑曹正郎)으로 부처(付處)되고 내무부 주사도 겸하여서 뢰주관(賚奏官)으로 차견되었다.

1886(고종 23년, 병술) 41세
2월 29일, 근정전에서 일차유생전강(日次儒生殿講)을 행하였는데 제술(製述)로써 강경(講經)을 대신하였다. 시에서 진사 조병익(趙秉益)과 유학(幼學)인 공을 모두 직부전시(直赴殿試)토록 하는 영예를 얻었다. 응제병과(應製丙科), 문과급제하였다.

3월 29일, 새로 급제한 공 등을 위하여 특별히 음악을 하사하는 광영을 입었다. 같은 날 홍문관부수찬지제교 겸 경연검토관 춘추관기사관을 배수받았다.

5월 29일, 내무부주사 겸 서학교수(內務府主事 兼 西學敎授)를 배수받았다.

7월 17일, 제2차 한로밀약사건(韓露密約事件)이 문제되어 엄중한 견책을 받았다.

7월 25일, 특별 석방되었다.

10월 2일, 다시 홍문관부수찬지제교 겸 경연검토관 춘추관기사관을 배수받았다.

10월 8일, 소대(召對)에 참여하였다.

10월 10일, 근정전 한림(翰林)을 배수하고 시험장 대독관(對讀官)을 맡았다.

10월 12일, 주차청국천진주재종사관(駐箚淸國天津駐在從事官)에 차견되었다.

종목국(種牧局)을 설치하고 이 해 목장 설치를 건의하여 이루어졌다. 외국에서 말, 소, 양, 돼지 등을 수입하여 10여년 만에 많은 성과가 있었음에도 불구하고 정세 따라 폐지되었다.

1887(고종 24년, 정해) 42세

5월 2일, 주천진종사관(駐天津從事官)에서 체직되었다.

5월 16일, 흠차주차일본공사관참찬관(欽差駐箚日本公使館參贊官)에 임명되어 1891년 2월까지 4년간 주일공사관의 참찬관과 공사로써 조선의 자주외교를 주도하였다.

5월 21일, 사헌부장령(司憲府掌令) 특지(特旨)를 받았다.

5월 23일, 사복시정(司僕侍正)을 배수받았다.

5월 30일, 좌영군사마(左營軍司馬)가 되었다.

6월 12일, 국왕을 소견하였다.

7월, 흠차주차일본국서리판리대신(欽差駐箚日本國署理辦理大臣)을 맡았다.

11월 3일, 아들(正漢 : 경주최씨 소생)이 태어났다.

12월 8일, 통정대부승정원동부승지겸경연참찬관춘추관수찬관(通政大夫承政院同副承旨 兼經筵參贊官春秋館修撰官)을 제수하고 주차일본국판리대신(駐箚日本國辦理大臣)으로 명하였다.

1888(고종 25년, 무자) 43세

10월 14일, 주차일본판사대신(駐箚日本辦事大臣)으로 승차되었다.

1889(고종 26년, 기축) 44세

정월 7일, 공조참의(工曹參議)를 배수받았다.

11월, 주일청국공사 리슈창(黎庶昌)에게 웬쓰가이의 소환을 공식 요청하는 문서를 전달하였다.

동년, 대일본제국헌법발표기념장(大日本帝國憲法發表記念章 : 日本宮內省賞勳局, 勅令 第103號)을 받았다.

12월 14일, 딸 이시가와 세이코(石川靜子 : 石川靜, 일명 金淑倫 소생)가 태어났다.

1890(고종 27년, 경인) 45세

1월 22일, 귀국하여 고종을 소견하였다. 고종은 일본의회에 대하여 지대한 관심을 보였고, 군사에 관해서도 알고자 하였으며, 오스트리아가 조선과 조약을 맺고자 한데도 관심을 보였다.

승정원동부승지 겸 경연참찬관 춘추관수찬관(承政院同副承旨 兼 經筵參贊官 春秋館修撰官)으로 배수되었다가 우부승지로 전배되었다.

2월 6일, 참의내무부사(參議內務府事)가 되었다.

2월 21일, 여주목사 겸 진관병마첨절제사 겸 참의내무부사 겸대판사대신(驪州牧使 兼 鎭管兵馬僉節制使 兼 參議內務府事兼帶 辦事大臣)으로 배수되었다.

윤2월, 청나라가 경제적 불이익을 염려해 평양 개항을 반대하는 웬쓰가이에 대항, 인천과 황해도 철도간 윤선왕래를 위한 조약체결을 시도하였다.

가을, 고종의 지시로 주일오스트리아 공사 비겔레벤(B. R. de Biegeleben)과 비밀리에 수교협상을 추진하셨다.

7월 26일, 여주목사로써 경기감사에 보낸 첩정(牒呈)을 경기감사 이헌직(李憲稙)이 국왕께 보고하여 윤허를 받았다.

10월 28일, 딸(경주최씨 소생, 夫 李興柱)이 태어났다.

1891(고종 28년 신묘) 46세

3월 22일, 안동대도호부사(安東大都護府使)로 전출되었다.

5월 13일, 판사대신을 겸대(兼帶)하게 되어 안동에서 곧바로 주일본공사의 일을 보게 되었다. 주일본 청국공사 리칭팡(李經芳)에게 령약삼단(另約三端)의 취소를 요구하고, 오스트리아 공사와 수호조약 체결을 논의하고, 그 해 9월 21일 귀국하여 국왕을 소견하고 다시 안동부사로 재임하였다.

1892(고종 29년, 임진) 47세

2월 26일, 초모문(招募文)을 고시했다.

6월 6일부터 6월 17일까지 중요 산천 9개 제단에서 기우제를 지냈다.

1893(고종 30년, 계사) 48세

3월 30일, 안동부사 과만(瓜滿)으로 체직되었다. 주차일본국판사대신도 체직되었다.

5월 29일, 우부승지 겸 경연참찬관 춘추관수찬관(右副承旨 兼 經筵參贊官 春秋館修撰官)으로 배수되었다. 승정원 동부승지(同副承旨)로 환배되었다.

6월, 다시 승정원 우부승지로 환배되었다.

6월 16일, 부호군(副護軍)으로 단부(單付)되었다.

1894(고종 31년, 갑오) 49세

5월, 참의내무부사(參議內務府事)에 임명되었다.

6월 22일, 가선대부협판교섭통상사무(嘉善大夫協辦交涉通商事務)로 제수하고 판서사무(判書事務)와 외무독판사무(外務督辦事務)도 서리토록 명을 받았다.

6월 24일, 병조참판겸협판교섭통상사무(兵曹參判 兼 協辦交涉通商事務)를 제수하고 판서사무도 서리하게 하였다. 또 외무독판사무(外務督辦事務)도 서리케 하였다.

6월 25일, 공무아문의 전우사무총판(電郵事務總辦)과 군국기무처회의원(軍國機務處會議員)을 겸하도록 명을 받았다.

6월 28일, 군국기무처 회의원으로 개혁활동을 주도하였다. 경회루에 17일간 주야로 개혁안을 작성하여 김홍집 내각에서 공포 시행케 하였다. 한편 공무아문 협판(協辦)으로 박영효 내무대신이 추진하는 제반 내정개혁을 적극 후원하였다.

7월 7일, 이조참판에 제수되고, 협판교섭통상사무, 총판전우사무(協辦交涉通商事務, 總辦電郵事務)를 겸하도록 명을 받았다.

7월 8일, 병조참판에 제수되고, 협판교섭통상사무 총판전우사무를 겸대하고, 판서독판 사무(判書督辦事務)도 서리토록 명을 받았다.

7월 12일, 동지경연사(同知經筵事)도 겸대토록 하였다.

7월 13일, 자헌대부 공조판서에 폐배(陛拜)되었고, 지춘추관사(知春秋館事)와 협판교섭통상사무, 총판전우사무도 겸임하였다.

7월 15일, 외무아문협판에 임명되었다.

7월 20일, 협판으로 여러 관원들과 같이 왕의 윤음(綸音)을 들었다.

11월 21일, 칙령 제1호에서 8호까지 보고가 있었으며, 공무아문협판으로 임명되었다. 대신사무도 서리하도록 하였다.

11월 24일, 공무아문대신사무(工務衙門大臣事務)를 서리토록 명을 받았다.

12월 17일, 공무대신서리로써 왕실 존칭에 관한 규례를 만들어 상주한 결과 윤허를 받았다.(帝制에 따른 존칭임)

1895(고종 32년, 을미) 50세

4월 1일, 농상공부대신으로 임용되고 칙임관1등(勅任官一等)에 서용(敍用)되었다. 농상무·공무 양 아문이 합동으로 우체국을 창설하니 우체국 통신이 이때부터 시작되었다.

5월 10일, 나라의 태평과 청국간섭을 제거한 것을 축하하는 원유회(園遊會)를 주관하는 총대위원장(總代委員長)에 임명되었다.
5월 14일, 박영효의 국왕암살음모사건이 일어나자 박영효를 지지하였던 공은 위기에 몰려 일시 은거상태에 들어갔다.
8월 16일, 상소를 하여 체직되었다.
8월 17일, 중추원 1등의관(一等議官)에 임용되고 칙임관 3등에 서임되었다.
8월 20일, 특명전권공사(特命全權公使)에 임용되고 칙임관 2등에 서임되었다. 일본에 주재토록 명을 받았다.

1896(건양 원년, 병신) 51세
1월, 서재필과 상무회의(商務會議)와 건양협회(建陽協會)를 결성키로 하고 추진하였다.
2월 1일, 공이 상소하여 체차되었다.
2월 2일, 일본은 공을 서재필을 도와 건양협회를 결성하고 석유 직수입회사의 설립에 앞장섰다하여 전격 구속하였다.
2월 19일, 중추원 1등의관으로 전보되었다.
7월 2일, 독립협회 위원이 되었다.

1897(광무 원년, 정유) 52세
4월 15일, 교전소지사원(校典所知事員)이 되었다.
5월 12일, 황해도관찰사로 임용되고 칙임관3등에 서용되었다. 부내(府內)에 공립소학교를 창설하고 연금(捐金) 400원으로 기본금을 삼고 이자를 교비로 하였다.
5월 22일, 황해도재판소 판사를 겸임하였다.

1898(광무 2년, 무술) 53세
3월 14일, 중추원 1등의관에 임용되고 칙임관 2등에 서임되었다.
11월 15일, 시무(時務)에 관한 상소를 올리었다. 상소에 대하여

　　　　　의정부가 제칙(制勅)을 만들어 내리기를 결재받았
　　　　　다.
12월 31일,　궁내부 특진관(特進官)에 임용되고(정2품) 칙임관 1
　　　　　등에 서임되었다.

1899(광무 3년, 기해) 54세
2월,　사립양잠회사를 창설하여 사장이 되고, 양잠전습소를 겸설
　　　(兼設)하여 학원(學員) 수백명에게 교수(敎授)하였다.

1900(광무 4년, 경자) 55세
1월 8일,　둘째아들 의한(毅漢 : 전주이씨 소생)이 태어났다.
4월 23일,　고종황제가 건원릉(健元陵), 수릉(綏陵), 홍릉에 행
　　　　　차할 때 별배종(別陪從)으로 참여하였으므로 가자되
　　　　　었다.
10월 10일,　중추원 의장에 임용되고 칙임관1등에 서임되었다.
10월 17일,　군대 증원으로 예산지출이 많음을 지적한 상소를 올
　　　　　리었다. 시의에 합당하나 갑자기 논의할 수 없다는
　　　　　비답을 받았다.
10월 19일,　앞의 상소를 다시 올려 상기시키자 의정부에서 품처
　　　　　토록 하겠다는 비답을 받았다.
10월 25일,　공의 상소를 의정부에서 논의한 결과 조세를 올릴 것
　　　　　을 결정하였다.
11월 2일,　토지대장과 호적대장을 새로운 방식으로 바꿀 것을 상
　　　　　소하였다.
11월 3일,　전날의 공의 상소문을 의정부에서 논의하였는데 각종
　　　　　잡세를 폐지하고, 인지제도를 실시할 것을 정하여 황
　　　　　제께 아뢰었다.

1901(광무 5년 신축) 56세

6월 9일, 표훈원 의정관(表勳院 議定官) 겸임의 명을 받았다.
9월 5일, 훈3등에 서훈되고 팔괘장(八掛章)을 하사받았다.
9월 6일, 함녕전에서 다른 수훈자들과 함께 훈기(勳記)를 받았다.

1902(광무 6년, 임인) 57세

10월 18일, 대황제폐하성수망육순어극40년 및 인기사합삼경기념은장(大皇帝陛下聖壽望 六旬御極40年及人耆社合三慶紀念恩章)을 받았다.
11월 24일, 손녀 임순(壬順 : 父 重漢, 경주최씨 소생. 夫 전주이씨)태어났다.
12월 2일, 궁내부특진관에 임용되고 칙임관1등에 서임되었다.
12월 17일, 중추원부의장에 임용되고 칙임관1등에 서임되었다.

1903(광무 7년, 계묘) 58세

6월 20일, 의정부 참정(參政) 김규홍(金奎弘)의 상소로 출근규정을 어긴 여러 대신들과 함께 견책대상에 들었다.
6월 25일, 중추원에서 출근규정을 어긴 의관들을 견책토록 상소하였다.
9월 30일, 중앙은행 창설 사무위원에 임명되었다.
11월 15일, 중추원 의장으로써 백동주조(白銅鑄造)하는 것을 없애도록 상소하였다.
11월 29일, 아들 용한(勇漢 : 전주이씨 소생)이 태어났다.
12월 3일, 죄인 고영근(高永根)이 역적괴수 우범선(禹範善)을 처단하였으니 고영근의 죄를 씻어 주고 본국에 돌아오게 조치하라는 상소를 올리었다.
12월 5일, 고영근, 노원명(盧遠明)을 속죄시키는 은전을 베풀라는 상소를 올리었다.
12월 22일, 김윤식과 이승소를 죄주라는 상소를 올렸으나 윤허

받지 못하였다.
12월 30, 비원감독(秘苑監督)을 겸임받았다.
12월 31일, 김윤식, 이승소를 죄주라는 상소를 올리었으나 윤허를 받지 못했다.

1904(광무 8년, 갑진) 59세

1월 7일, 시원임대신(時原任大臣)과 함께 차자(箚子)를 올리어 고기 든 음식을 들도록 청하였다.
2월 22일, 의정부 찬정에 임용되고 칙임관1등에 서임되었다.
3월 8일, 농상공부대신에 임용되고 칙임관 1등에 서임되었다.
3월 10일, 박람회사무소위원장을 겸임토록 명을 받았다.
3월 31일, 임시 외무대신의 사무를 서리하라는 명을 받았다.
4월 14일, 궁전 화재를 위안하러 여러 대신과 함께 수옥헌(漱玉軒)에 가서 황제를 소현하였다.
4월 21일, 임시서리외부대신사무(臨時署理外部大臣事務)에서 해임되었다.
4월 25일, 장생전 제조(長生殿提調)로서 공이 있어 종1품 숭정대부(崇政大夫)에 가자되었다.
6월 13일, 궁내부 비원장(秘苑長)을 겸임케 되었고, 칙임관 1등에 서임되었다.
8월 11일, 의정부 찬정에 임용되고 칙임관 1등에 서임되었다.
8월 22일, 의정부 참정 심상훈(沈相薰)이 공이 임용되고도 칙명을 받지 않는다 하여 중한 견책을 주장하였다.
8월 25일, 임시 법무대신의 사무를 서리하라는 명을 받았다.
9월 14일, 소를 올려 본직과 겸직 체직(遞職)인 의정부 찬정을 사임하였다. 같은 날 궁내부 비원장에 임용되고, 칙임관 3등에 서임되었다.
9월 15일, 법부대신에 임용되고 칙임관 1등에 서임되었다. 비원장도 겸임하였다.

10월 8일, 형법교정총재(刑法校正總裁)를 겸임하였다.

10월 11일, 특명전권공사를 겸임하였다.

10월 14일, 형법교정(刑法校正)을 상주하여 재가를 받았다.

10월 27일, 관제교정소의정관(官制校正所議政官)에 임명되었다. 같은 날 비궁만장제술관(妃宮輓章製述官)으로 차하(差下)되었다.

12월 5일, 비준한 뒤 늦게 관리를 파견하였다하여 견책을 받았다.

12월 6일, 윤성보(尹性普)를 황해도순회재판소 판사로 겸임시켜 황주에 파견하였다.

12월 31일, 칙임관 2등에 서임되었다.

1905(광무 9년, 을사) 60세

1월 12일, 관제교정소 의정관에서 해임되었다.

3월 12일, 중추원 찬의(贊議)로 임용되고 칙임관 1등에 서임되었다.

4월 11일, 농상공부박람회사무소 위원장으로써 공을 인정받아 훈2등에 서훈되고 팔괘장(八掛章)을 하사받았다.

5월 15일, 형법교정총재에서 해임되었다.

6월 21일, 중추원 찬의에서 중추원 부의장에 임용되고 칙임관 1등에 서임되었다.

1906(광무 10년, 병오) 61세

5월 8일, 충청남도관찰사에 임용되고 칙임관3등에 서임되었다.

5월16일, 충청남도재판소 판사를 겸임하였다.

10월 4일, 충청남도 세무감(稅務監)을 겸임하였다.

이 해에 대한자강회가 조직되자 이에 참여하였다.

1907(광무 11년, 정미) 62세
 1월 24, 황태자가례식기념장(皇太子嘉禮式紀念章)을 받았다.
 4월 27일, 중추원 찬의에 임용되고 칙임관 1등에 서임되었다.
 5월 17일, 겸임 충청남도재판소 판사, 겸임 충청남도 세무감에서 해임되었다.
 5월 30일, 소를 올리어 중추원 찬의에서 체직되었다.
 6월, 기호흥학회(畿湖興學會)를 창설하고 사립기호학교를 설립하였다.
 8월 27일, 대황제폐하즉위예식기념장(大皇帝陛下即位禮式紀念章)을 받았다.
 11월 30일, 종1품을 받고 칙임관 1등에 서임되었다. 규장각 제학(提學)에 임용되고 칙임관 1등에 서임되었다.

1908(융희 2년, 무신) 63세
 9월 23일, 규장각 제학을 원에 의해 면하였다.

1909(융희 3년, 을유) 64세
 대한자강회의 계승단체인 대한협회의 회장이 되어 친일단체 일진회를 성토하였다.
 2월 17일, 여 숙원(淑媛 : 靜媛. 전주이씨 소생, 夫 洪氏) 태어났다.

1910(융희 4년, 경술) 65세
 의한이 정정화(鄭靖和 : 父 판서 周永, 祖 판서 洛鎔)와 결혼하였다.

1911(신해) 66세
 8월 22일, 아들 각한(珏漢 : 전주이씨 소생), 철한(喆漢 : 전주이씨 소생)이 태어났다.

1913(계축) 68세
4월 29일, 딸 영원(令媛 : 전주이씨 소생, 夫 朴生)이 태어났다.

1919(민국 원년, 기미) 74세
4월, 조선민족대동단(朝鮮民族大同團) 총재에 선임되었다.
8월, 제2 독립운동을 추진하였다.
10월, 상하이로 망명, 임시정부 고문에 추대되었다.

1920(민국 2년, 경신) 75세.
3월, 조선민족대동단 상하이본부를 설치하고 총재로 있으면서 포고문, 공고문 등을 배포하였다.

1921(민국 3년, 신유) 76세
북간도군정서(北間島軍政署) 고문이 되었다.

1922(민국 4년, 임술) 77세
7월 4일, 77세를 일기로 영면(永眠)하여 상하이 홍차오로 만국공묘에 안장되었다.

2002
6월 29일, 동농 서세 80년을 기리고 조선민족대동단기념사업회 창립을 기념하는 '동농 김가진과 한국민족운동' 제하의 학술 세미나가 개최되었다.

2009
5월, 동농『東農 金嘉鎭傳』이 발간되었다.

동농 가장문서

「가정에 관한 기(記)」
「고동농김가진선생략역」 및 「행장」
「급무의본(急務擬本)」
「기우일기(祈雨日記)」
「동농 미정초(未定艸)」
「동농 시록(詩錄)」
「동농 이력서」
「수록(隨錄)」
「백운장기(白雲莊記)」
「소초(疏抄)」
「속한상시(續漢上詩)」
「시록(附雜著)」
「시초(詩抄)」
「연설(筵說)」
「잡문」
「조객록(吊客錄)」
「제금첩(題禁帖)」
「친족서(親族書)」

사료(단행본 · 전집)

국가보훈처, 『獨立有功者功勳錄』, 1988.
_____, 『獨立運動史』.
_____, 『獨立運動史資料集』.
_____, 『韓國民族運動史料(中國篇)』.
국사편찬위원회, 『조선왕조실록』
김구, 『백범일지』, 학민사, 1998.
김병기, 『조선명가 안동김씨』, 김영사, 2007.
김위현, 『安東金氏淵源錄』, 안동김씨대종중, 2007.
김학수, 『끝내 세상에 고개를 숙이지 않는다』, 삼우반, 2005.
김휘동, 『石室』, 永嘉文化社,
송상도, 『기려수필(騎驢隨筆)』, 국사편찬위원회, 1971.
신복룡, 『대동단실기』, 선인, 2003.
안동김씨대동보간행위원회, 『안동김씨세보』, 회상사, 1982.
안동시, 『안동향교지』, 안동향교,
오영섭, 『한국 근현대사를 수놓은 인물들(Ⅰ)』, 경인문화사, 2007.
유영익, 『東學農民峰起와 甲午更張』, 一潮閣, 1998.
이경구, 『조선 후기 安東金門 연구』, 일지사, 2007.
이태진, 『고종시대의 재조명』, 태학사, 2004.
이허종, 『반민특위의 조직과 활동 - 친일파 청산, 그 좌절의 역사』, 선인, 2003.
정정화, 『長江日記』, 학민사, 1998.
조경한, 『大韓民國臨時政府史』, 大韓民國臨時政府紀念事業會, 1991.
한국독립운동사연구소, 『노백린의 생애와 독립운동』, 독립기념관 2003.
황현, 『매천야록(梅泉野錄)』, 대양서적, 1982.

논문

김형목, 「동농 김가진과 계몽운동」, 『동농 김가진과 한국민족운동』, 조선민족대동단기념사업회, 2002. 6. 29.

반병률, 「해외에서의 대동단 조직과 활동」, 조선민족대동단의 역사적 재조명, 조선민족대동단기념사업회, 2003. 11. 25.

신복룡, 「조선민족대동단의 국내활동」, 『조선민족대동단의 역사적 재조명』, 조선민족대동단기념사업회, 2003. 11. 25.

오영섭, 「동농 김가진의 개화운동」, 『동농 김가진과 한국민족운동』, 조선민족대동단기념사업회, 2002. 6. 29.

이만열, 「대동단의 역사적 의의와 그 기념사업」, 『동농 김가진과 한국민족운동』, 조선민족대동단기념사업회, 2002. 6. 29.

한홍구, 「동농 김가진과 조선민족대동단」, 『동농 김가진과 한국민족운동』, 조선민족대동단기념사업회, 2002. 6. 29.

기 타

김위현, 「동농선생의 독립운동」, 『安東金氏報』 제3호, 2005.

김학민, 「남작과 비적」, 「한겨레신문」 1998. 8. 11.

안동김씨대종중, 「안동김씨종약취지서」.

이현희, 「천신만고 끝에 임정에 합류한 노정객」, 『임시정부의 숨겨진 뒷이야기』.

조선민족대동단기념사업회 자료집, 「조선민족대동단 독립선언서」

조선민족대동단기념사업회 자료집, 「大同團事件(1920. 12. 7) 판결내용」

조선민족대동단기념사업회 자료집, 「(상하이판) 獨立新聞의 대동단 관련 기사」.

조선민족대동단기념사업회 자료집, 「대동단원과 관계자 약력」.

찾아보기

가

가뎡잡지 ····················286
가숙 ·······················21
가쯔라 다로오 ················264
가쿠토우 ····················251
간무라 토우진 ················145
갈라산 ·····················171
감리인천항통상아문 ···········116
갑과 ······················249
갑곶진 ··················81, 83
갑신정변 ············92, 124, 132
갑오경장 ················74, 179
강경 ······················126
강귀수 ················86, 87, 96
강매 ······················330
강엽 ······················282
강태동 ····················354
강화섭 ····················282
갹금권고문 ·················343
개화당 ····················121
건양협회 ···················206
검서관 ············74, 87, 114

검제 ···················43, 56
경국대전 ···················74
경기수영 ···················82
경남일보 ··················285
경술국치 ··················290
경신학교 ··················272
경우궁 ····················123
계림호 ····················326
고광원 ····················344
고명 ······················105
고무라 쥬따라오 ··············264
고사촬요 ···················74
고영근 ····················239
공성운송점 ·················330
곽종석 ····················303
관람정 ····················258
관서도체찰사 ················167
관왕묘 ····················169
관제교정소 ·················247
광무개혁 ··················222
광무학교 ··················274
광성진 ····················82
교동부 ····················82
교사소개소 ·················285
교육월보 ··················286
교육조서 ··················272
교전소 ····················209
구산학교 ··················269
국문연구회 ·················286

찾아보기 395

군국기무처 …………… 189	김병국 …………… 106
군정서 ……………… 356	김병기 ………… 106, 334
궁내부 ……………… 190	김병수 …………… 283
권동진 ……… 280, 283, 301	김병시 …………… 106
권율 ………………… 167	김병조 …………… 361
권중현 ……………… 266	김병학 …………… 106
권태석 …………… 315, 318	김병홍 …………… 364
권헌복 ……………… 324	김보연 …………… 361
기기국 ……………… 116	김복한 …………… 267
기우제 …………… 164, 168	김복형 …………… 361
기호학교 …………… 271	김봉진 …………… 165
기호흥학회 ………… 271	김사한 …………… 360
긴토우 신쵸 ………… 150	김상덕 …………… 301
김개남 ……………… 185	김상범 …………… 283
김계권 ……………… 248	김상열 ………… 308, 334
김구 ………… 256, 361, 362	김상옥 …………… 361
김규식 ……… 255, 299, 360	김상용 …………… 19
김규홍 ……………… 232	김상우 …………… 30
김기룡 ……………… 86	김상철 …………… 86
김남식 ……………… 301	김상헌 …………… 200
김능균 ……………… 71	김상훈 …………… 30
김덕진 ……………… 360	김석진 …………… 292
김도연 ……………… 301	김성근 …………… 287
김린 ………………… 283	김성만 …………… 361
김명수 ……………… 286	김세웅 …………… 334
김명준 ……………… 282	김수증 …………… 36
김무동 ……………… 361	김수철 …………… 301
김문근 ……………… 24	김수항 …………… 36
김문세 ……………… 361	김수흥 …………… 36

김승진 ·····················365
김승학 ·····················361
김시준 ······················56
김시현 ·····················312
김영 ······················248
김영균 ······················41
김영수 ··················38, 41
김영전 ······················41
김영진 ··················21, 70
김영진 ·····················365
김영추 ······················41
김영희 ·····················361
김옥균 ················107, 122
김용의 ·····················324
김용철 ·····················360
김우진 ·····················360
김원경 ·····················361
김원식 ·····················361
김윤식 ·····················303
김윤오 ·····················282
김의동 ·····················365
김의한 ·······221, 256, 296, 325
김익하 ·····················334
김인전 ················360, 363
김재구 ·····················317
김정균 ······················20
김종곤 ·····················361
김종한 ·····················365
김좌근 ······················19

김좌진 ·····················359
김진명 ·····················317
김진상 ·····················319
김창숙 ·····················303
김철 ···············299, 360, 362
김태준 ·····················360
김택영 ······················99
김학우 ·····················188
김현구 ·····················361
김현상 ·····················360
김홍근 ··················20, 27
김홍서 ·····················360
김홍식 ·····················361
김홍집 ······················91
김화진 ······················71
김흥진 ·····················334
김희준 ·····················360

나

나용균 ·····················360
나창헌 ···········307, 332, 344
남궁억 ·····················280
남상규 ·····················361
남상열 ······················86
남행참의 ···················113
낭서 ·······················91
노홍제 ·····················334
놋다리밟기 ··················33

다

단발령 …………………203
단시모 …………………150
당소의 …………………329
대광……………………35
대독관 …………………128
대동신보………………32
대동학회회보 ……………285
대전회통 ………………191
대제학…………………20
대한자강회 ……………270
대한제국 ………………209
대한협회 ……………252, 280
덕휘루 …………………156
데라우치 마시다케 ………298
도결 ……………………152
도기과…………………92
독립신문 ……………207, 354
돈화문 …………………118
동아일보 ………………363
동야고택………………40
동양척식주식회사 ………293
동화정책 ………………298
등곡대사………………40

라

러·일전쟁 ………………263

로

로즈……………………79
류득공 …………………105
류진호 …………………361
리델……………………81
리슈창 …………………142
리징방 …………………158
리홍창 …………………92

마

마승규 …………………360
마젠충 …………………119
마테오 리찌 ………………77
만국공묘 ………………362
만국평화회의 ……………275
만력황제………………77
만석보 …………………184
명성황후………………92
모화관 …………………208
몽룡정 ……………250, 252
무단정치 ………………298
무위 ……………………117
묵재고택………………40
문벌주의………………80
문수산…………………82
물명고 …………………286
물치도…………………81
미우라 고로 ……………202
민강 ……………………330

민대식 ····················329
민영기 ····················265
민영달 ····················293
민영목 ····················123
민영소 ····················233
민영익 ····················122
민영준 ····················188
민영환 ····················267
민영휘 ····················365
민제호 ····················361
민족자결주의 ············299
민종식 ····················267
민충식 ····················361
민태호 ····················123
민필호 ······················36

바

바오딩부 ····················92
박규수 ······················90
박문규 ······················96
박승엽 ····················283
박시창 ····················360
박영교 ····················124
박영효 ············122, 195
박용각 ····················361
박용만 ····················344
박용철 ····················361
박원식 ····················331

박은식 ········285, 348, 363
박정선 ····················331
박정양 ····················204
박제가 ····················105
박제순 ····················266
박형남 ····················324
박희성 ············85, 87, 94
배길순 ····················361
배병산 ····················361
배병헌 ····················361
배재학당 ··················272
배화여학교 ················272
백순 ······················361
백관수 ····················301
백운장 ··············248, 355
백초월 ····················334
법정신문사 ················284
베르누 ······················80
벨로네 ······················79
벳푸 ······················136
변종헌 ····················282
변지명 ····················360
별기군 ····················117
별배종 ····················221
별시무과 ··················249
병인양요 ··············78, 80
보부상 ····················185
복벽주의 ··················351
봉정사 ··········43, 156, 365

북관동묘 ·················124	서병호 ·················361
북로군정서 ·············359	서상팔 ·················282
북촌 ················57, 67	서윤공 ·················154
북학 ···················68	서이수 ··················10
불망비 ················209	서재필 ············125, 206
불천위 ················168	서찬보 ··················84
비안공고택 ··············40	서춘 ··················301
비원감독 ··········245, 257	서학 ···················78
비장 ··················108	선농단 ·················170
비켈레벤 ··········143, 150	선보 ··················105
	선어연 ·················170
사	선우훈 ·················361
	선혜청 ·················118
사립학교연락회 ·········283	소산 ··········35, 154, 169
사명대사 ··········54, 121	손두환 ·················361
사서 ···················63	손병희 ········187, 302, 349
사세보 ················137	손영직 ·················344
사유우호우 ············251	손정도 ·················360
사직단 ················169	손화중 ·················185
산시로우 레이쿤 ········254	손효식 ·················361
삼귀정 ·················37	송계백 ·················301
사이또오 마꼬도 ········358	송진우 ············302, 365
사일독립운동 ···········298	쇄국양이 ················83
삼중대광 ···············35	수양산성 ···············211
삼한벽상공신 ···········35	수호조규속약 ···········120
삽교점 ················219	순명문 ·················218
상무회의소 ············206	순원황후 ················19
서광범 ················122	시무책 ·················273
서만보 ············85, 96	시산리 ·················296

시회 ·························65, 75
식년시 ···························249
신규식 ····················282, 336
신기선 ···························247
신도안 ···························334
신돌석 ···························268
신명수 ·····························85
신숙 ·······························361
신식화폐장정 ··················192
신영덕 ···························361
신영철 ···························334
신원겸 ···························218
신응희 ···························195
신익희 ···························360
신정희 ···························188
신찬중등부기화학 ···········286
신태련 ···························334
심상과 ···························273
심상훈 ···························232
심의성 ···························203
심정택 ···························102
심현택 ·····························86
쑨원 ······························368

아

아관파천 ·························20
아담 샬 ···························77
아부 ·······························35

아오키슈즈 ·····················144
안동대도도부사 ··············153
안병규 ···························282
안일교 ···························331
안정근 ···························361
안종덕 ····················248, 249
안창호 ····················282, 300
안태국 ···························349
안핵사 ···························184
알막동 ·····························26
야마가타 아리모또 ··········145
양기하 ···························361
양길환 ···························361
양소당 ·····························39
양정 ·················307, 312, 334
양제시 ···························361
양헌 ·······························361
양헌수 ·····························83
양호선무사 ····················183
양호초토사 ····················185
양화진 ······················79, 82
어련정 ···························258
어숙권 ·····························74
어윤중 ···············91, 183, 204
여병현 ···························280
여운형 ····················299, 361
여주목사 ························149
연려실기술 ······················75
연병호 ···························361

찾아보기 401

연병환 ·················361	웬쓰가이 ·············93, 142
연통제 ·················324	윌슨 ·····················299
염광록 ·················334	유경근 ·············307, 319
영남루 ·················158	유과환 ····················86
영남산 ·················170	유광렬 ···················352
영동활판소 ············321	유근 ·····················280
영벽정 ·················216	유길준 100, 180, 203, 273, 293
영은문 ·················208	유동열 ···················286
영은부원군 ·············24	유림연합대회 ···········364
영자팔법 ················25	유성준 ···················286
영친왕 ·················234	유인석 ···················268
영호루 ·················172	유치목 ····················86
오세덕 ·················334	육영 ·····················116
오세창 ······100, 255, 282	윤기섭 ···················360
오억 ····················361	윤봉구 ····················85
오영선 ·················360	윤봉길 ···················342
오우메이수이 ··········138	윤석태 ···················330
옥계정 ·················210	윤성강 ···················360
옥관빈 ·················361	윤용구 ·············291, 293
옥호루 ·················203	윤용선 ···················205
왕중렬 ·················361	윤용주 ·············315, 317
왕평쟈오 ···············144	윤웅열 ···················233
우승규 ·················363	윤주찬 ·············260, 282
우정국 ·················121	윤창석 ···················301
우창징 ··················93	윤치호 ···················207
원산학사 ···············272	윤태준 ···················123
원세훈 ·················361	윤해 ·····················361
원용성 ···············85, 96	윤효정 ·············261, 280
웨베르 ·················202	을사보호조약 ···········263

음관·····73
의정부·····190
의친왕(이강)·····304, 353
이강희·····361
이건하·····224
이건호·····320, 324
이겸용·····334
이경직·····203
이경하·····82
이광수·····301, 358
이규만·····195, 199
이규의·····86
이규정·····361
이근택·····266
이긍익·····74
이기연·····307
이기조·····82
이내수·····307, 334
이노우에 가오루·····201
이능수·····318
이능후·····318
이달하·····353
이덕무·····105
이도영·····282
이동녕·····319, 336, 360, 363
이동휘·····300, 301, 355
이륭양행·····327
이문학관·····74
이민경·····282

이발·····363
이범진·····205
이병주·····361
이병호·····282
이봉의·····232
이봉창·····342
이상설·····275
이상재·····207
이세범·····84, 87
이소후·····334
이승만·····207, 255, 300
이시가와 시요우·····143
이시영·····336, 360, 363
이신애·····308, 331
이양선·····78
이완용·····204, 266, 291
이왕직·····292
이용직·····303
이용태·····184
이용환·····361
이용희·····81
이우영·····283
이원범·····23
이원희·····82
이위종·····275
이유원·····119
이유필·····360
이윤용·····205
이재각·····292

찾아보기 403

이재극 …………………232
이재곤 …………………247
이재선 …………………123
이재완 …………………291
이재위…………………85
이재호 …………………325
이정 …………………334
이정익…………………86
이정찬 …………………331
이조연 …………………123
이종근 …………………301
이종욱 …………………324
이종일 …………………282
이종춘 …………………334
이주만 …………………361
이준 …………………275
이준용 …………………194
이지용 ……………266, 291
이직현 …………………334
이창욱 …………………360
이탁 …………………361
이토 히로부미 …………264
이필규 …………………360
이해조 …………………282
이호 …………………345
이화장 …………………256
이화학당 ………………272
이황 …………………167
인암 …………………151

인천구청상지계장정 ………121
일본의회 …………………144
일성록…………………74
임아 …………………361
임오군란 …………92, 164
임진왜란 …………………167
입헌군주제 ………………200

자

자녀독본 …………………286
자유신종 …………………321
작현 …………………37
장건상 …………………361
장기렴 …………………282
장덕수 …………………365
장득우 …………………361
장박 …………………204
장붕 …………………360
장석영 …………………303
장수산 …………………216
장어 …………………117
장의 …………………166
장지연 …………………267
장찬식 …………………344
장현식 …………………320
장호원…………………57
장효근 …………………282
전계대원군……………23

전보총사 ·················· 125
전봉준 ··················· 185
전상무 ··················· 334
전우사무총판 ············· 195
전필순 ··················· 307
절모 ····················· 133
정각사 ··················· 212
정강왕 ···················· 34
정관의 치 ················ 106
정광윤 ················ 86, 87
정규식 ··················· 331
정남용 ·············· 307, 311
정대영 ···················· 85
정두화 ··················· 305
정미조약 ················· 279
정병하 ··················· 204
정산 ····················· 37
정설교 ··················· 334
정연택 ··················· 282
정영준 ··················· 360
정운복 ··················· 282
정유린 ··················· 361
정의남 ··················· 334
정정화 ·············· 296, 335
정족산 ···················· 82
정주영 ··················· 296
정한경 ··················· 300
정해리 ··················· 360
정현철 ··················· 282

정휘원 ···················· 85
정희종 ··················· 331
제물포조약 ··············· 118
제1차세계대전 ············ 299
조경호 ··················· 293
조골산 ··················· 171
조대비 ···················· 79
조덕진 ··················· 360
조동호 ··················· 360
조병갑 ··················· 184
조병익 ··················· 126
조병호 ···················· 91
조상섭 ··················· 361
조선귀족령 ··············· 291
조선민족대동단 ··········· 304
조선속방화정책 ··········· 158
조선시보 ················· 285
조선여자작법서 ··········· 286
조선일보 ················· 363
조선총독부 ··············· 298
조영하 ··················· 123
조완 ····················· 360
조완구 ············ 282, 360, 363
조용은 ··················· 360
조중구 ··················· 360
조지 쇼 ·················· 326
조창호 ···················· 85
조형구 ··················· 334
조희연 ·············· 188, 204

종목국 ……………………128
종사관……………………91
주부 ………………………115
주시경 ……………………273
중산대학 …………………358
중추원 ……………………200
지석영 ……………………273
직부전시 …………………126
진희창 ……………………361

차

차영호 ……………………360
차이석 ……………………361
창덕궁 ……………………257
천도교월보 ………………284
천도교총본부……………36
철인왕후…………………35
청수장 ……………………118
청원루 ……………38, 157, 168
청·일전쟁 ………………186
청풍계……………………24
체신학교 …………………274
초아문……………………60
총판 ………………………116
최경순 ……………………282
최광옥 ……………………273
최근우 ……………………301

최기훈 ……………………361
최남선 ……………………302
최린 ………………………301
최시형 ……………………182
최익현 ……………………267
최익환 ……………309, 318, 321
최일 ………………………361
최전구 ……………………334
최창식 ……………………361
최팔용 ……………………361
최호 ………………………361
취기 ……………………98, 107
칠궁 ………………………250

타

탁열정 ……………………210
태고선박공사 ……………327
태백산 ……………………171
태사………………………35
태황제 ……………………300
택리지……………………58
텐진조약 …………………186
통리교섭통상사무아문………93
통리기무아문……………91
통신사 ……………………141
특명전권공사 ……………246

파

파리강화회의 ·················299
파사래신 ················131, 157
페테스부르크 ···············275
평양서윤 ················38, 249
포조 ···························130
포츠머스조약 ···············264
풍산읍 ·························37
필운대 ·······················110

하

하나부사 요시따나 ···········118
하세가와 요시미찌 ··········265
하야시 곤스케 ···············264
학가산 ·······················170
한규직 ·······················123
한규설 ·················265, 293
한기동 ·······················334
한기준 ·······················282
한림 ·························127
한성근 ·······················82
한성도서주식회사 ···········365
한아수호조규 ···············121
한의수호조규 ···············121
한·일신협약 ·················298
한일합방 ·····················263
한진교 ·······················361

한치유 ·······················220
한치윤 ·······················75
한품서용 ·····················74
한해규 ·······················361
해동금석록 ···················261
해동역사 ·····················75
허통금지 ·····················74
헌정연구회 ···················279
혁신공보 ·····················321
현상윤 ·······················302
현순 ·························361
현은 ·························283
협동학교 ·····················283
형법교정관 ···················247
형법교정총재 ·················246
호성공신 ·····················167
효현왕후 ·····················35
홍건적 ·······················33
홍계훈 ·················183, 203
홍륜종 ·······················102
홍범 ·························193
홍순겸 ············85, 87, 95, 102
홍순형 ·················293, 319
홍영식 ·················102, 123
홍재철 ·······················108
홍재현 ·······················108
홍종헌 ·······················108
홍진 ···················360, 363
홍태유 ·······················174

홍필주 …………………………280	황푸군관학교 ………………358
화심혈 ……………………46, 51	후옹 ……………………99, 108
환구단 …………………………209	훈련대 …………………………203
황란 …………………………324	훈련도감 ……………………116
황성신문 ……………………267	홍인문 ………………………110
황종화 …………………………316